법구경 Ⅱ

The Dhammapada- The Way of the Buddha

Copyright © 2003 by Osho International Foundation, Switzerland. www.osho.com
OSHO is a registered trademark of Osho International Foundation,
used under license.
Korean Translation Copyright © 2011 by Sodam&Taeil Publishing Co., Ltd.
This Korean edition was published by arrangement with Osho International Foundation,
Switzerland through Best Literary & Rights Agency, Korea.
All rights reserved.

이 책의 한국어판 저작권은 베스트 에이전시를 통한 원저작자와의 독점 계약으로 (주)태일
소담에서 소유합니다. 신저작권법에 의하여 한국 내에서 보호를 받는 저작물이므로 무단전
재와 무단복제를 금합니다.

마음은 모든 일의 근본이니, 우리는 마음을 통해 세상을 만든다

법구경 II

The Dhammapada- The Way of the Buddha

오쇼 강의 | 손민규 옮김

태일출판사

옮긴이 **손민규**

1962년 생. 인도로 건너가 오쇼의 제자로 입문한 후 20여 년 동안 인도를 오가며 여러 스승들을 만나 교류했다. 특히 '유지 크리슈나무르티'와의 만남을 통해 큰 감화를 받았으며, 오쇼 문하에서 가장 먼저 깨달은 인물로 알려진 '끼란지'와 12년 동안 친교를 나누며 깊은 가르침을 받았다. 지난 20년 동안 명상 서적 전문 번역가로 일하면서 『명상, 처음이자 마지막 자유』, 『법구경』, 『금강경』, 『떠도는 자의 노래』, 『마음을 버려라』 등을 포함한 50여 권의 명상 서적을 한국에 번역·소개했다. 현재 오쇼와 끼란지의 가르침에 대해 공부하는 수행모임 '오스카'를 이끌고 있다.
오스카 홈페이지: www.oska.co.kr

21세기를 사는 지혜의 서 06

마음은 모든 일의 근본이니, 우리는 마음을 통해 세상을 만든다

법구경 Ⅱ
The Dhammapada- The Way of the Buddha

펴낸날 ㅣ 2011년 9월 5일 중판 1쇄
　　　　2014년 7월 7일 중판 2쇄

지은이 ㅣ 오쇼
옮긴이 ㅣ 손민규
펴낸이 ㅣ 이태권
펴낸곳 ㅣ (주)태일소담
　　　　서울시 성북구 성북동 178-2 (우)136-020
　　　　전화 ㅣ 745-8566~7　팩스 ㅣ 747-3238
　　　　e-mail ㅣ sodam@dreamsodam.co.kr
　　　　등록번호 ㅣ 제2-42호(1979년 11월 14일)
　　　　홈페이지 ㅣ www.dreamsodam.co.kr

ISBN 978-89-8151-176-0 04150
　　　978-89-8151-170-8 (세트)

- 책값은 뒤표지에 있습니다.
- 잘못된 책은 구입하신 곳에서 교환해드립니다.

이것은 지금까지 시도된 가운데 가장 위대한 종합이다.
마음이 죽으면 그대가 태어난다.
무심(無心)으로서의 그대가 태어나는 것이다.
그 탄생이 깨달음이다.
그 탄생은 그대에게 평화의 땅을, 연꽃의 낙원을 가져다준다.
축복과 은총의 세계를 가져다준다.
그렇지 않는 한 그대는 지옥에 남을 것이다.
지금 그대는 지옥에 있다.
그러나 불굴의 의지로 결단을 내린다면
의식(consciousness)을 선택한다면
지금 당장 지옥에서 점프하여 낙원으로 들어갈 수 있다.

옮긴이의 말

　법구경은 글자 그대로 진리를 섭한 경전이다. 불교 경전 중에서도 금강경, 반야심경과 더불어 가장 널리 알려진 경전이 이 법구경일 것이다. 흔히 사람들은 금강경과 반야심경에 비해 이 법구경을 비교적 접근하기 쉬운 경전으로 생각하는 경향이 있다. 그것은 법구경이 난해한 오의(奧意)보다는 실행하기 쉬운 행위의 원칙을 제시하고 있다고 여기기 때문이다. 그렇다면 법구경은 단순히 불교의 계율서에 불과한가? 진리의 말씀이라고 일컬어지는 이 경전이 도덕책에 불과하단 말인가?

　역자는 이런 점에 수긍할 수 없었다. 그러던 차에 거해스님이 내놓은 팔리어 역본 담마파다를 대하게 되었다. 그것은 실로 상당한 충격이었다. 거해스님의 팔리어 역본을 통해 우리는 한역본(漢譯本) 법구경이 얼마나 극심하게 오염된 상태인지를 알 수 있게 되었다. 말하자면, 우리는 고대로부터 전해 내려오는 붓다의 가르침에 도덕적인 관념의 옷을 입히고 자의적인 해석을 가했던 것이다. 한역본 법구경이 분가루로 화장을 한 얼굴이었다면, 거해스님의 팔리어 역본은 방금 세수를 마친 것처럼 깨끗한 얼굴이었다. 역자의 느낌은 그랬다. 그것은 말할 수 없는 신선함이었으며, 그동안 법구경에 대해 지니고 있던 의구심을 단번에 씻어버리는 통쾌함이었다.

　그리고 여기, 그 위에 깨달음의 노래를 더하는 현대의 붓다가 있다. 오쇼! 그는 잡초가 무성한 법구경이라는 밭을 완전히 갈아엎는다. 그리고 그 위에 다시 깨달음의 씨앗을 뿌린다. 그러므로 이 책은 우리가 흔히 보는 주석서나 해설서가 아니다. 이 책은 고타마 붓다의 이름을 빌린 또 하나의 법구경인 것이다. 특히 이 강의는 오쇼가 긴 침묵시간을 끝내고 최초로 시작한 것이다. 그러므로 그의 강의는 방금 건져 올린 물고기처럼 생동감이 넘친다. 더 나아가 박진감이 느껴질 정도이다.

　우리는 그의 강의를 통해 고타마 붓다의 시대로 돌아간다. 진지한 수행자들이 스승의 얼굴을 주시하고, 스승은 한없는 자비의 눈길을 보낸다. 때로는 웃음이 일고, 때로는 흐느낌의 소리가 들린다. 스승의 입을 통해 흘러나오는 침묵의 언어 그 무한정의 감동이 우리를 압도한다. 진리의 비가 우리를 흠뻑 적신다. 이제 법구경은 더 이상 불교의 경전이 아니다. 참다운 삶을 추구하는 사람들 모두에게 이 법구경은 소중하기 이를 데 없는 선물인 것이다.

 깨달은 자는 불교인이든, 기독교인이든, 아니면 평범한 생활인이든 가리지 않고 진리의 비를 뿌려준다. 그리고 이제 우리는 이 책의 첫 장을 연다. '나'의 좁은 방문을 열고 나가 진리의 비를 맞을 준비를 하면서…….

손민규

차례

법구경 II
1. 지식은 지식이 아니다 · 11
2. 붓다가 되라! · 47
3. 자유를 얻은 자 · 87
4. 그는 마부이다 · 125
5. 작은 양초를 밝혀라 · 161
6. 백 년을 사는 것보다는 · 201
7. 선을 행할 때에는 재빨리 하라 · 235
8. 바람을 향해 던진 먼지처럼 · 279
9. 그대 자신을 보라 · 317
10. 그대 자신의 주인이 되어라 · 357

법구경 I
1. 사랑하는 나의 보살들이여
2. 진실인가, 거짓인가?
3. 깨어 있으라!
4. 주의 깊은 의식으로……
5. 가슴의 동굴 안에 앉으면
6. 청정(淸淨)한 지혜
7. 누가 진리의 빛나는 길을 발견할 것인가?
8. 진흙 속에 피는 연꽃
9. 야경꾼에게 밤은 길어라
10. 열반에 이르는 길

지식은 지식이 아니다

지혜로운 자는
그대가 어느 지점에서 타락했고
어느 지점에서 타락하게 될지
아주 귀한 비밀을 그대에게 전한다!
그를 따르라, 법을 따르라!

그가 너를 단련시키고 가르치고
너를 해악에서 구하게 하라.
세상이 그를 미워하더라도
훌륭한 사람은 그를 사랑하리라.

나쁜 동료를 구하지 말고
무관심한 사람과 함께 살지 말라.
진리를 사랑하는 친구를 찾아라.

깊이 마셔라.
평온과 즐거움 속에 살아라.
지혜로운 사람은
진리 안에서 기뻐하며

깨어난 자의 법을 따른다.

농부는 물길을 내어
땅에 물을 대고,
활 만드는 이는 화살을 깎고,
목수는 나무를 다듬는다.
그렇듯이 지혜로운 사람은
자신의 마음을 다스린다.

바람이 산을 흔들 수 없듯이
칭찬이나 비난은
지혜로운 사람을 흔들 수 없다.

그는 명철함이다.
그는 진리를 들으므로
호수처럼 순수하고 고요하고 깊다.

지식은 지식이 아니다. 지식은 겉모습으로만 지식일 뿐이다. 그래서 많은 것을 속인다. 지식은 정보에 불과하다. 정보는 그대를 변화시키지 못한다. 아무리 많은 정보를 가지고 있어도 그대는 변함이 없다. 그대가 축적한 정보의 양은 계속 증가한다. 하지만 그것은 그대를 해방시키기는커녕 무거운 짐이 된다. 증가되는 정보는 계속해서 새로운 구속을 창조한다.

소위 유식한 사람(man of knowledge)은 바보라고 불려지는 사람보다 더 어리석다. 최소한 바보는 순진하기 때문이다. 바보는 무지하지만 아는 체하지 않는다. 그것이 그의 진실이다. 유식한 자는 더 혼란스럽다. 그는 아무것도 모르면서 안다고 생각한다. 아는 것도 없으면서 안다고 믿는 것은 영원히 무지에 뿌리를 내리는 지름길이다.

지식은 무지를 보존하는 수단이다. 무지는 매우 교활하고 효과적으로 자신을 보호한다. 그러므로 지식은 친구처럼 보일지라도 사실은 적이다.

그대가 모른다는 사실을 알아라. 그대의 모든 지식은 남에게서 빌려온 것일 뿐, 그대 스스로 통찰하거나 체득한 바가 아니라는 것을 알아라. 그것이 지혜를 향한 첫걸음이다. 지식이 그대의 직접적인 경험이 되는 순간, 그것은 지혜가 된다.

지혜는 그대가 앵무새가 아니라 인간이라는 것을, 다른 사람의 말을 반복하는 것이 아니라 그대 자신을 표현하고 있음을 의미한다. 지혜는 그대가 복사본이 아니라 고유의 얼굴을 갖고 있음을 의미한다.

지식은 그대를 복사본으로 만든다. 그리고 복사본이 되는 것은 세상에서 가장 추한 일이다. 그것은 인간에게 일어날 수 있는 가장 큰 재앙이다. 아무것도 모르면서 안다고 믿을 때 그대는 항상 무지와 어둠 속에 남을 것이기 때문이다. 그때엔 그대가 무엇을 하든지 그릇된 행위가 될 것이다. 그대는 자신이 아는 것처럼 다른 사람을 설득할 수 있을지도 모른다. 그대의 에고를 강화시킬 수도 있을 것이다. 아주 유명한 사람이 될지도 모르고 훌륭한 학자나 신학자로 명성을 날릴 수도 있다. 그러나 깊은 곳에는 어둠이 있을 뿐이다. 그대는 깊은 곳에서 자신과 마주친 적이 없다. 그대 존재의 사원에 들어간 적이 없다.

무지한 자는 그래도 상황이 좀 나은 편이다. 최소한 그는 아는 체하지는 않는다. 그는 타인과 자신을 기만하지 않는다. 무지에는 단순성이라는 아름다움이 있다. '나는 모른다'고 아는 것은 즉시 커다란 해방을 가져온다. 자신의 무지를 경험할 때 그는 경이감으로 가득 찬다. 존재계는 신비로 변한다…….

우주를 불가사의한 기적과 신비로 이해하는 것, 우주를 깊은 감사의 느낌으로 엎드려 절하고 경외감으로 복종할 수밖에 없는 어떤 것으로 이해하는 것, 이것이 지혜의 출발점이다.

소크라테스는 이렇게 말했다.

"나는 아무것도 모른다. 단 한 가지 아는 게 있다면 내가 모른다는 사실뿐이다."

그의 말은 옳다. 지혜는 유식해지는 것이 아니다. 지혜로워진다는 것은 그대의 의식에 대해 무엇인가 깨닫는 것이다. 먼저 내면을 깨닫고 그 다음에 외부 세계를 깨닫는 것이 지혜이다. 그대가 존재하는 이 신비한 의식을 깨닫기 위해서는 먼저 내면의 가장 깊은 곳에서 그것을 경험해야 한다. 그 곳은 신으로 가는 가장 가까운 문이기 때문이다.

일단 내면에서 그것을 알게 되면 외부에서 알게 되는 것은 어렵지 않다. 그러나 지혜로운 자는 결코 지식을 축적하지 않는다는 사실을 명심하라. 그의 지혜는 항상 즉흥적이다. 지식은 과거에 속하지만 지혜는 현재에 속한다. 이 차이점을 명심하라. 지식과 지혜 사이의 이런 차이점을 분명하게 이해하지 못한다면 그대는 고탐 붓다의 이 경전을 이해할 수 없을 것이다.

지식은 과거로부터, 타인과 경전으로부터 온다. 그런데 붓다는 이렇게 말한다.

"내가 전하는 진리는 경전 너머에 있다. 내가 말하는 것, 나누어 주는 것, 전달하는 것은 어디에도 씌어 있지 않으며 어디에서도 말해진 적이 없다."

사실, 진리는 말해질 수도 씌어질 수도 없다. 진리는 스승과 제자 간의 깊은 침묵 속에서 전달된다. 그것은 사랑의 관계이다. 지혜는 가르쳐지는 것이 아니라 전염되는 것이다. 이것을 명심하라. 그대는 지혜를 받을 수는 있지만 그대에게 강제로 떠넘길 수는 없다. 그대는 지혜에 대해 개방적이고 예민하며 언제나 환영하는 상태에 놓일 수 있다. 그것이 제자가 스승의 곁에 앉을 때 지녀야 할 태도이다. 스승이 그대의 가슴속으로 뚫고 들어오는 것을 허락할 준비를 갖추어야 한다. 처음에 그것은 고통스러울 것이다. 왜냐하면 스승의 의식은 날카로운 화살처럼 그대를 뚫고 들어오기 때문이다. 그래야만 그대의 핵심까지 닿을 수 있다. 그것은 상처를 준다.

지혜는 그대의 에고를 완전히 파괴한다. 그러나 지식은 에고를 만족시킨다. 그런 까닭에 사람들은 지식을 추구한다. 지식이 아니라 지혜에 관심있는 탐구자를 발견하는 것은 매우 드문 일이다. 지식은 진리에 대한 이론을 의미하며 지혜는 진리 자체를 의미한다. 지식은 한다리 건너간 이차적인 것이며 지식은 원형 그대로의 일차적인 것이다. 지식은 믿음을 의미한다. 그대는 다른 사람의 말을 믿는다. 그러나 모든 믿음은 가짜이다! 어떠한 믿음도 결코 진실이 아니다. 설령 붓다의 말을 믿는다 해도 그대가 믿는 순간 그것은 거짓말이 된다.

진리는 믿음의 대상이 아니다. 그대는 진리를 알거나 모르거나 둘 중의 하나이다. 알거나 모르거나 믿음의 문제는 없다. 알면 아는 것이고, 모르면 모르는 것이다. 믿음은 속임수에 능한 마음의 투영이다. 믿음은 그대에게 안다는 느낌을 준다. 힌두교인, 모하메드교인, 기독교인, 유태교인, 자이나교인, 불교인, 그들 모두가 믿는 자들이다.

믿는 것은 아주 쉽다. 아무 위험도 없다. 그대는 신, 영혼의 불멸성, 부활의 이론을 쉽게 믿을 수 있다. 사실, 그 이론들은 표면에 남아 있을 뿐이다. 깊은 곳에서 그대는 전혀 영향받지 않는다. 죽음이 문을 두드릴 때 그대는 모든 믿음이 한 순간에 사라지는 것을 알게 될 것이다. 영혼의 불멸성에 대한 믿음은 아무 도움도 되지 않을 것이다. 그대는 눈물을 흘리며 삶에 매달릴 것이다. 죽음이 닥칠 때 그대는 신에 대해 까맣게 잊을 것이다. 윤회의 이론과 그 복잡한 의미를 기억할 수 없을 것이다. 죽음은 그대가 자신의 주변에 건축한 지식의 모든 구조물을 붕괴시킬 것이다. 죽음은 완전히 빈 손으로 남겨 놓는다……. 그때에 그대는 평생이 낭비되었다는 것을 깨달을 것이다.

지혜는 전혀 다른 현상이다. 지혜는 경험이지 신앙이 아니다. 지혜는 실체적인 경험이지 '……에 대한' 이론이 아니다. 지혜로울 때 그대는 신을 믿는 것이 아니라 신을 안다. 그대는 영혼의 영원 불멸성을 믿는 것이 아니라 직접 그것을 맛본다. 그대는 윤회를 믿는 것이 아니라 기억한다. 그대는 여러 번 이 세상에 왔었던 것을 기억한다. 그리고 과거에 그랬다면 미래에도 그럴 것이다. 그대는 여러 몸을 거쳐왔음을 기억한다. 그대는 바위였으며, 나무였으며, 동물이었으며, 남자였으며, 여자였다……. 그대는 수많은 형태를 거쳐왔다. 그대는 형태만 변할 뿐 내면의 의식은 변함이 없다는 것을 안다. 그래서 그대는 표피적인 것이 변할 뿐 본질적인 것은 영원하다는 것을 안다.

이것은 앎(seeing)이지 믿음이 아니다. 그리고 진정한 스승은 그대를 믿도록 만드는 것이 아니라 알도록 돕는 데 관심이 있다. 믿을 때 그대는 기독교인, 힌두교인, 모하메드교인이 된다. 믿음은 성직자의 직업이다.

스승은 먼저 그대의 믿음을 파괴한다. 그대를 다시 어린아이처럼 순진무구한 상태로 되돌려 진리를 탐구하고 모험의 세계에 뛰어들 수 있게 하려면 스승은 그대의 신앙의 구조물을 모두 철거해야 한다.

지혜는 그대의 내면에 떠오르는 것이지 경전에 있는 것이 아니다. 그대는 자신의 의식을 읽기 시작한다. 그 곳에는 성경과 기타, 법구경의 모든 의미가 담겨 있다.

어느 교수가 앵무새 한 마리를 샀다. 그가 집으로 돌아와 앵무새에게 말했다.

"오늘부터 너에게 말하는 법을 가르치겠다."

앵무새가 말했다.

"그럴 필요 없습니다. 나는 이미 말할 줄 알거든요."

교수는 너무나 경탄해서 앵무새를 대학에 데리고 갔다.

"보시오, 여기에 환상적으로 말을 잘하는 앵무새를 데리고 왔소."

그러나 앵무새는 입을 열지 않았다. 교수는 앵무새가 말을 할 수 있다고 계속 주장했지만 아무 소용 없었다.
　사람들은 교수에게 십 대 일로 내기를 걸었으며 교수는 내기에서 졌다. 아무리 유도해도 앵무새는 말을 하지 않았다. 친구들의 놀림을 받고 집으로 돌아오는 길에 교수는 화가 나서 앵무새를 때리며 말했다.
　"야, 이 멍청이 같은 놈아! 너 때문에 내가 얼마나 많은 돈을 잃었는지 알아!"
　앵무새가 말했다.
　"멍청이는 바로 당신이에요. 내일 나를 다시 학교로 데려가세요. 그러면 백 대 일로 이기게 해줄게요!"

　그렇다. 차라리 앵무새가 교수들보다 더 지성적이다. 진짜 바보를 만나고 싶으면 대학에 가보라. 온갖 허풍쟁이들이 횡설수설하고 있다. 그들은 자신이 무엇을 하고 있는지도 모른다. 그들은 무엇을 가르치는지도 모르면서 교수를 하고 있다. 그들은 방대한 논문을 계속 써대고 있다.

　붓다는 말한다.

　　지혜로운 자는
　　그대가 어느 지점에서 타락했고
　　어느 지점에서 타락하게 될지
　　아주 귀한 비밀을 그대에게 전한다!
　　그를 따르라, 법을 따르라!

지식은 지식이 아니다

　인간의 근원적인 타락은 아담과 이브와 아무 관계도 없다. 그 이야기는 인류 전체에 대한 함축적인 비유일 뿐이다. 모든 아이들은 저마다 똑같은 방식으로 타락한다. 인간의 타락은 과거 성경 시대에 에덴 동산에서 일어난 일이 아니다. 그 전설은 시적인 표현일 뿐이다. 그것은 아이가 태어날 때마다 일어나는 일이다. 날마다 그런 일이 일어나고 있다.

　신이 아담과 이브가 지식의 나무에서 열매를 따먹는 것을 금지했다는 것은 하나의 비유이다. 그것은 스승들, 즉 진정으로 아는 자들에 의해 발명된 가장 아름다운 비유 중의 하나이다. 지식의 열매를 따먹지 말라……. 대학은 무엇인가? 지식의 나무이다. 교육이란 무엇인가? 바로 지식의 나무이다.

　신은 그대가 순진무구함을 간직할 수 있도록 지식의 열매를 따먹지 말라고 금지했다. 오직 순수한 가슴만이 진리를 알 수 있기 때문이다. 지식으로 가득 차는 순간 진정한 앎(knowing)은 중단된다. 그대는 앎을 대신할 대체품을 발견하는 것이다. 지식이 곧 앎의 자리를 대신하게 된다. 그렇게 되면 알 필요가 없다! 그대는 계속 지식에 집착하고 그것은 에고에 만족감을 준다.

　아담과 이브는 지식의 나무에서 열매를 따먹는 순간 타락했다. 그들의 원초적인 순진무구함, 어린아이 같은 삶을 잃은 것이다. 전에 그들의 삶에는 시와 아름다움, 엑스터시, 경이감과 외경심이 있었다. 전에는 모든 것이 평범함을 초월해 있었다. 존재계 전체가 신비로 충만했다. 그들은 신비한 우주에 둘러싸여 있었다. 무지개, 태양, 달, 별……. 모든 것이 불가사의했다. 그들은 끊임없이 경이로워했다.

　그런데 지식을 갖게 되는 순간 모든 경이감이 사라졌다. 지식은 경이감을 죽인다. 지식은 경이감을 죽임으로써 앎을 추구하는 정신을 파괴한다. 지식은 우주의 신비를 해부한다. 그리고 신비가 벗겨진 우주는 신이 사라진다. 시, 사랑, 음악이 사라진다. 그때엔 빗방울 떨어지는 소리가 그대의 가슴에 저쪽 기슭에서 오는 메시지로 가 닿지 못한다. 그때엔 소나무 사이로 불어오는 바람이 그대를 감동시키지 못하며, 꽃향기는 그대 안에 시를 창조하지 못한다. 나비의 현란한 색채는 무시되고 무지개는 시선을 끌지 못한다. 그대는 돈, 권력, 지위 등 세속적인 것에 집착한다. 그대의 모든 존재계가 평범하게 됨으로써 그대는 추하게 변모한다. 그대의 존재계는 신성함을 잃고 세속적인 것이 된다. 그대는 신의 사원을 시장바닥으로 전락시킨다.

그것이 원초적인 타락이다. 매일마다 그런 일이 일어난다. 그런 일이 예전에 한 번 일어났을 뿐이라는 기독교인들의 말을 믿지 말라. 그것은 모든 아이들에게 일어나는 일이다. 아이를 지식의 여행길에 올려놓는 순간 그대는 그의 원초적인 타락을 돕고 있는 것이다.

그대가 어느 지점에서 타락했는지 말해 주는 것이 지혜로운 자의 역할이다. 그대가 타락한 것은 지식 때문이다. 그것이 근원적 타락이다. 그러나 그대는 그 투명하고 순진무구한 순간으로 다시 돌아갈 수 있다. 다시 낙원에 들어갈 수 있다. 하지만 그러기 위해서는 지식을 버려야 할 것이다.

세상을 포기했으면서도 지식은 포기하지 않은 사람들이 있다. 시장바닥을 포기하고 산에 들어갔지만 여전히 마음을 갖고 다니는 사람들이 있다. 마음은 곧 시장이다. 시장은 마음속에 있다! 시장은 마음 외에 다른 곳에 있지 않다. 그들은 히말라야의 조용한 동굴에 들어가 앉아 있을지 모르지만 그들의 마음은 여전히 기존의 패턴대로 움직이고 있다.

히말라야의 동굴에 들어간 사람이 여전히 기독교인, 힌두교인, 불교인을 고집한다. 힌두교인이 된다는 것은 주어진 지식에 대한 집착을 그대로 유지한다는 뜻이다. 그것은 타락하는 방법 중 하나이다. 모하메드교인이 되거나 기독교인이 되는 것도 그런 타락의 또 다른 방법이다.

기독교는 한 종류의 지식이다. 지구상에 존재하는 삼백여 개의 다른 종교들 또한 마찬가지이다. 그들 모두는 진리를 안다고 주장한다. 그들은 모두 자기들의 경전이 유일하게 신이 직접 쓴 신성한 경전이며 다른 종교의 경전은 모두 가짜라고 주장한다.

붓다는 경전이 가짜인 것처럼 지식도 가짜라고 말한다. 예수는 옳지만 기독교는 옳지 않다. 마하비라는 옳지만 자이나교는 옳지 않다. 마하비라에게는 '앎'이 있었지만 자이나교는 지식이다. 지식은 앎이 타락한 것이다. 앎은 개인적이다. 그러나 지식은 일상용품이며 사회적인 현상이다. 지식은 사고 팔 수 있다. 지식은 도서관과 대학에서 얼마든지 손에 넣을 수 있다. 멀지 않은 장래에 사람들은 작은 포켓용 컴퓨터를 갖고 다니게 될 것이다. 그대는 학교에 가서 고생할 필요도 없을 것이다. 온갖 지식이 들어 있는 작은 컴퓨터를 가지면 그만이다. 작은 컴퓨터 안에 세상의 도서관 전부를 담을 수 있다. 그리고 컴퓨터는 항상 그대를 위해 봉사할 준비가 되어 있다. 단추를 누르기만 하면 그대가 알고자 하는 것을 컴퓨터가 말해 줄 것이다.

그것은 과거에 마음이 했던 일이다. 그런데 이제는 기계가 더 효과적으로 할 수 있다. 그대의 마음은 기계에 다름 아니다. 마음은 바이오 컴퓨터(bio-computer)이다. 마음은 그대의 영혼이 아니라는 것을 명심하라. 마음은 그대의 의식이 아니다. 마음은 그대의 실체, 진정한 개체성이 아니다. 마음은 사회의 부산물이다.

힌두교 가정에 태어날 경우 그대는 힌두교의 지식을 습득한다. 그것은 분명히 기독교의 지식과 다르다. 중국에 태어나면 모택동의 책을 읽게 될 것이다. 그 책이 곧 성경이다. 그러나 모택동은 현자(賢者)가 아니다. 그는 깨닫지 못했다. 그는 그 자신조차 모른다. 그러니 그가 혁명에 대해 무엇을 알겠는가? 처음이자, 기본적인 혁명조차 일어나지 않았는데 말이다.

기본적인 혁명은 다시 에덴 동산에 들어갈 수 있도록 지식을 포기하는 것이다.

지혜로운 자는
그대가 어느 지점에서 타락했고
어느 지점에서 타락하게 될지
아주 귀한 비밀을 그대에게 전한다!

그는 그대가 어느 지점에서 자꾸 빗나가고 있는지, 과거에 대해 말할 뿐만 아니라 미래에 대해서도 깨우쳐 준다. 많은 함정이 숨어 있다. 그대는 언제든지 길을 잃을 수 있다.

예를 들어보자. 나는 지금 그대에게 모든 지식이 어리석은 것이며, 성경이나 코란, 베다에 집착할 필요가 없다고 말한다. 그대는 나를 사랑하고 신뢰하므로 코란이나 성경에 대한 집착을 버릴지도 모른다. 그러나 그대는 다시 내 말에 집착할 수 있다. 그대는 내 사상에서 성경을 만들기 시작할 수 있다. 그것은 다시 똑같은 함정에 빠지는 것이다. 그대는 뒷문으로 똑같은 사람이 되어 돌아온다. 이제 그대는 성경 대신 나를 가졌다.

> 지혜로운 자는
> 그대가 어느 지점에서 타락했고
> 어느 지점에서 타락하게 될지
> 아주 귀한 비밀을 그대에게 전한다!

붓다가 제자들에게 마지막 남긴 말은 "그대 자신을 비추는 등불이 되라"는 말이었다. 제자들은 눈물을 흘리며 울고 있었다. 거의 사십 년 가까이 함께 살아온 스승이 떠나고 있으니 당연한 일이었다. 사십 년 동안 그들은 엄청난 기쁨과 훌륭한 경험을 맛보았다. 그 기간은 인간에게 가능한 가장 아름다운 세월이었다. 마치 낙원과 같은 나날이었다. 그런데 이제 스승이 육체를 떠나고 있다. 그들이 슬퍼하며 흐느낀 것은 당연한 일이었다.

붓다는 눈을 뜨고 말했다.

"울지 마라. 너희들은 지금까지 내 말을 듣지 못했더냐? 왜 우는 것이냐?"

그의 수제자인 아난다(Ananda)가 말했다.

"우리의 빛인 당신이 떠나고 있지 않습니까? 어둠이 우리를 덮치고 있는 느낌입니다. 저는 아직 깨닫지 못했는데 당신은 떠나고 있습니다. 당신이 살아 있는 동안에도 깨닫지 못했는데 당신이 가시고 나면 제게 무슨 희망이 있겠습니까? 저는 말할 수 없이 절망스럽습니다. 저는 사십 년을 헛되이 보냈습니다. 저는 그림자처럼 당신을 따라

다녔고, 당신과 함께 지낸 나날은 아름다웠습니다. 그런데 이제 당신이 떠나시면 저희들은 어쩌란 말입니까?"

붓다가 말했다.

"너희들이 우는 것은 내 말을 귀담아 듣지 않았기 때문이다. 나는 너희들에게 나를 믿지 말라고 수차 말했었다. 그런데 너희들은 내 말을 듣지 않았다. 지금 너희들이 완전히 허물어지고 있는 것은 나를 믿었기 때문이다. 내 말대로 너희들의 내면에 빛을 창조했다면, 나를 통해 지식을 모으기보다는 너희들 스스로의 경험을 얻었다면 지금처럼 울 필요가 없었을 것이다. 만주스리(Manjusri)[1]를 봐라!"

만주스리는 붓다의 제자였다. 그는 근처의 나무 밑에 눈을 감고 앉아 있었다. 그는 너무나 고요하고 행복해 보였다.

붓다가 말했다.

"만주스리를 봐라. 가서 그에게 왜 울지 않는지 물어보거라."

제자들이 만주스리에게 물었다. 만주스리가 웃으며 말했다.

"왜 운단 말인가? 붓다는 나 자신의 빛을 알도록 도움을 주었다. 나는 그저 감사할 뿐, 어둠이 덮치는 느낌이 들지 않는다. 붓다가 어떻게 죽을 수 있겠는가? 나는 내가 죽을 수 없다는 것을 안다. 강물이 바다로 사라지듯이 그는 우주로 사라질 것이다. 그러나 그는 항상 여기에 있을 것이다. 그는 우주 전체로 퍼져나갈 것이다. 그것은 말할 수 없이 아름다운 일이다. 붓다는 작은 육체 안에 갇혀 있었다. 그러나 이제 그의 향기는 우주 곳곳으로 퍼져나갈 것이다. 그는 존재계 전체에 스며들 것이다."

---

1) 만주스리 : 문수(文殊)보살.

지식은 지식이 아니다

이제 붓다가 우주 전체로 퍼져나갈 것을 생각하니 나는 기쁘기 한량없다. 나는 떠오르는 태양 안에서, 날아가는 새들 안에서, 바다의 파도 안에서…… 모든 곳에서 그를 보게 될 것이다.

그는 단지 육체를 떠나고 있을 뿐이다. 육체는 감옥이었다. 내가 그것을 아는 것은 나 자신의 영혼을 알기 때문이다. 나는 그의 말을 귀담아 들었다. 그런데 그대들은 그렇지 못했다. 그래서 지금 그대들은 울고 있는 것이다."

붓다가 말했다.

"다시 한 번 말하겠다. 아뽀 디뽀 브하바(appo dipo bhava) ─ 그대 스스로를 비추는 빛이 되라."

그 다음에 그는 눈을 감고 우주 속으로 사라졌다. 그의 마지막 유언은 또한 첫 번째 말이기도 했다. 사실, 그것은 그가 전하고자 했던 메시지 전부였다. 그는 평생 동안 똑같은 메시지를 계속 반복하고 있었다.

> 지혜로운 자는
> 그대가 어느 지점에서 타락했고
> 어느 지점에서 타락하게 될지
> 아주 귀한 비밀을 그대에게 전한다!
> 그를 따르라, 법을 따르라!

"그를 따르라."고 말할 때 붓다는 그를 모방하라고 말하는 게 아니다. 그를 모델로 삼아서 그대로 살라는 말이 아니다. 절대 그런 뜻이 아니다. 그의 말에는 전혀 다른 의미가 담겨 있다.

여기 선(禪)의 일화가 있다.

선(禪)의 신비주의자가 축제를 열고 있었다. 그것은 스승의 탄신일을 기념하는 축제였다. 사람들이 어리둥절해서 물었다.

"우리가 알기로 당신에겐 스승이 없습니다. 우리는 당신이 복주 선사를 여러 번 찾아가 제자로 받아들이기를 간청했지만 거절당했다는 소문을 들었습니다. 뿐만 아니라 그는 당신을 내쫓았다는 소리도 들었습니다. 당신이 하도 끈질기게 고집을 피우니까, 그가 당신을 때리고 창문 밖으로 내던졌다는 소문도 있습니다. 그는 당신을 제자로 받아들이지 않았습니다. 그런데 이 잔치는 무엇입니까? 오늘은 스승의 탄생을 축하하는 날입니다."

신비주의자가 말했다.

"그 분은 나의 스승이셨다. 나를 거절하고 내쫓는 것이 그 분의 입문절차였다. 그 분은 '너 스스로를 비추는 빛이 되라. 나를 따를 필요가 없다'고 말씀하셨다. 그 분이 계속 거절했기 때문에 나는 나무 밑에 앉아 깨달음을 얻었다.

복주 선사는 내가 아는 사람들 중에 유일하게 아름다운 분이셨다. 만일 그가 허락했다면 나는 그의 그림자가 되었을 것이다. 나는 또 하나의 복주가 되었을 것이다. 나는 사소한 것까지 그를 흉내냈을 것이다. 나는 그와 똑같은 음식을 먹고, 똑같은 걸음걸이로 걷고, 똑같은 말을 했을 것이다……. 나는 완전히 그의 복사판이 되었을 것이다. 그래서 그는 나를 거절했다. 그는 훌륭한 나의 스승이었다. 그는 나의 눈을 들여다보는 순간 나의 미래를 알았다. 그가 허락하기만 하면 나는 사이비 인간이 될 뿐, 결코 개체성을 지닌 진정한 개인이 되지 못할 것이라는 것을 그는 알고 있었다. 그래서 그는 나를 매정하게 대했다. 그러나 이제 나는 그의 매정함이 자비에서 나왔다는 것을 안다. 내가 깨달음을 얻은 것은 그 분의 은덕이다. 그래서 나는 오늘 나의 스승이 태어난 날을 기념하여 잔치를 벌이는 것이다."

어떤 사람이 그에게 물었다.

"그렇지만 당신의 생활 방식에서는 복주의 흔적이나 영향을 전혀 찾아볼 수 없습니다. 당신의 말은 복주와 다를 뿐만 아니라 때로는 모순되기도 합니다. 그런데 무슨 근거로 그가 당신의 스승이었다고 말한단 말입니까?"

신비주의자가 말했다.

"그는 나를 공식적으로 인정한 적이 없다. 하지만 그는 분명히 나의 스승이었다. 공식적인 입문 절차는 중요하지 않다. 문서로 입증할 수는 없지만 나는 분명히 그의 제자이다. 어느 누구에게도 증명할 필요가 없다. 내가 아는 것으로 충분하다. 나는 그의 제자이다!"

그러나 사람들이 이구동성으로 외쳤다.

"무슨 근거로 그렇게 말합니까?"

신비주의자가 말했다.

"그는 자신의 스승을 따르지 않았다. 그것이 그의 특성이었다. 나 역시 그를 따르지 않는다. 이것이 그를 따르는 나의 방식이다. 나는 분명히 그의 제자이며, 그는 나의 스승이었다!"

아주 귀한 비밀을 그대에게 전한다!

그렇다! 이것은 아주 소중한 비밀이다. 진정한 구도자의 삶은 평범하지 않다. 그의 삶은 기독교, 힌두교, 모하메드교 등 특정한 틀에 제한되지 않는다. 진정한 구도자는 자유의 삶을 산다.

그를 따르라, 법을 따르라!

이 말은 복사판이 되라는 뜻이 아니다. 붓다의 말은 단지 '그의 삶을 이해하라'는 뜻이다. 그의 삶을 관찰하고 분석하고 명상하라. 그 다음에 그대의 명상과 관찰, 그대의 주시가 법이 되게 하라.
지혜로운 자를 따르는 것은 그 자체를 따르는 것이 아니라 길을 따르는 것이다. 그를 지혜롭게 만든 길을 따르는 것이다. 그를 지혜롭게 만든 길은 무엇인가? 두 개의 길이 있다. 하나는 부정적인 길로, 지식을 버리는 길이다. 다른 하나는 긍정의 길로, 명상에 드는 길이다.

한 무리의 성자들이 천국의 문 앞에서 차례를 기다리고 있었다. 한 사람이 들어갈 때마다 천국의 문이 조금 열렸다가 닫히곤 했다. 그러나 그들이 기대했던 축하 행사는 없었다.
줄의 맨 끝에, 멋진 수염을 기르고 의젓한 걸음걸이에 자신만만해 보이는 학자가 서 있었다. 그가 한걸음 앞으로 내딛자, 팡파르가 울리는 가운데 문이 활짝 열리며 우뢰와 같은 박수 소리가 터져나왔다. 안쪽에서 빛나는 얼굴의 천사가 마중 나와 그를 호위했다.
학자가 속으로 생각했다.
"와! 굉장히 성대한 환영이군. 이곳에서는 학자를 높이 대접하는 모양이다."
학자가 말했다.

"이렇게 성대하게 환영해 주시니 고맙습니다. 여기서는 학자가 높이 대접받는 모양이지요?"

천사가 말했다.

"그렇소. 아직까지 학자가 천국에 들어온 적은 없으니까, 당신은 희귀 동물이오!"

지식에 가득 찬 사람이 천국에 들어가는 것은 거의 불가능하다. 그것은 경사스러운 일임에 틀림없었다! 그래서 성자들에게는 큰 환영 행사가 베풀어지지 않았지만, 학자들에게는 거대한 환영 잔치가 벌어졌다. 학자가 천국에 드는 것은 아주 드문 경우였기 때문이다.

사실, 그것은 불가능한 일이다. 학자들은 천국에 들어갈 수 없다. 학자가 되는 것은 곧 원죄를 짓는 것이다. 경전에 정해진 삶의 패턴을 따를 때에는 오류를 저지르는 것이 당연하다. 경전을 해석하는 자는 누구인가? 그대의 어리석은 마음이 경전을 해석할 것이다. 그리고 그대는 자신의 해석을 따를 것이다. 그대는 똑같은 자리를 빙빙 돌게 될 것이다.

어떤 사람이 고통 때문에 인상을 찌푸리고 절뚝거리며 걷고 있었다. 지나가던 의사가 그를 멈추어 세우고 말했다.

"여보시오, 내가 당신이라면 의사에게 찾아갈 것이오. 당신은 맹장 수술을 받아야 하오."

그래서 그는 맹장 수술을 받았다. 얼마 후, 그는 다른 의사를 찾아갔는데, 그 의사는 맹장 수술은 안 되며 균형 감각을 회복하는 치료가 필요하다고 말했다. 그러나 이것도 도움이 되지 않았다. 그는 다른 병원에 찾아갔다. 그 병원에서는 식이 요법과 약물 치료를 권장했다.

몇 주 후, 그는 다른 의사를 찾아가야 했다. 병원의 처방이 전혀 듣지 않았기 때문이다. 의사는 편도선을 제거해야 한다고 말했다. 그래서 그는 편도선을 제거했다.

이런 식으로 그는 이 병원 저 병원을 전전했다. 그럴 때마다 몸의 일부가 하나씩 없어졌다. 그러나 전혀 차도가 없었다!

어느 날, 그는 시장통을 배회하고 있었는데, 그를 치료했던 의사 중 한 명이 그를 보았다.

의사가 말했다.

"반갑습니다. 아주 좋아 보이는군요. 완전히 치료된 것 같습니다. 우리는 모두 실패했는 데 마침내 누군가 당신을 치료했군요. 혹시 나의 치료가 도움이 되었습니까?"

환자가 말했다.

"흥, 당신은 내 눈에 이상이 있다고 떠들던 그 의사 아니요? 하지만 나를 고친 사람은 바로 나요. 구두의 못을 뽑아버렸더니 고통도 사라지고 절뚝거리지도 않게 되었소!"

간혹 아주 사소한 문제가 있을 수 있다. 그러나 많은 지식을 갖고 있는 사람을 찾아가면 그들은 돋보기로 모든 문제를 확대한다. 그들은 문제를 창조하는 데 유능하다. 왜냐하면 그들은 해결책을 알기 때문이다. 그리고 그들의 해결책은 그들이 문제를 창조한 경우에만 유용하다.

전문가를 찾아가 보라. 그러면 그들은 즉시 그대가 전혀 알지 못했던 수많은 문제를 그대에게 알려줄 것이다. 그것은 당연한 일이다. 그대가 많은 문제를 갖고 있어야만 그들의 직업이 유지되기 때문이다. 문제가 더 복잡할수록 그들은 더 행복해 한다. 그들의 지식과 재주를 보여줄 기회가 왔기 때문이다.

진짜 문제는 아주 사소한 문제이다. 그대가 머리 안에 살고 있는 것이 문제이다. 머리에서 가슴으로 내려오라. 머리는 유식해질 수 있지만 가슴은 그렇지 않다. 가슴은 지혜로워질 수 있을 뿐이다. 가슴은 전혀 다른 방식으로 안다. 가슴의 앎은 즉각적이고 직접적이다. 가슴은 논리적이 아니라 직관적이다. 가슴의 앎은 추론이나 긴 논증 후의 결론이 아니다. 그것은 단지 눈을 뜨는 문제이다.

가슴은 앎의 과정이 필요없다. 눈을 뜨는 것이 전부이다.

그가 너를 단련시키고 가르치고
너를 해악에서 구하게 하라.

마음은 계속 그대를 어리석게 만드는 해악이다. 마음은 그대가 전혀 인식하지 못하는 수많은 해악을 저지른다. 지혜로운 자는 지혜를 나누어 주는데 그대는 즉시 그것을 지식으로 전락시킨다. 이것이 첫 번째 해악이다.

지혜로운 자는 그대를 그대 자신이 되도록 돕는다. 그런데 그대는 열심히 그를 흉내내기 시작한다. 그대는 그처럼 되려고 노력한다. 이것이 마음의 두 번째 해악이다.

지혜로운 자는 그대가 스스로의 통찰력을 갖기를 원한다. 그런데 그대는 스스로의 빛이 아니라 분명한 지시 사항을 원한다. 그대는 안내받기를 원한다. 그대는 스스로 자신을 책임지기를 원하지 않고 모든 책임을 스승이나 지혜로운 자에게 전가하기를 원한다. 그리고 나서 그대는 편안함을 느낀다. ―이젠 그가 모든 것을 책임진다. 만일 무슨 일이 잘못되면 전적으로 그의 책임이다.

그리고 다른 사람에게 책임을 전가하면 모든 일이 잘못될 것이다. 그대 스스로 자신을 책임지지 않는 한 아무것도 옳게 되지 않을 것이다. 그대 자신을 제외하고는 아무도 그대를 옳게 만들 수 없다.

스승은 다만 그대 스스로 자신의 스승이 되라고 가르친다. 이것이 스승의 역할이다. 스승은 그대가 의존하는 것을 원치 않는다. 그런데 마음은 계속해서 이런 해악을 저지른다. 마음은 그대가 스승에게 의존하기를 원한다. 마음은 항상 아버지나 어머니의 상을 찾는다. 그대는 누군가 그대의 손을 잡고 이끌어 주기를 원한다.

스승은 오직 길을 가리킬 뿐이다. 그는 달을 가리키는 손가락이다. 그런데 마음은 손가락에 매달린다. 그대는 손가락을 빨기 시작할지도 모른다.

난인 선사는 제자들에게 이렇게 말하곤 했다.

"내 손가락을 빨지 말고 달을 봐라!"

그러나 사람들은 어린아이의 수준을 벗어나지 못했다. 어린 아기가 손가락을 빨면서 영양분을 흡수한다고 믿는 것처럼, 다 큰 어른들이 스승의 손가락을 빨면서 영양을 흡수한다고 생각한다.

마음의 해악을 경계하라! 마음은 항상 그대에게 이렇게 말한다.

"이것은 간단한 일이다! 스승을 믿으면 된다. 너는 열심히 노력할 필요가 없다. 단지 관찰하기만 하면 된다. 상대성 이론은 아인슈타인이 발견했다. 이젠 아무도 다시 발견할 필요가 없다. 아인슈타인은 그것을 발견하는 데 몇 년이 걸렸겠지만 너는 책을 보기만 하면 몇 시간 안에 그것을 이해할 수 있다. 왜 그것을 다시 발견하려고 애쓰는가?"

외부적인 지식에 관한 한 이 말은 맞는 말이다. 외부의 객관 세계에 대해 이 말은 타당하다. 그러나 내면의 주관 세계에 대해서는 옳지 않다. 계속해서 다시 발견해야 하는 것들이 있다. 붓다의 발견은 그대에게 아무 쓸모도 없다. 예수의 앎은 그대의 앎이 될 수 없다. 모하메드는 이해했지만 그 이해를 그대로 전달할 방법은 없다. 이 사람들은 다만 어떻게 그것을 얻었는지 암시할 수 있을 뿐이다. 그들은 자기들이 걸어온 모든 여행에 대한 정보를 그대에게 나누어 줄 수 있다. 그러나 그대는 스스로 길을 가야 한다.

마음은 지름길을 원한다. 마음은 항상 더 쉬운 길을 원한다. 그리고 마음의 그런 경향은 그대를 계속해서 그릇된 길로 몰아간다. 경계하라! 마음은 항상 설탕처럼 달콤한 독약을 준다. 마음이 주는 약은 처음에는 달겠지만 결국은 독약이 될 것이다.

지혜는 처음에 그렇게 달콤하지 않을지도 모른다. 사실, 지혜는 달기는커녕 매우 쓰다. 그러나 그대를 순수하게 정화시킨다. 지식은 처음에 달콤하지만 지혜는 마지막에 달콤하다. 그리고 마지막에 달콤하게 증명되는 것은 무엇이나 진실된 것이다.

어떤 사람이 죽어서 천사를 만났다. 천사가 말했다.
"천당과 지옥을 직접 보고 너의 운명을 결정하고 싶은가?"
물론 그는 동의했다. 천사가 '지옥'이라고 쓰여진 문을 열었다. 안에는 사람들이 술을 마시고 춤추며 북을 두드리고 있었다. 잔치가 계속되는 것 같았다. 남자와 여자들은 서로를 희롱하며 날뛰고 있었으며 그 주변에는 악마들이 춤추고 있었다. 그 모든 것이 너무나 활동적이고 신나는 광경처럼 보였다.

그 다음에 천사는 '천당'이라고 씌어진 문을 열었다. 안에는 성스러운 사람들이 순수한 행복의 상태에서 앉거나 누워 있었다. 그러나 그것은 무미건조해 보였다.

그는 "나는 첫 번째 문으로 들어가겠습니다." 하고 말했다. 그는 영원히 아무것도 안하면서 지내고 싶지 않았기 때문이다.

그들은 다시 첫 번째 문으로 돌아왔다. 천사가 문을 열고 그를 밀어넣었다. 그는 동굴 속에 있는 자신을 발견했다. 동굴에는 화염과 연기로 가득했으며 악마들이 사람들을 채찍으로 갈기고 있었다. 무서운 천둥번개 소리가 그치지 않았다. 그는 두려움에 질려 숨도 못 쉴 지경이었다. 그가 옆으로 지나가는 악마를 불러세워 말했다.

"나는 얼마 전에 이곳을 구경하고 나서 지옥을 택했소. 그런데 그때는 이렇지 않았소!"

악마가 음흉하게 웃었다.

"오, 저런! 하지만 너는 잠깐 동안 방문했을 뿐이라구. 그때는 여행객을 위한 공연 시간이었단 말야!"

마음은 그대를 유혹한다. 마음은 달콤한 꿈을 준다. 그러나 처음에만 달콤할 뿐이다. 일단 마음의 덫에 걸리고 나면 그대는 고통에 시달릴 것이다. 수많은 사람들이 그런 식으로 고통받는다.

붓다는 말한다.

그가 너를 단련시키고 가르치고

지식은 지식이 아니다

너를 해악에서 구하게 하라.
세상이 그를 미워하더라도
훌륭한 사람은 그를 사랑하리라.

지혜로운 사람은 항상 세상에 의해 미움받는다는 사실을 명심하라. 그가 미움받는 것은 당연한 일이다. 코를 골며 깊이 잠들어 있는 사람들에게 그의 존재는 매우 거추장스럽다. 왜냐하면 그는 계속해서 "깨어 일어나라!"고 외치기 때문이다. 그는 그대가 하고 있는 일은 모두 환상이라고 말한다. 그대는 달콤한 꿈을 꾸고 있는데 그는 계속 그대를 흔들어 깨운다. 그는 그대를 잠 밖으로 끌어낸다. 그런데 그대의 잠은 안락하고 편안할지도 모른다. 그리고 그는 그대를 가만히 쉬도록 놔두지 않는다. 그는 그대 스스로 해야 할 일들을 안겨준다.

평범한 사람들은 항상 지혜로운 자를 미워한다. 그가 붓다이든, 짜라투스트라이든, 소크라테스이든, 노자이든 그것은 중요한 문제가 아니다. 유사 이래 지혜로운 자는 누구를 막론하고 평범한 사람들, 군중들에 의해 미움받아 왔다. 오직 진리를 사랑하고 추구하는 극소수의 사람들만이 지혜로운 자를 사랑했다. 그것을 잊지 말라!

나쁜 동료를 구하지 말고
무관심한 사람과 함께 살지 말라.
진리를 사랑하는 친구를 찾아라.

진리를 사랑하는 친구를 찾아라! 이것이 영적인 공동체의 의미이다. 그대 혼자서는 지도에 없는 바다로 뛰어들 용기가 없을지도 모른다. 그러나 많은 사람들이 함께 가는 것을 알면 용기가 생길 것이다. 지금 그 용기는 잠자고 있지만 활성화될 것이다. 그래서 공동체가 필요하다. 붓다가 '상가(sangha)'라는 공동체를 창조했듯이 말이다.

구도자들이 함께 모일 수 있는 곳, 진리를 사랑하는 사람들이 서로의 손을 잡을 수 있는 곳, 명상가들이 서로의 경험을 나눌 수 있는 곳, 그들이 새로운 사회를 창조할 수 있는 곳, 이런 공동체가 필요하다.

새로운 사회를 창조하는 것, 이것이 바로 내가 여기에서 하고 있는 일이다. 진리의 친구들이 모인 사회, 구도자들의 사회, 서로 깊은 교감과 사랑과 신뢰를 느낄 수 있는 사람들의 사회……. 이것은 험난하고 긴 여정이 될 것이다. 그대는 산과 바다와 사막을 거쳐 지나가야 할 것이다. 그대 혼자서는 그렇게 많은 용기를 낼 수 없을지도 모른다. 그대는 절망감을 느낄 수도 있다. 그러나 많은 사람들이 춤추고 노래하며 여행을 즐기는 것을 보게 될 때에는 그대의 가슴속에 용기와 신뢰가 생겨난다. 그대는 이번 생에서 붓다가 되는 것이 가능하다는 자신감을 갖게 된다.

나쁜 동료를 구하지 말고……

'나쁜 동료'란 어떤 사람을 가리키는가? 진리에 관심없는 사람들이다.

무관심한 사람과 함께 살지 말라.

진리에 무관심한 사람들을 피하라. 그들은 삶을 낭비할 것이기 때문이다. 그들과 함께 살기 위해서는 그들처럼 되어야 할 것이다. 그들의 방식대로 행동해야 할 것이다.

존재계와 사랑에 빠진 사람들을 찾아라. 그것이 그대의 탐구에 엄청난 도움을 줄 것이다.

깊이 마셔라……

지혜로운 사람, 스승, 붓다를 발견했을 때에는 그들을 깊이 마셔라. 진리를 추구하는 구도자들의 공동체, 즉 '상가(sangha)'를 발견했을 때에는 그들을 깊이 마셔라. 인색하게 굴거나 과거에 매이지 말라. 그대는 수많은 생 동안 갈증에 시달려왔다. 기회가 왔을 때에는 낡은 습관이 그대를 방해하게 허용하지 말라. 망설이지 말고 용기를 내어 깊이 마셔라. 앞으로 전진하라!

깊이 마셔라.
평온과 즐거움 속에 살아라.

스승과 함께 하기 위해서는 진정으로 술 취한 자가 되어야 한다. 스승은 포도주를 나누어 주고 있다! 스승은 자신의 내면에 흐르는 과즙을 나누어 준다. 그 샘은 마르지 않는다. 그대는 원하는 만큼 실컷 마실 수 있다. 스승과 함께 하는 것은 곧 그를 먹고 마시고 소화하는 법을 배우는 것이다. 제자가 되기 위해서는 식인종이 되어야 한다! 스승이 그대의 피와 근육, 뼈 속에 흐르기 위해서는, 그대의 일부가 되기 위해서는 그대에게 먹히고 소화되어야 한다.

깊이 마셔라.
평온과 즐거움 속에 살아라.

스승의 곁에 있을 때에는 우울해 하거나 심각함에 빠지지 말라. 그것은 스승과 교류하는 방법이 아니다. 그대는 오직 즐김에 의해 스승과 연결되어야 한다. 물론, 그대의 즐거움은 매우 평온하고 고요한 것이 되어야 한다. 진정한 즐거움은 열정적이지 않다. 그것은 평화롭고 고요하다. 진정한 즐거움은 노래를 부르되 그 노래는 침묵의 노래이다. 진정한 즐거움은 소리치는 것이 아니라 감미롭게 속삭인다.

평온과 즐거움 속에 살아라.

더 평온해질수록 그대는 스승과 더 친밀해진다. 더 즐거워할수록 스승과 더 가까워진다. 이것이 스승과 가까워지는 방법이다.
많은 산야신들이 내게 묻는다.
"당신과 가까워지려면 어떻게 해야 합니까?"
평온해져라. 즐거워하라……. 그러면 그대는 나와 가깝다! 슬퍼하고 심각해지면 나와 멀리 떨어진다. 육체적으로 아주 가까이 있다 해도 슬픔에 잠겨 있다면 그대는 나와 가까이 있는 것이 아니다. 그리고 육체적으로 수천 마일이나 떨어져 있어도 즐거워한다면, 그대에게 스승이 있다는 것을 기뻐한다면, 그대가 붓다를 발견했음을 즐긴다면, 신이 아직 지구를 버리지 않았으며 계속해서 자신의 메신저(mess-

enger)를 보내고 있음을 기뻐한다면, 그리스도가 지금도 지구 위를 걷고 있으며, 모하메드가 죽은 것이 아니라 다른 형상으로 태어났음을 반긴다면, 인간의 의식이 지금도 붓다와 같은 연꽃으로 피어나고 있음을 축하한다면……. 그리고 그대는 이미 연꽃을 발견했다! 그대는 행운아이며 축복받았다. 그 행운이 그대를 스승에게 더 가까이 데려감을 기뻐하라. 그것은 영적인 친밀함이다. 육체적인 거리와는 아무 상관도 없다.

> 지혜로운 사람은
> 진리 안에서 기뻐하며
> 깨어난 자의 법을 따른다.

깊은 평화와 즐거움 속에 산다면, 아무 망설임없이 가슴을 활짝 열고 스승과 함께 간다면 그대는 지혜로워지기 시작한다.

> 지혜로운 사람은
> 진리 안에서 기뻐하며……

그때엔 진리를 듣고 볼 때마다 그대는 기뻐한다. 그대의 기쁨은 말로 표현할 수 없을 정도이다. 그 기쁨은 이 지상의 것이 아니다. 저 너머에서 오는 것이다.

깨어난 자의 법을 따른다.

서서히 그대는 깨달은 자의 법을 알게 된다. 에싸 담모 사난따노! 세상은 카오스(chaos)가 아니라 코스모스(cosmos)이다. 우주는 우연적이지 않다. 우주를 움직이는 특정한 법칙이 있다. 붓다는 그 법을 담마(dhamma)라고 부른다. 그는 그 법을 신이라고 부른다. 붓다의 접근 방식은 대단히 과학적이다. 그는 하늘의 황금 의자에 앉아서 세상을 지배하는 신을 설교하지 않는다. 질투하고 분노하는 신, 복종하지 않으면 그대를 지옥에 던져 버리는 신, 그에게 복종하고 기도와 성직자를 통해 찬양하고 매수하면 그 대가로 영원히 열여섯 살에 고정되어 늙지 않는 아름다운 여자들이 가득 찬 천국을 상으로 내려 주는 신, 붓다는 그런 신을 설교하지 않는다. 붓다는 처벌하거나 상을 내리는 어떤 신도 믿지 않는다. 그는 과학적으로 접근한다.

그가 말하는 신은 우주를 조화롭게 유지하는 법을 의미한다. 우주는 화환과 같다. 꽃은 보이지만 꽃들을 엮고 있는 끈은 보이지 않는다. 그 보이지 않는 끈이 곧 신이다. 그리고 신은 오직 깨달은 자, 붓다에 의해 알려진다.

스승을 깊이 마셔라. 그의 존재를 흡수하라. 그의 현존 안으로 녹아들어라. 그의 따뜻함과 자비가 얼음처럼 차가운 그대의 에고를 녹이게 하라. 그와 하나가 되라. 분리를 포기하고 그와 하나로 연결되라.

이것이 '제자됨(disciplehood)'의 의미이다. 이것이 산야스(sannyas)의 모든 것이다. 그대는 서서히 진리를 진리로 보고, 거짓을 거짓으로 보게 될 것이다. 거짓을 거짓으로 보는 것은 곧 진리를 진리로 보는 것이다. 어둠을 어둠으로 아는 것은 빛을 빛으로 알기 위한 시발점이다. 그대 안에 진리에 대한 사랑이 솟아오를 때에는 그대 스스로의 빛 안에서 깨달을 날이 멀지 않다.

그런 일이 일어나기 전에 깨달은 자의 법을 따르라. 깨달은 자와 파장을 맞추고 하모니를 이루어라. 그것은 동시적인 현상이기 때문이다.

아름다운 음악을 들을 때 그대는 춤추고 싶은 기분이 든다. 그것은 음악에 의해 야기된 현상이 아니다. 음악을 듣는 사람 전부가 그런 기분을 느끼는 것은 아니기 때문이다. 그것은 원인과 결과의 법칙이 아니다. 그것은 전혀 다른 법칙이다. 칼 구스타프 융(Carl Gustav Jung)은 그것을 '동시성의 법칙(the law of synchronicity)'이라고 불렀다. 그는 아름다운 이름을 부여했다. 그 법칙은 역사를 통해 계속 알려져왔지만 서양에서 그것을 재발견한 사람은 그가 처음이다.

동양에서 우리는 그것을 '사트상(satsang)'이라고 부른다. 스승과 파장을 맞추는 것, 스승과 완전히 일체를 이루어서 그의 존재가 그대 안으로 침투하고 서로간의 경계선이 겹쳐지기 시작하는 것, 이것이 사트상이다. 그때엔 전에 일어난 적이 없는 어떤 현상이 그대 안에 일어나기 시작한다. 스승이 그렇게 하는 것도 아니고, 그대가 그렇게 하는 것도 아니다. 아무도 그것을 행하지 않는다. 다만 저절로 그런 현상이 일어날 뿐이다. 음악을 들을 때 춤추고 싶은 기분이 들듯이, 스승과 파장을 맞출 때 그대는 어떤 각성이 일어남을 느낀다.

> 농부는 물길을 내어
> 땅에 물을 대고,
> 활 만드는 이는 화살을 깎고,
> 목수는 나무를 다듬는다.
> 그렇듯이 지혜로운 사람은
> 자신의 마음을 다스린다.

일단 그대에게 지혜의 향기가 일어나면 그대의 마음을 깨달은 자에게 향하게 하라. 제자는 끊임없이 스승을 향해 마음의 방향을 잡는다. 제자는 깨달은 후에도 스승을 향해 마음을 다스린다.

사리풋타(Sariputta)가 깨달음을 얻었다. 그는 붓다의 가장 훌륭한 제자들 중 한 명이었다. 그는 깨달음을 얻고 나자 붓다 앞에 나서는 것을 매우 두려워했다. 붓다는 법을 전파하라고 사리풋타를 떠나보낼 것이 뻔했기 때문이다. 그렇게 되면 사리풋타는 스승을 떠나야만 할 것이다.

그는 며칠 동안 스승의 눈에 띄지 않으려고 숨어 지냈다고 전해진다. 하지만 마침내 붓다가 제자들에게 물었다.

"사리풋타는 어디에 있는가? 그는 깨달았다. 그는 깨달음의 빛을 숨길 수 없다. 당장 그를 찾아서 데려오라!"

사리풋타는 동굴 안에 숨어 있었는데 붓다의 제자들이 찾아가 그를 강제로 데려가려 했다.

사리풋타가 말했다.

"나는 가고 싶지 않다. 스승님이 내게 무엇을 시킬지 잘 알기 때문이다. 그는 이렇게 말할 것이다.

'이제 너는 여기저기 떠돌며 가르침을 전하라. 이제 너는 깨달았으니 다른 사람들을 깨워라!'

그런데 나는 스승님을 떠나고 싶지 않다. 그를 떠나 어떻게 살아가란 말인가?"

그러나 그는 떠날 수밖에 없었다. 붓다 앞에 불려 나갔을 때 붓다가 말했다.

"이제 너는 동쪽으로 가서 가르침을 전하라. 너는 깨달음을 얻었으니 이제 그것을 나누어 주라!"

스승이 명령할 때에는 따르는 수밖에 없다. 사리풋타는 눈물을 흘리며 엎드려 절하고는 동쪽으로 떠났다. 그러나 그는 매일 아침 일어나자마자 스승이 계시는 서쪽을 향해 엎드려 절했다.

사람들이 그에게 물었다.

"사리풋타여, 당신은 이제 붓다가 되었습니다. 그런데 왜 날마다 서쪽을 향해 절을 합니까?"

그가 말했다.

"내가 깨달았든 깨닫지 못했든 그것은 중요한 문제가 아니다. 그것은 전혀 무관한 문제이다. 나의 스승님은 서쪽에 계시며 나는 멀리 떨어져 있어도 여전히 그의 현존에 의해 에너지를 받고 있다. 나는 깨달음을 포기할지언정 스승님을 버릴 수는 없다. 스승과 일체를 이루는 것에 비하면 깨달음은 아무것도 아니다."

지혜로운 사람은
자신의 마음을 다스린다.

……. 진리를 향해, 존재계의 궁극적인 법을 향해, 깨달은 자를 향해 그는 마음을 다스린다. 그리고 깨달은 자, 또는 존재계의 법을 향해 마음을 다스릴 때에는 서서히 예전의 미치광이 같은 마음이 안정되고 마음의 수다가 사라지기 시작한다. 그대는 점점 더 고요하고 평온해진다. 그대는 잔물결 하나 일지 않는 고요한 호수가 된다. 오로지 그럴 때에만 진리가 그대 안에 비친다.

바람이 산을 흔들 수 없듯이
칭찬이나 비난은
지혜로운 사람을 흔들 수 없다.

그때, 그대는 산처럼 된다. 아무것도 그대를 흔들 수 없다. 지혜로운 자에게 비난이나 칭찬은 아무 차이도 없다. 그것은 모두 똑같다. 무지하고 깨어 있지 못한 사람이 그대를 비난하든 칭찬하든 그것이 무슨 차이점을 만들겠는가? 칭찬과 비난 둘 다 그의 잠에서 비롯된 것이다. 그것은 꿈꾸는 자의 잠꼬대와 같다. 그대는 그 소리를 귀담아 들을 것인가? 그대는 그의 비난과 칭찬을 다른 것으로 구별할 것인가? 그대는 그가 꿈꾸고 있다는 것을 안다. 그의 칭찬과 비난은 아무 중요성도 없다. 아무 차이도 없다. 그가 말하는 것은 모두 잠꼬대이다. 잠에서 깼을 때 그는 스스로 그 모든 것을 비웃을 것이다. 자신의 말들이 매우 터무니없어 보일 것이다.

그대는 붓다를 칭송할 수도 비난할 수도 있다. 수많은 사람들이 그를 비난할 것이고 극소수의 사람들은 그를 찬양할 것이다. 그러나 그것은 그에게 아무 차이점도 만들지 못한다. 그는 태산처럼 꿈쩍도 않을 것이다.

그는 명철함이다.
그는 진리를 들으므로
호수처럼 순수하고 고요하고 깊다.

그는 명철할 뿐만 아니라 명철성 그 자체이다. 그래서 붓다는 '그는 명철함(Clarity)이다'라고 말한다. 명철해지는 것은 매우 일반적인 일이다. 가끔씩 그대 또한 명철해진다. 그러나 계속해서 해악을 끼치는 마음이 거기에 있다. 그대는 다시 추락할 것이다. 그대는 한 순간 중력의 법칙을 초월하여 뛰어오른다. 그러나 얼마나 버티겠는가? 기껏해야 몇 초일 뿐이다. 그대는 다시 중력의 법칙 아래로 돌아온다.

명철해지는 것은 일시적인 현상이다.

지혜로운 자, 깨달은 자는 명철할 뿐만 아니라 명철성 자체이다. 그에게서 명철성을 빼앗는 것은 불가능하다. 그는 겹겹으로 투명하다. 그는 완전히 투명하다. 모든 잡초가 제거되고 장미만이 남았다. 그는 순수한 빛이 되었다. 그의 시야엔 구름이 끼어 있지 않다. 그의 하늘은 구름 한 점 없이 청명하다.

그는 호수처럼 순수하고 고요하고 깊다.

그의 의식은 호수가 되었다. 그 호수 안에 별과 달과 태양과 하늘의 모든 것이 비친다……. 진리와 존재계 전체가 비친다. 그 고요한 의식의 호수 안에 모든 것이 여여(如如)한 그대로 비춘다. 여여함, 이것은 신의 다른 이름이다.

이 경전을 명상하라. 명상하는 데 그치지 말고 여기에 담긴 영혼을 흡수하라. 붓다는 가치를 헤아릴 수 없는 보물을 그대에게 나누어 주고 있다. 그 소중한 비밀을…….

그를 따르라, 법을 따르라…….

붓다가 되라!

아무것도 원하지 말라.
욕망이 일어날 땐
아무 말도 하지 말라.

행복이나 슬픔이
그대를 덮쳐도
그저 나아갈 뿐,
흔들리거나 집착하지 말라

그대 자신을 위해서든 남을 위해서든
가족이나 권력이나 재물을 바라지 말라.
지혜로운 사람이 옳지 않게 무엇을 바라리요?

극히 적은 수의 사람들만이
강을 건널 뿐,
대부분의 사람들은 이쪽 강변을 방황한다.
그들은 생사의 언덕을 헤매고 있다.

그러나 법의 길을 따라가는
지혜로운 이는

죽음의 끝을 넘어가는구나.

그는 어둠의 길을 버리고
빛의 길을 간다.
그는 집을 버리고
행복을 찾아 어려운 길을 간다.

욕망과 소유를 버려라.
가슴속의 어두운 곳에서 벗어나라.

지혜로운 사람은
애착과 욕망을 버리고
각성의 일곱 가지 빛을 따라
자유를 한껏 즐긴다.
지혜로운 사람은
이 세상에서
스스로를 비추는 빛이 된다.
순수하고 자유롭게
빛나는 빛이 된다.

인간은 불행 속에 산다. 그것은 인간이 그런 운명을 타고났기 때문이 아니라 자신의 본성과 잠재성, 성장의 가능성에 대한 이해가 없기 때문이다. 이 자기 자신에 대한 몰이해가 지옥을 창조한다. 자신을 이해하면 저절로 행복해진다. 왜냐하면 행복은 외부에서 오는 것이 아니기 때문이다. 행복은 그대의 의식이 그 본성 안에서 휴식하는 것이다.

이 말을 명심하라. 그대의 의식이 그 자체 안에서 휴식하는 것……. 이것이 지복의 모든 것이다.

그리고 자신의 존재 안에서 휴식하는 것은 곧 지혜롭게 되는 것이다. 'wise'라는 영어 단어에는 'buddha'라는 단어에 버금가는 심오한 의미와 깊이가 없다. 이 경전에서 '지혜로운 사람(wise man)'이라는 단어와 마주칠 때마다 그 말은 '붓다(buddha)'라는 단어의 번역임을 명심하라.

동양에서 '붓다'는 전혀 다른 의미를 갖는다. 그 의미는 지혜에 그치지 않고 그 이상이다. 지혜는 지식보다 훌륭하지만 불성(buddhahood)은 그 이상의 궁극이다. 불성은 각성(awakening)을 의미한다. 그러나 지식은 객관적인 지식, 즉 그대의 외부에 존재하는 사물에 대한 앎을 의미한다. 지식은 정보 이상이 될 수 없다. 왜냐하면 그대는 사물의 내부에 들어가 사물을 볼 수 없기 때문이다. 그대는 오직 외부에서만 사물을 관찰할 수 있다. 그대는 아웃사이더(outsider)로 남을 것이다. 학문은 일종의 지식이다. 'science'는 단어 자체가 외부로부터의 지식을 의미한다. 그대가 알고 있는 것은 객관적 대상이다. 그대는 대상과 분리되어 있다. 외부의 사물을 아는 것이 지식이다.

그대는 사물의 주변을 빙빙 돌며 온갖 방법을 동원해 관찰할 수 있다. 무게를 달고, 계산하고, 분해하고, 그런 다음에 논리적 결론에 도달할 수 있다. 그 결론은 유용하고 실용적일 것이다. 그 결론은 그대를 더 유능한 사람으로 만들 것이다. 그러나 지혜롭게 만들지는 못한다. 지혜는 주관적 지식이다. 대상을 아는 것이 아니라 '아는 자'를 아는 것이다. 그것이 지혜이다.

불성(buddhahood)은 지식과 지혜 둘 다를 초월한다. 불성에는 객관도 주관도 없다. 모든 이중성이 사라진다. 아는 자도 없고 알려지는 것도 없다. 관찰자도 없고 관찰되는 것도 없다. 오직 단 하나가 있을 뿐이다. 그대는 그것을 원하는 이름으로 아무렇게나 부를 수 있다. '신'이라 부를 수도 있고, '니르바나(nirvana)'로 부를 수도 있다. 또는 '사마디(samadhi)[1]'나 '사토리(satori)[2]'로 부를 수도 있다. 어떤 이름을 붙이든 오직 하나가 남는다. 둘이 하나 안으로 용해된다.

영어에는 이 궁극적 초월을 표현할 마땅한 단어가 없다. 실제로 서양의 언어로 표현될 수 없는 것들이 많다. 실체에 대한 동양의 접근 방법은 근본적으로 다르기 때문이다. 때로는 동양의 방식으로 보나 서양의 방식으로 보나 똑같아 보이는 것들이 있다. 표면에서 보면 아주 유사한 결론처럼 보인다. 하지만 사실은 그렇지 않다. 조금만 더 깊이 파고들면 큰 차이점이 발견된다. 그것도 일반적인 차이점이 아니라 엄청난 차이점이 발견된다.

며칠 전, 나는 선(禪)의 신비주의자인 바쇼(Basho)의 유명한 하

---

1) 사마디 : 삼매(三昧).
2) 사토리 : 깨달음의 세계를 들여다보는 것을 가리키는 일본 선(禪)의 용어.

이쿠(haiku)³⁾를 읽었다. 그 시는 서양적인 마음을 가진 사람들, 또는 서양식의 교육을 받은 사람들의 눈에는 그다지 훌륭한 시처럼 보이지 않는다. 지금은 전세계가 서양식 교육을 받고 있다. 교육에 관한 한, 동서양의 구분이 사라졌다. 이 시를 주의 깊게 들어보아라. 이 하이쿠는 그대가 훌륭하다고 부르는 시는 아닐지 모르지만 훌륭한 통찰력이 들어 있다. 여기에는 엄청난 시가 들어 있다. 하지만 그 시를 느끼기 위해서는 아주 감수성이 예민해야 한다. 지적으로는 그 시를 이해할 수 없다. 다만 직관적으로 이해될 뿐이다.

이것이 그 하이쿠이다.

주의 깊게 살펴보니
울타리 옆에
나주니아(nazunia)꽃이 피어 있다!

이 시는 훌륭한 시라고 보여지지 않는다. 그러나 더 깊은 감정 이입의 상태에서 들어가 보라. 바쇼의 시는 영어로 번역되었기 때문이다. 그의 고유한 언어에는 전혀 다른 원문과 풍미가 있다.

나주니아는 길가에 저절로 피어나는 아주 흔한 꽃이다. 그래서 아무도 눈여겨 보지 않는다. 나주니아는 소중한 장미꽃도 아니며 희귀한 연꽃도 아니다. 연못 위에 떠 있는 연꽃의 아름다움을 보는 것은 쉬운 일이다. 어떻게 그 아름다움을 회피할 수 있겠는가? 그대는 잠

---

3) 하이쿠 : 간결하고 회화적 문체를 사용하는 일본 시의 형식.

시 동안 연꽃의 아름다움에 사로잡힐 것이다. 또는 바람과 햇빛 속에 춤추는 아름다운 장미꽃……. 몇 초 동안 장미는 그대를 사로잡는다. 장미는 매혹적이다. 그러나 나주니아는 아주 평범하고 흔한 꽃이다. 가꿀 필요도 없고 정원사도 필요없다. 나주니아는 아무 데서나 저절로 잘 자란다. 나주니아 꽃을 주의 깊게 보려면 명상가가 필요하다. 매우 민감한 의식이 요구된다. 그렇지 않으면 지나치기 십상이다. 나주니아는 특별한 아름다움이 없다. 그러나 아주 평범해 보이는 것이 나주니아의 아름다움이다. 평범함 속에 비범함이 숨어 있다. 왜냐하면 모든 삼라 만상이 신으로 충만하기 때문이다. 나주니아도 예외가 아니다. 그러나 깊은 감정 이입의 상태로 들어가지 않는 한 그대는 그것을 놓칠 것이다.

처음으로 바쇼를 읽을 때, 그대는 이렇게 생각한다.

"울타리 옆에 핀 나주니아가 뭘 그리 대단하다고 난리인가?"

바쇼의 시에서 마지막 음절은 일본어로 '가나(kana)'인데 그것은 느낌표로 번역되었다. 영어에는 그것을 번역할 다른 방법이 없기 때문이다. '가나'는 이런 의미를 담고 있다.

"경이롭다! 이 나주니아의 아름다움은 믿을 수 없을 정도이다. 나는 나주니아가 이토록 아름다울 수 있다고는 생각하지 못했다."

무슨 일이 일어난 것일까? 바쇼의 의식에서는 이 나주니아는 어찌나 아름다운지 장미와 연꽃 등 모든 훌륭한 꽃이 빛을 잃을 정도이다. 이 나주니아가 그를 완전히 사로잡는다.

'가나'는 '나는 놀라움을 금할 수 없다'는 뜻이다. 이 아름다움이 어디에서 왔는가? 나주니아에서 왔는가? 수많은 사람들이 울타리 옆을 지나갔지만 아무도 이 작은 꽃에 눈길 한 번 주지 않았다. 그런데 바쇼는 나주니아의 아름다움에 사로잡혔으며 다른 세계에 빠져들었다. 무슨 일이 일어난 것일까? 그것은 나주니아 때문에 일어난 일이 아니다. 그랬다면 모든 사람이 나주니아의 아름다움에 매혹되었을 것이다. 그것은 바쇼의 통찰력과 열린 가슴, 감정 이입의 상태, 그의 명상적인 자세로 인해 일어난 일이다. 명상이 변형의 연금술이다. 명상은 쇠를 황금으로 바꿀 수 있다. 나주니아를 연꽃으로 변형시킬 수 있다.

주의 깊게 살펴보니……

'주의 깊게(carefully)'라는 단어는 각성된 의식으로 사랑과 관심을 갖고 명상적으로 본다는 뜻이다. 그대는 아무 관심도 없이 그냥 지나치듯이 볼 수 있다. 그때엔 모든 핵심을 놓칠 것이다. '주의 깊게'라는 단어의 모든 의미를 명심해야 하지만 그 근원적 의미는 '명상적으로'이다. 명상적으로 본다는 것은 무슨 뜻인가? 그것은 마음없이 본다는 의미이다. 그대 의식의 하늘에 한 점 구름도 없이, 기억이나 욕망의 구름이 지나가지 않고……아무것도 없이 완전히 텅 빈 하늘을 통해 보는 것이다.

그런 무심의 상태에서 보면 나주니아꽃조차 다른 세계로 들어선다. 나주니아꽃은 낙원의 연꽃이 된다. 나주니아는 더 이상 지구에 속하지 않는다. 평범함 속에 비범함이 발견된다. 이것이 붓다의 길이다. 평범함 속에서 비범함을 발견하는 것, 지금 여기 안에서 모든 것을 발견하는 것, 붓다는 이것을 '여여(如如 : tathata)'라고 부른다.

바쇼의 하이쿠는 '여여'의 하이쿠이다. 사랑과 관심을 갖고 보는 이 나주니아꽃, 가슴을 통해, 구름 한 점없이 청명한 의식을 통해, 무심의 상태에서 보는 나주니아꽃……. 그때 바쇼는 경탄한다. 커다란 경이감이 솟아오른다. 어떻게 이런 일이 가능할까? 나주니아꽃이 가능하다면 모든 것이 가능하다. 나주니아꽃이 이토록 아름다울 수 있다면 바쇼가 붓다가 되는 것도 가능하다. 나주니아에 그토록 훌륭한 시가 담길 수 있다면 돌멩이 하나마다 가르침이 될 수 있다.

주의 깊게 살펴보니
울타리 옆에
나주니아(nazunia) 꽃이 피어 있다!

"경이스럽고 말문이 막힌다. 그 아름다움에 대해 아무 말도 할 수 없다. 다만 넌지시 암시할 수 있을 뿐."
하이쿠는 힌트(hint)이다. 시가 묘사한다면 하이쿠는 간접적인 방식으로 암시할 뿐이다.
테니슨(Tennyson)의 유명한 시에서도 비슷한 상황이 발견된다. 바쇼와 테니슨을 비교하는 것은 큰 도움이 될 것이다. 바쇼는 직관을 대표하지만, 테니슨은 지성(intellectual)을 대표한다. 바쇼는 동양을 대표하고, 테니슨은 서양을 대표한다. 바쇼가 명상을 대표한다면, 테니슨은 마음을 대표한다. 두 사람의 시는 아주 비슷해 보인다. 때에 따라서는 테니슨의 시가 바쇼보다 더 시적으로 보인다. 왜냐하면 테니슨의 시는 직접적이고 분명하기 때문이다.

갈라진 벽 틈새에 피어 있는 꽃,
나는 너를 뿌리째 뽑아들었다.
작은 꽃, ─하지만 너를
뿌리째 남김없이 이해할 수 있다면
나는 신이 무엇인지, 인간이 무엇인지
이해할 수 있을 텐데.

아름다운 시이다. 하지만 바쇼의 하이쿠에 비할 바가 못 된다. 어느 점에서 테니슨이 완전히 입장을 달리하는지 살펴보자.

갈라진 벽 틈새에 피어 있는 꽃,
　나는 너를 뿌리째 뽑아들었다.

바쇼는 단지 꽃을 바라볼 뿐, 뽑지 않는다. 바쇼는 수동적인 각성의 상태에 있다. 그러나 테니슨은 활동적이고 폭력적이다. 사실, 진정으로 꽃에 의해 강한 인상을 받았다면 그 꽃을 뽑는 것은 불가능하다. 꽃이 그대의 가슴에 닿았다면 어떻게 그 꽃을 뽑을 수 있겠는가? 뽑는다는 것은 파괴를 의미한다. 그것은 살인이다! 그런데 아무도 테니슨의 시를 살인으로 생각하지 않는다. 어떻게 그토록 아름다운 것을 파괴할 수 있는가? 그러나 우리의 마음은 그런 식으로 움직인다. 마음은 파괴적이다. 마음은 소유를 원한다. 그리고 소유는 파괴를 통해서만 가능하다.

　무엇인가 소유할 때마다 그대는 그것을 파괴하고 있는 것이다. 이것을 명심하라. 그대는 여자를 소유하는가? 그렇다면 그녀를, 그녀의 아름다움과 영혼을 파괴하는 것이다. 그대는 남자를 소유하는가? 그렇다면 그는 더 이상 인간이 아니다. 그대는 그를 일상용품같은 물건으로 전락시킨 것이다.

바쇼는 그저 바라본다. 시선을 집중시키지도 않고 그저 바라볼 뿐이다. 마치 나주니아를 상처 입힐까 봐 두려운 듯이 부드러운 눈길로 바라본다. 그런데 테니슨은 벽의 틈새에서 꽃을 뽑아들고 말한다.

갈라진 벽 틈새에 피어 있는 꽃,
나는 너를 뿌리째 뽑아들었다.
작은 꽃…….

테니슨은 꽃과 분리되어 있다. 관찰자와 관찰되는 것이 아무 곳에서도 만나지 못한다. 서로에게로 용해되어 들어가지 못한다. 이것은 사랑의 체험이 아니다. 테니슨은 꽃을 공격하고 뿌리째 뽑아들었다! 마음은 항상 소유하고 통제하고 움켜 쥘 때마다 기분이 좋다. 그러나 명상적인 의식은 소유와 통제와 관심이 없다. 왜냐하면 그것은 폭력적인 마음의 방식이기 때문이다.

테니슨은 말한다.

작은 꽃…….

꽃은 보잘것없는 존재이며 테니슨은 높은 위치에 있다. 그는 인간이고 훌륭한 지식인이며 위대한 시인이다. 그는 여전히 에고 안에 갇혀 있다. 작은 꽃…….

그러나 바쇼에게는 비교의 문제가 없다. 그는 자기 자신에 대해 아무 말도 하지 않는다. 마치 자신이 존재하지 않는 것처럼. 관찰자는 존재하지 않는다. 나주니아는 어찌나 아름다운지 초월을 가져다 준다. 나주니아꽃이 울타리 옆에 피어 있다……가나……그리고 바쇼는 존재의 깊은 곳까지 충격을 받아 경탄할 뿐이다. 나주니아의 아름다움이 그를 지배한다. 그가 꽃을 소유한 것이 아니라 꽃이 그를 소유한다. 그는 꽃의 아름다움에 완전히 굴복한다. 순간의 아름다움, 지금 여기의 은총에 복종한다.

작은 꽃, ─하지만 너를
뿌리째 남김없이 이해할 수 있다면……

이해해야 한다는 강박 관념……감상과 사랑으로는 충분치 않다. 이해가 있어야 하고 지식이 생산되어야 한다. 테니슨은 지식을 갖지 못하는 한 마음이 편치 않다. 꽃은 물음표가 되었다. 테니슨에게 있어서 꽃은 물음표이다. 그러나 바쇼에게는 느낌표이다. 물음표와 느낌표, 여기에 큰 차이점이 있다.

바쇼는 사랑으로 충분하다. 사랑이 곧 이해이다. 사랑보다 더한 이해가 있는가? 그런데 테니슨은 사랑에 대해 아무것도 모르는 것 같다. 그에게는 마음이 있다. 지식을 갈망하는 마음이……

하지만 너를
뿌리째 남김없이 이해할 수 있다면……

마음은 완벽주의자가 되려는 강박 관념을 갖고 있다. 마음은 아무 것도 미지로 남겨놓을 수 없다. 아무것도 미지와 신비로 남는 것이 허용되지 않는다. 뿌리째 남김없이 이해되어야 한다. 마음은 모든 것을 알지 못하는 한 두려움을 버리지 못한다. 지식은 힘을 주기 때문이다. 만일 뭔가 신비로운 것이 있다면 그대는 두려워할 수밖에 없다. 신비한 것은 통제되지 않기 때문이다. 게다가 신비의 뒤에 무엇이 숨어 있는지 누가 아는가? 어쩌면 적이 숨어 있을지도 모른다. 위험이 도사리고 있을지도 모른다. 그것이 그대에게 어떻게 행동할지 모르지 않는가? 그것이 그대에게 어떤 행동을 취하기 전에 먼저 그것을 이해하고 알아야 한다. 아무것도 신비로 남아 있어서는 안 된다. 이것이 오늘날 세계가 직면하고 있는 문제 중의 하나이다.

과학은 우리가 어떤 것도 미지의 상태로 내버려 두지 않을 것이라고 주장한다. 그리고 불가지(不可知)로 남을 수 있는 어떤 것도 우리는 인정하지 못하겠다고 역설한다. 과학은 존재계를 알려진 세계와 미지의 세계로 나눈다. 이미 알려진 것은 언젠가 알려지지 않은 것이었다. 그리고 오늘 알려지지 않은 것은 미래의 어느 날엔가 알려질 것이다. 알려진 것과 미지의 사이에는 큰 차이점이 없다. 다만 조금 더 많은 노력과 연구가 필요할 뿐이다. 그러면 미지의 모든 것이 알려질 것이다.

과학은 모든 것을 알려진 세계로 끌어내려야만 편안함을 느낀다. 그러나 그렇게 되면 시와 사랑, 신비가 모두 사라진다. 경이로운 모든 것이 사라진다. 신이 사라지고 노래가 사라지고 축제가 사라진다. 모든 것이 알려지면……그때엔 가치있는 것이 아무것도 남지 않는다. 삶의 의미와 중요성이 사라진다. 이 모순을 보라. 마음은 먼저 "모든 것을 알아라!" 하고 말한다. 그리고 그대가 모든 것을 알게 되면 마음은 "삶에는 아무 의미도 없다!"고 말한다.

그대는 모든 의미를 파괴하고 나서 이제는 의미를 갈망한다. 과학은 의미를 파괴한다. 과학은 모든 것이 알려질 수 있다고 주장하기 때문에 제 삼의 카테고리(category), 즉 영원히 미지로 남을 어떤 것도 허용하지 않는다. 그런데 삶의 의미는 알려질 수 없는 것 안에 있다.

아름다움, 신, 사랑, 기도의 위대한 가치들, 삶을 가치있게 만들고 중요하게 만드는 모든 것이 제 삼의 카테고리에 속한다. 불가지(不可知)는 신과 신비, 기적의 다른 이름이다. 그것이 없다면 그대의 가슴속에 아무 경이감도 있을 수 없다. 그리고 경이감이 없다면 가슴은 결코 가슴이 아니다. 그대는 엄청나게 소중한 무엇인가를 잃은 것이다. 그대의 눈은 먼지가 끼어 투명한 시력을 상실한다. 그때엔 새가 노래를 해도 그대는 아무 감동도 느끼지 못한다. 그대의 가슴이 움직이지 않는다. 왜냐하면 그대는 설명을 알기 때문이다.

그때엔 푸른 나무를 보아도 그 푸름이 그대로 하여금 춤추거나 노래하게 만들지 못한다. 그대의 가슴속에 시를 만들지 못한다. 그대는 이미 설명을 알기 때문이다. 나무를 푸르게 만드는 것은 엽록소이다……. 그러므로 시적인 것은 아무것도 남지 않는다. 설명이 개입되면 시가 사라진다.

만일 불가지의 것을 믿지 않는다면 어떻게 장미가 아름답다고 말할 수 있겠는가? 그 아름다움이 어디에서 오는가? 아름다움은 장미의 화학적인 성분이 아니다. 장미를 아무리 분석해 보아도 그대는 아름다움이라는 성분을 발견할 수 없을 것이다. 불가지의 것을 믿지 않는다면 인간을 아무리 분해해 보아도 영혼을 발견할 수 없을 것이다. 그리고 계속 신을 찾아도 어느 곳에서도 그를 발견할 수 없을 것이다. 신은 모든 곳에 있기 때문이다. 마음은 그를 놓칠 것이다. 마음은 신을 객관적 사물로 대상화시키고 싶겠지만 신은 객관적 대상이 아니기 때문이다. 신은 진동(Vibration)이다. 만약 존재계의 소리없는 소리와 파장을 갖춘다면, 한 손에서 나는 손뼉 소리를 듣는다면, 인도의 신비주의자들이 '아나하드(anahad)'라고 부른 존재계의 궁극적인 음악과 조화를 이룬다면 그대는 오직 신만이 존재할 뿐 그밖엔 아무것도 없다는 것을 알게 될 것이다. 그때, 신과 존재계는 동의어가 된다.

그러나 이런 일은 지적으로 이해되거나 지식이 될 수 없다. 그것이 테니슨이 놓친 점이다.

테니슨은 말한다.

작은 꽃, -하지만 너를
뿌리째 남김없이 이해할 수 있다면
나는 신이 무엇인지, 인간이 무엇인지
이해할 수 있을 텐데.

그러나 테니슨의 이해는 '그러나'와 '만일'의 상황이다. 바쇼는 '가나(kana)'라는 느낌표를 통해 신이 무엇인지, 인간이 무엇인지 안다.

"경이롭고 놀랄 일이다……울타리 옆에 핀 나주니아꽃!"

아마 그때는 보름달이 뜬 밤이거나 이른 아침이었을 것이다. 나는 바쇼가 숨을 멈춘 듯이 움직이지 않고 길 옆에 서 있는 모습을 본다.

나주니아꽃……얼마나 아름다운가! 과거와 미래가 사라졌다. 마음속에는 아무 의문도 없다. 다만 순수한 경이감이 있을 뿐.

바쇼는 다시 어린아이가 되었다. 어린아이처럼 천진난만한 눈으로 관심과 사랑을 갖고 나주니아꽃을 본다. 그 사랑과 관심 안에 전혀 다른 종류의 이해가 있다. 그 이해는 분석적이고 지적인 이해가 아니다.

테니슨은 모든 현상을 지식화하고 그 아름다움을 파괴한다. 테니슨은 서양을 대표하고, 바쇼는 동양을 대표한다. 테니슨이 남성적인 마음을 대표한다면, 바쇼는 여성적인 마음을 대표한다. 테니슨은 마음을 대표하고, 바쇼는 무심(無心)을 대표한다.

이것을 기본적으로 이해하라. 그런 연후에 우리는 고탐 붓다의 경전으로 들어갈 수 있다.

아무것도 원하지 말라.
욕망이 일어날 땐
아무 말도 하지 말라.

간단한 문장이지만 아주 중요한 뜻이 담겨 있다. 아무것도 원하지 말라……. 깨달은 자들은 욕망에 의해 불행이 생긴다는 사실을 알게 되었다. 불행은 실체가 아니다. 그것은 욕망의 부산물이다. 불행을 원하는 사람은 아무도 없다. 누구나 불행에서 벗어나기를 원한다. 그러면서도 모든 사람이 계속해서 욕망을 가진다. 그리고 욕망에 의해 사람들은 더 많은 불행을 창조한다.

불행을 직접 파괴하는 것은 불가능하다. 그대는 불행의 뿌리 자체를 잘라야 한다. 그 불행이 어디에서 오는지, 이 연기가 어디에서 솟아오르는지 알아야 한다. 그대는 뿌리에 닿을 때까지 땅속 깊이 파고 들어야 한다. 붓다는 이 뿌리를 'tanha', 즉 '욕망'이라고 불렀다.

마음은 끊임없이 욕망한다. 단 한 순간도 욕망을 멈추지 않는다. 마음은 항상 더 많은 것을 요구하는 욕망의 행렬이다.

마음은 영원히 만족할 줄 모른다. 아무것도 마음을 만족시킬 수 없다. 그대는 원하는 것을 얻을지도 모른다. 그러나 얻는 순간 그것은 끝난다. 얻는 순간 그대의 마음은 더 이상 그것에 관심이 없다. 마음의 속임수를 관찰하라. 그대는 아름다운 집을 갖기 위해 몇 년 동안 열심히 일할 것이다. 그러나 집이 그대의 것이 되는 순간 돌연 아무것도 남지 않는다. 그대가 그 집에 대해 가졌던 꿈과 환상이 일순간에 날아간다. 그 집에 몇 시간, 기껏해야 며칠만 살면 다시 다른 집을 욕망하기 시작할 것이다. 그대는 그렇게 똑같은 함정, 똑같은 궤도를 돌며 악순환을 되풀이한다.

그대는 어떤 여자를 원했는데 이제 그녀를 차지했다. 그대는 어떤 남자를 원했는데 이제 그를 차지했다. 그런데 그대는 무엇을 얻었는가? 모든 환상이 사라졌다. 대신 절망이 남았을 뿐이다!

마음은 오직 욕망밖에 아는 게 없다. 그래서 마음은 만족을 결코 허용하지 않는다. 만족은 마음의 죽음이기 때문이다. 욕망이 마음의 생명줄이다.

붓다는 말한다.

아무것도 원하지 말라.

이 말은 '만족하라'는 뜻이다. 존재하는 것은 모두 그대에게 필요한 것 이상이다. 존재하는 것은 무엇이든지 아름답고 심오하다……. 담장 밑에 핀 나주니아꽃을 보라! 그대는 말할 수 없이 아름다운 세상에 살고 있다. 별, 태양, 달, 꽃, 산, 강, 바위, 동물들, 새, 사람들……이 세상은 가장 완벽한 세상이다. 더 이상 좋아질 수 없다. 이 세상의 아름다움을 즐겨라. 그대 주변에 계속되고 있는 축제를 즐겨라. 그 축제는 끊임이 없다.

별들은 계속 춤추고 나무들은 기쁨에 겨워 흔들거린다. 새들이 노래한다. 공작새가 춤추고 뻐꾸기가 그대를 부른다……. 그런데 그대만이 불행하다. 마치 불행해지기로 작정한 것처럼 말이다. 그대는 불행한 상태를 유지하기 위해 그대가 가진 모든 것을 투자했다. 그렇지 않다면 이처럼 불행할 이유가 없다. 존재계의 현재성은 믿을 수 없을 정도로 아름답다. 그대가 할 일은 그저 휴식하고 즐기는 것뿐이다. 그대와 전체(the whole) 사이의 분리를 없애라.

그 분리는 욕망에 의해 생긴다. 욕망은 불만을 의미한다. 욕망은 모든 게 마땅히 존재해야 할 자리에 존재하지 않는다는 뜻이다. 욕망은 그대가 자신을 신보다 더 현명하다고 생각한다는 것을 의미한다. 욕망은 그대가 더 나은 세상을 만들 수 있었다고 생각한다는 것을 의미한다. 그러나 욕망은 어리석음이다. 무욕이 지혜이다. 무욕은 만족의 상태, 매순간 전체적이고 만족한 상태로 사는 것을 의미한다.

아무것도 원하지 말라.
욕망이 일어날 땐
아무 말도 하지 말라.

붓다는 아무것도 원하지 않음에 의해 즉시 욕망이 사라진다고 말하지 않는다. 욕망은 그대의 습관이 되었다. 그것은 아주 오래된 습관이다. 그대는 수많은 생동안 계속 욕망해 왔다. 그것은 거의 자동적인 현상이 되었다. 그대가 없어도 욕망은 혼자 힘으로 계속 움직일 것이다. 욕망은 스스로의 운동력을 갖는다. 그러므로 단지 욕망 때문에 불행이 생긴다는 사실을 이해한다고 해서, 욕망할 필요가 없으며 해와 바람과 비를 즐기면 그만이라고 이해한다고 해서 욕망이 쉽게 사라지지는 않을 것이다.

그래서 붓다는 이렇게 말한다.

욕망이 일어날 땐
아무 말도 하지 말라.

욕망이 일어날 때엔 그저 지켜볼 뿐, 아무 말도 하지 말라. 욕망을 표현하지도 억누르지도 말라. 욕망을 비난하지도 싸우지도 말라. 욕망을 평가하지 말라. 다만 주의 깊게 지켜보라. 담장 밑의 나주니아꽃을 보듯이 찬성이나 반대의 편견없이 그저 지켜보라.

그대는 붓다들의 말을 들음으로써 욕망에 반대하게 된다. 그렇다면 붓다들의 말을 이해하지 못한 것이다. 반욕망(反慾望 : anti-desire)은 다시 욕망이기 때문이다. 그러므로 무욕을 욕망한다면 그것은 다시 틀에 박힌 악순환을 되풀이하는 것이다. 무욕은 욕망의 대상이 될 수 없다. 그것은 모순이다. 그대가 할 수 있는 일은 다만 욕망을 주의 깊게 지켜보는 것뿐이다. 그 지켜봄 안에서 서서히 욕망이 제 스스로 죽어간다.

　이것이 깨달은 자들 모두의 구체적인 경험이다. 나 또한 그런 현상의 산 증인이다. 나는 붓다의 말을 그대로 인용하는 것이 아니다. 이것은 나의 경험에서 나온 말이다. 욕망을 지켜보라. 그러면 욕망은 서서히 제풀에 지쳐 죽어간다. 그대는 욕망을 죽이지 않는다. 욕망과 싸우지도 비난하지도 않는다. 그대가 비난하면 욕망은 미끄러지듯 도망가서 그대의 무의식 속으로 파고든다. 그 다음에는 그 곳에 숨어서 그대를 지배하기 시작한다.

　만일 욕망을 억누른다면 그대는 쉬지 않고 계속 억눌러야 할 것이다. 한시도 경계를 늦출 수 없을 것이다. 어느 날엔가 그대는 욕망을 억누르는 데 성공할 수도 있겠지만 꿈속에서 욕망은 다시 표면으로 뚫고 올라올 것이다. 그것이 정신분석학이 꿈을 연구하는 이유이다. 정신분석학은 그대가 깨어 있을 때를 믿지 않는다. 정신분석학은 그대의 꿈을 들여다보아야 한다. 왜냐하면 꿈은 그대가 억누르고 있는 것을 말해 줄 것이기 때문이다. 그리고 무엇이든지 억눌린 것은 매우 강력해진다. 그것은 그대의 무의식으로 파고들어 그 곳에서 그대를 지배하기 때문이다. 보이지 않는 적은 더 막강하다. 그것은 당연한 일이다.

　붓다는 욕망에 맞서 싸우라고 말하지 않는다. 그는 다만 사실을 있는 그대로 말할 뿐이다.

　"욕망은 어리석음이다. 그 욕망이 불행을 창조한다. 그 욕망은 그대가 행복해지는 것을 허용하지 않을 것이다."

　그러니 욕망을 지켜보라. 욕망에 대해 아무 말도 하지 말라. 다만 지켜보기만 하라. 재판관처럼 판단하지 말라.

행복이나 슬픔이
그대를 덮쳐도
그저 나아갈 뿐,
흔들리거나 집착하지 말라.

　행복과 슬픔이 올 것이다. 그대는 유사 이래 계속 행복과 불행의 씨앗을 뿌려왔기 때문이다. 그리고 그대가 뿌린 씨앗은 그대가 수확해야 할 것이다. 그러니 동요하지 말라. 행복이 온다고 지나치게 흥분하지 말라. 슬픔이 온다고 지나치게 침울해 하지 말라. 매사를 대범하고 여유있게 생각하라.
　행복과 고난은 그대와 분리되어 있다. 그대는 그것과 동일시되지 않는다. 이것이 붓다의 말이 의미하는 바이다.

그저 나아갈 뿐,
흔들리거나 집착하지 말라.

　마치 그 일들을 그대가 아니라 다른 사람에게 일어난 일처럼 생각하라. 이것이 간단한 방편이면서도 소중한 비결이다. 그 일들은 그대가 아니라 다른 사람에게 일어난 일이다. 그것은 소설이나 영화의 등장인물에게 일어난 일이고 그대는 구경꾼일 뿐이다. 그렇다. 행복과 불행이 저기에 있다. 그러나 그것은 '저기'에 있고 그대는 '여기'에 있다.
　동일시되지 말라. "나는 불행하다"라고 말하지 말라. 다만 이렇게 말하라.

"나는 구경꾼이다. 행복과 불행이 저기에 있지만 나는 구경꾼일 뿐이다."

미래의 어느 날엔가 우리가 언어 패턴을 바꾸기 시작하면 그것은 대단히 중요한 일이 될 것이다. 왜냐하면 우리의 언어는 무지에 깊이 뿌리 박고 있기 때문이다. 그대는 허기를 느낄 때 즉시 "나는 배고프다"고 말한다. 그것은 동일시를 창조하고 마치 '그대'가 배고픈 것 같은 느낌을 준다. 그러나 배고픈 것은 그대가 아니다. 언어는 그대에게 '나는 배고프다'는 잘못된 개념을 주지 않는 식이 되어야 마땅하다. 실제 상황은 그대가 배고픈 육체를 지켜보고 있는 것이다. 그대는 비어 있는 위장이 음식을 요구하는 상황을 지켜보는 구경꾼이다. 위장은 그대가 아니다. 그대는 다만 구경꾼일 뿐이다. 그대는 항상 지켜보는 자이다! 그대는 결코 행위자가 아니다. 항상 먼 곳에 떨어져 서서 지켜보는 구경꾼이다.

그 '지켜봄' 안으로 더 깊이 들어가라. 그것이 붓다가 '비파사나(vipassana)', 즉 통찰이라고 부른 것이다. 무슨 일이 일어나든 내면의 눈으로 볼 뿐, 흔들리거나 집착하지 말라.

인도 병사 중에서 강인한 고참자가 일행에서 낙오되어 캠프로 돌아왔다. 그는 가슴과 다리에 화살을 맞은 자리가 일곱 개나 있었다.
군의관이 그를 진찰하고 나서 말했다.
"체력 한번 끝내 주는군! 아프지 않소?"
병사가 툴툴대며 말했다.
"웃을 때만 좀 아프지."

화살은 붓다에게 상처를 주지 못한다. 붓다에게 화살을 쏘아도 상처가 나지 않는다는 말이 아니다. 분명히 상처가 난다. 붓다는 그대가 느끼는 것보다 더 심한 아픔을 느낄지도 모른다. 왜냐하면 붓다의 감각적인 민감성은 최적의 상태에 있기 때문이다. 그대는 무감각하고 둔하며 반쯤은 죽어 있다. 과학자들은 그대가 오직 2퍼센트의 정보를 받아들이고, 나머지 98퍼센트는 외부에 머물도록 방해받는다고 말한다. 그대의 감각은 그 정보가 안에 들어오는 것을 허용하지 않는다. 오직 2퍼센트의 세계만이 그대에게 도달한다. 나머지 98퍼센트는 외부에 제외된다.

붓다에게는 100퍼센트의 세계가 가 닿는다. 그러므로 화살을 맞았을 때 그대는 오직 2퍼센트의 고통을 느끼지만 붓다는 백 퍼센트의 고통을 느낀다. 그러나 큰 차이점이 있다. 붓다는 지켜보는 자이다. 화살은 분명히 상처를 준다. 그러나 붓다에게 상처를 주지는 못한다. 붓다는 마치 다른 사람에게 일어난 일인 양 지켜본다. 그는 육체에 대해 자비를 느낀다. 그는 육체를 위해 할 수 있는 일은 뭐든지 할 것이다. 그러나 그는 자신이 육체가 아니라는 사실을 안다.

어떤 면에서 보면 화살은 그대에게 고통을 주는 것보다 더 큰 고통을 붓다에게 준다. 그리고 다른 면에서 보면 붓다에게 아무 고통도 주지 못한다. 붓다는 아무 상관없이 멀리 떨어져 있다. 이것은 매우 역설적인 상태이다. 그는 육체를 보살피지만 그 결과에 대해서는 연루되어 있지 않다. 그는 가능한 한 육체를 위해 모든 조치를 취한다. 그는 육체를 존중하기 때문이다. 육체는 매우 소중한 도구이며 유능한 하인이다. 육체는 살기에 아주 아름다운 집이다. 그래서 그는 육체를 보살피지만 거리를 두고 떨어져 있다.

육체가 죽을 때에도 붓다는 죽어가는 육체를 지켜본다. 그는 마지막 순간까지 지켜봄을 유지한다. 육체가 죽으면 붓다는 죽은 육체를 계속 지켜본다. 만약 그런 정도까지 지켜볼 수 있다면 그대는 죽음을 초월한다.

그대 자신을 위해서든 남을 위해서든
가족이나 권력이나 재물을 바라지 말라.
지혜로운 사람이 옳지 않게 무엇을 바라리요?

재물, 권력, 지위 등 세속적인 것은 중요하지 않다. 붓다는 자신을 위해서든 남을 위해서든 그런 것을 요구하지 않는다. 이 점을 분명하게 기억하기 바란다. 붓다는 자신을 위해서는 아무것도 요구하지 않지만 남을 위해서는 요구할 수 있다는 것이 일반적인 생각이다. 그러나 그렇지 않다! 그는 남을 위해서도 요구하지 않을 것이다. 그것이 기독교와 불교가 전혀 다른 점이다.

이런 이야기가 있다.

어떤 여자의 아들이 죽었다. 사람들은 붓다가 아주 자비로운 사람이므로 혹시 기적을 일으킬지도 모른다고 말했다. 그래서 그녀는 죽은 아들을 안고 울며 불며 붓다를 찾아갔다.

붓다가 그녀에게 말했다.

"그대는 마을에 들어가서 겨자씨를 얻어 오도록 하라. 그러면 아들을 살려주겠다. 그러나 한 가지 조건이 있다. 아무도 죽은 적이 없는 집에서 겨자씨를 얻어 와야 한다."

여자는 뛸 듯이 기뻤다. 그 마을 전체가 겨자를 키우고 있었으므로 붓다의 요구는 어려울 게 없었다. 집집마다 겨자씨가 가득히 쌓여 있었다. 그녀는 곧장 마을로 달려갔다. 그러나 그녀는 아들을 되살릴 수 있다는 사실에 흥분한 나머지 실현 불가능한 한 가지 조건을 잊고 있었다.

그녀는 저녁때까지 마을을 돌아다니며 집집마다 문을 두드렸다. 그런데 모든 사람이 이렇게 말했다.

"우리는 당신이 원하는 만큼 겨자씨를 줄 수 있습니다. 하지만 그것은 아무 도움도 될 것 같지 않군요. 우리는 조건을 충족시킬 수 없기 때문입니다. 우리 가족 중에는 죽은 사람이 있습니다. 그것도 한 명이 아니라 많은 사람이 죽었습니다. 우리 아버님이 돌아가셨고, 할아버지가 돌아가셨습니다……. 그 전에도 수많은 사람이 죽었습니다."

어떤 사람은 부인이 죽었고, 어떤 사람은 어머니가 죽었으며, 어떤 사람은 형제 자매, 또는 아들이 죽었다……. 그녀는 아무도 죽은 사람이 없는 가정을 한 곳도 발견할 수 없었다.

저녁때가 되어 붓다에게 돌아왔을 때 그녀는 전혀 다른 사람이 되어 있었다. 아침 나절만 해도 그녀는 아들의 죽음에 충격을 받아 통곡했으며 거의 제정신이 아니었다. 그런데 저녁때가 되어 그녀는 웃으면서 돌아왔다.

붓다가 물었다.

"그대는 왜 웃는가?"

그녀가 말했다.

"이제 저는 당신이 저를 속였다는 것을 압니다. 당신은 저를 어리석게 만들었습니다. 하지만 그때에 저는 핵심을 이해하지 못했습니다. 인간은 누구나 죽어야 합니다. 그러므로 제 아들이 죽은 것은 특별한 문제가 아닙니다. 그는 언젠가 죽을 운명이었습니다. 한편으로 생각하면 그가 저보다 앞서 죽은 것은 오히려 잘된 일입니다. 만일 제가 먼저 죽었다면 그는 매우 고통스러워했을 것입니다. 그가 고통받느니 차라리 제가 고통받는 것이 더 낫습니다. 그러므로 아들의 죽음은 아주 잘된 일입니다. 이제 저는 구도자로 입문하기 위해 왔습니다. 저는 죽음을 넘어선 것이 있는지 없는지 알고 싶기 때문입니다. 죽음으로 모든 것이 끝입니까, 아니면 뭔가 남습니까? 저는 이제 아들에 관심이 없습니다."

붓다가 말했다.

"그것이 내가 그대를 보낸 목적이었다. 그대를 깨우치기 위해 보낸 것이다."

예수 그리스도에 대해서도 똑같은 이야기를 상상해 볼 수 있다. 실제로 예수와 같은 사람은 기독교인들이 말하는 것과 다르다는 것을 아는 사람은 아무도 없다. 기독교인들은 예수에 대해 잘못 말하고 있다. 만일 예수가 진정으로 붓다였다면―그는 붓다였다―그는 죽은 사람을 살리는 것에 관심이 없었을 것이다. 그는 나자로를 다시 살리지 않았을 것이다. 그럴 필요가 있겠는가? 설령 나자로가 다시 살아났다 해도 몇 년 후에는 다시 죽었을 것이다. 죽음은 필연적으로 일어날 것이다. 기껏해야 연장할 수 있을 뿐이다.

붓다는 연기하는 것에 관심이 없다! 붓다의 모든 노력은 그대로 하여금 죽음이 다가오고 있다는 것을 깨우쳐 주려는 것이다. 그는 그대를 죽음으로부터 보호하지 않는다. 붓다는 그대를 죽음 너머로 데려가야 한다. 그리고 예수는 붓다이다. 예수에 대한 나의 이해는 기독교인들의 해석과 전혀 다르다. 내게 있어서 이 사건은 비유이다. 나자로가 다시 살아났다는 것은 단지 그가 영적으로 다시 태어났다는 뜻이다.

붓다가 여러 번 말했듯이 예수 또한 여러 번 말했다.

"다시 태어나지 않는 한 그대는 신의 왕국에 들어갈 수 없을 것이다."

그러나 다시 태어난다는 것은 부활해야 한다는 뜻이 아니다. '다시 태어남'은 잠에서 깨어나는 영적인 과정을 의미한다. 예수는 나자로를 잠에서 깨웠을 것이다. 예수는 그를 형이상학적인 잠에서 깨웠다.

나에게 올 때 그대는 형이상학적으로 죽어 있다. 그대는 나자로이다. 예수는 나자로를 무덤에서 불러냈다고 전해진다.

"나자로여, 어서 나오라!"

나자로를 무덤에서 불러내는 것, 이것이 모든 붓다들이 해온 일이다. 그대에게 산야스(sannyas)를 줄 때 내가 하는 일은 무엇인가? 나는 그대를 부르고 있는 것이다.

"나자로여, 무덤에서 나오라! 다시 태어나라!"

산야스는 재탄생의 절차이다. 나자로는 죽음을 초월하여 더 깊은 삶의 신비로 들어갔을 것이다. 그러나 이 아름다운 비유를 역사적인 사건으로 해석하는 것은 이 이야기 안에 담긴 시적인 의미와 중요성을 파괴하는 짓이다.

붓다는 자신을 위해서든 남을 위해서든 권력, 특권, 소유를 요구하지 않을 것이다. 그런 것들은 전적으로 무용하기 때문이다.

073
붓다가 되라!

지혜로운 사람이 옳지 않게 무엇을 바라리요?

그것은 불가능하다. '지혜로운 사람'은 '붓다'가 번역된 말이다. 깨달은 사람은 옳지 않은 일을 할 수 없다. 그것은 절대 불가능하다. 자연의 법칙상 그런 일은 일어날 수 없다. 깨달은 사람은 오직 옳고 공정한 일만을 한다. 권력, 지위, 돈, 소유물, 명성을 바라는 것은 어리석은 짓이다. 지혜로운 자는 자신을 위해서든 남을 위해서든 그런 것을 요구하지 않는다.

그리고 붓다는 공정한 일은 무엇이든지 이미 일어나고 있다는 것을 안다. 공정한 일을 바랄 필요가 없다. 존재계는 매우 정의롭고 공정하다. 에싸 담모 사난따노……이것이 변치 않는 영원한 법이다. 그대는 다만 자연 상태로 존재하면 된다. 그대의 요구가 없어도 존재계는 수많은 은총을 내려줄 것이다.

예수의 유명한 말이 있다.
"구하라, 그러면 얻을 것이다."
그러나 붓다에게 묻는다면 그는 이렇게 말할 것이다.
"구하지 말라, 그러면 얻을 것이다."
예수는 "두드려라, 그러면 열릴 것이다."라고 말했다. 그러나 붓다는 "두드리지 말라, 문은 이미 열려 있다."고 말할 것이다.

극히 적은 수의 사람들만이
강을 건널 뿐,
대부분의 사람들은 이쪽 강변을 방황한다.
그들은 생사의 언덕을 헤매고 있다.

붓다는 사람들이 어디로 가는지도 모르면서 서두른다고 말한다. 그들은 이쪽 언덕을 오르락내리락 한다. 그렇게 정신없이 달림으로써 저쪽 기슭에 닿기를 희망하면서.

바티칸의 교황이 장거리 전화를 받았다. 그 전화는 뉴욕의 주교에게서 온 전화였다. 주교가 매우 흥분되고 들뜬 목소리로 말했다.
"성하, 뭔가 즉시 조치를 취해야 합니다. 지금 예수처럼 보이는 사람이 성당에 들어와 있습니다. 그는 자신이 예수 그리스도라고 말합니다. 제가 어떻게 대처해야 합니까?"
교황이 잠시 동안 생각하더니 말했다.
"아무 일이나 열심히 몰두하고 있는 것처럼 보이시오."

그밖에 무슨 일을 하겠는가? 예수가 온다면 최소한 열심히 일하고 있는 것처럼 보여라. 아무 일이나 하라! 아주 바쁘게 움직이는 것처럼 보여라. 할 일이 없다 해도 신경 쓰지 말고 아무 일이나 하라!
하는 일도 없으면서 바쁘게 움직이는 것, 열심히 몰두하고 있는 것처럼 보이는 것, 그것이 사람들이 하고 있는 일이다. 그들이 하고 있는 일은 모두 똑같은 강둑을 오르락내리락 달리고 있는 것에 불과하다. 그런 식으로는 저쪽 기슭에 닿을 수 없다.

극히 적은 수의 사람들만이
강을 건넌다.

'이쪽 강변'은 무엇을 의미하는가? '이쪽 강변'은 죽음, 시간, 이

덧없는 존재계를 의미한다. 그리고 '저쪽 강변'은 시간과 죽음을 초월함, 영원, 신, 니르바나를 의미한다. 강을 건너기 위해서는 용기가 필요하다. 저쪽 기슭은 눈에 보이지 않기 때문이다. 오직 이쪽 기슭이 눈에 보일 뿐, 저쪽 기슭은 보이지 않는다. 이쪽 기슭은 물질적이지만 저쪽 기슭은 영적이다. 그대는 저쪽 기슭을 볼 수도 없고 다른 사람에게 보여줄 수도 없다. 저쪽 기슭에 도달한 사람조차도 그대를 부르고 초대할 수 있을 뿐, 어떠한 증거도 제시할 수 없다. 나는 그대에게 신에 대한 증거를 제시할 수 없다. 붓다도 그랬고 예수도 그랬다. 신에 대한 증거를 제시할 수 있는 사람은 아무도 없다. 신은 증명될 수 없다. 그대는 다만 저쪽 기슭으로 오라는 설득을 받고 직접 가서 볼 수 있을 뿐이다.

그래서 붓다는 계속 말한다.

"Ihi passiko! —와서 보라!"

그러나 법의 길을 따라가는
지혜로운 이는
죽음의 끝을 넘어가는구나.

지성적인 사람이 이 세상에서 가장 우선적으로 기울여야 할 노력은, 어떻게 하면 죽음에 의해 파괴되지 않는 것을 아느냐 하는 것이다. 왜냐하면 어느 순간에라도 죽음이 올 수 있기 때문이다. 죽음은 바로 다음 순간, 또는 내일 올지도 모른다. 죽음은 언제라도 그대를 덮칠 수 있다. 그러므로 지성적인 사람이 가장 우선적으로 기울이는 노력은 죽음에 의해 파괴되지 않는 것을 아는 게 될 것이다. 자신이

그러나 법의 길을 따라가는
지혜로운 이는
죽음의 끝을 넘어가는구나.

　　죽음은 가장 중요한 현상이다. 죽음은 탄생보다 훨씬 더 중요하다. 탄생은 이미 일어났다. 그대는 탄생에 대해 아무것도 할 수 없다. 그러나 죽음은 아직 일어나지 않았다. 그러므로 뭔가 행해질 수 있고 준비할 수 있다. 그대는 죽음을 받아들일 준비를 할 수 있다. 그대는 죽음을 환영하는 상태에서 의식적으로 존재할 수 있다.
　　그대는 탄생이라는 기회를 놓쳤다. 그러니 죽음의 기회를 놓치지 말라. 만일 명상적인 상태에서 죽음을 맞을 수 있다면 그대는 죽음에 의해 따라오는 다음 생을 의식이 깨어 있는 상태에서 맞을 수 있을 것이다. 그때에 그대의 다음 생은 전혀 다른 삶이 될 것이다.
　　의식적으로 죽은 사람은 단 한 번만 더 태어난다.
　　기독교인, 유태교인, 모하메드교인은 단 한 번의 생을 믿는다. 일단 의식적으로 죽은 뒤에는 의식적으로 태어난다. 이것이 한 번의 생에 대한 나의 해석이다. 그 삶이 진정한 삶이며, 헤아릴 가치가 있는 유일한 삶이다. 그것이 이 세 개의 전통적인 종교가 전생의 삶을 헤아리지 않는 이유이다. 그들은 전생에 대해 모르는 게 아니다. 예수는 전생에 대해 잘 알고 있었다. 그러나 그 삶들은 헤아릴 가치가 없다. 그대는 잠들어 있었다. 그대는 꿈꾸고 있었으며 무의식적이었다. 그것은 삶이 아니었다! 다만 잠속에 질질 끌려다니고 있었을 뿐이다.
 붓다는 제자들에게 말하곤 했다.
 "입문한 뒤부터 나이를 계산하라."
 한때, 그런 일이 있었다.

 빔비사르(Bimbisar)왕이 붓다를 만나러 갔다. 그가 붓다의 곁에 앉아 이야기하고 있는데, 늙은 구도자가 와서 엎드려 절하며 붓다의 발에 입을 맞추었다. 붓다는 흔히 묻듯이 그에게 물었다.
 "그대는 몇 살인가?"
 노인이 말했다.
 "딱 네 살입니다."
 빔비사르왕은 눈과 귀를 의심했다.
 "이 사람은 여든 살은 되어 보인다. 그런데 네 살이라고?"
 왕이 물었다.
 "실례지만 당신이 몇 살인지 다시 한 번 말해 줄 수 있겠소?"
 노인이 말했다.
 "네 살입니다."
 그때, 붓다가 웃으며 왕에게 말했다.
 "그대는 우리의 나이 계산하는 방식을 모르는구려. 그는 4년 전에 구도자가 되었소. 그는 시간이 없는 영원의 세계에 입문한 지 4년째요. 그는 이쪽 기슭을 건너서 저쪽 기슭에 닿은 지가 4년밖에 되지 않았소. 그는 80년을 살았지만 그 세월은 계산할 가치가 없소. 그 세월은 완전히 시간낭비였소."

아무도 나와 같은 방식으로 기독교, 유태교, 이슬람교를 해석하지 않는다. 그들은 모두 한 번의 삶을 믿는다. 그들은 단 한 번의 삶밖에 없다고 생각한다. 그러나 그것은 진실이 아니다. 그대는 수많은 생을 살았다. 다만 그 삶들은 계산할 가치가 없을 뿐이다. 오직 의식적으로 태어나게 될 한 번의 삶이 계산할 가치가 있다. 만일 의식적으로 죽는다면 의식적으로 태어날 수 있다.

그러므로 삶에서 가장 우선적이고 중요한 것은 죽음을 준비하는 일이다. 죽음을 준비하는 길은 무엇인가? 그것을 붓다는 '법의 길을 따르는 것'이라고 말한다.

다음의 짧은 일화에 대해 명상하라.

위대한 선사(禪師)인 난닌[4]이 덴노의 방문을 받았다. 그 날은 비가 내리고 있었기 때문에 덴노는 나막신을 신고 우산을 들고 왔다. 인사를 나눈 후에 난닌이 말했다.

"그대는 문간에 나막신을 벗어놓은 것 같은데, 우산을 신발 오른쪽에 놓았는지 왼쪽에 놓았는지 알고 싶군."

덴노는 혼동되어 즉시 대답하지 못했다. 그는 자신이 매순간 선의 상태를 유지할 수 없었다는 것을 깨달았다. 그는 난닌의 제자가 되어 매순간 선의 상태를 유지할 수 있는 경지에 이르기 위해 6년을 더 공부했다.

---

4) 난닌(南隱全愚 : 난닌젠구, 1834-1904) : 일본 임제종의 승려.

이것이 길이다. 그대는 자신이 하는 모든 일을 인식하고 있어야 한다. 그런데 덴노는 진지하지 못했다. 그는 우산을 신발의 오른쪽에 놓았는지 왼쪽에 놓았는지 까맣게 잊고 있었다. 그대는 난닌이 너무 엄격하다고 생각할 것이다. 그러나 그렇지 않다. 이 질문은 자비심에서 나온 것이다.

난닌 역시 처음으로 스승을 만났을 때 비슷한 질문을 받았다. 난닌은 거의 이삼백 마일이나 되는 산길을 여행하여 스승을 찾아갔다. 그런데 스승이 처음 던진 질문이 무엇인지 아는가? 그것은 철학적인 질문도 형이상학적인 질문도 아니었다. 난닌이 엎드려 절하자 스승이 물었다.
"네가 사는 지방에는 쌀값이 얼마인가?"
쌀값이라고? 그러나 난닌은 망설이지 않고 즉각 대답했다.
"저는 지금 그 곳이 아니라 여기에 있습니다. 저는 결코 뒤돌아보지 않습니다. 저는 이미 건너온 다리는 가차없이 끊어버립니다. 그러니 쌀값에 대해서는 잊어주십시오."
난닌의 말을 듣고 스승은 말할 수 없이 좋아했다. 그는 난닌을 껴안고 축복한 다음 말했다.
"네가 쌀값을 말했다면 나는 너를 절에서 내쫓았을 것이다. 나는 네가 여기에 머무는 것을 허락하지 않았을 것이다. 나는 쌀장수에 관심이 없기 때문이다."

스승들은 저마다 제자의 내면을 파악하는 독자적인 방법이 있다. 난닌의 물음은 아주 단순한 것이었다.

"그대의 우산은 어디에 있는가? 신발 오른쪽에 있는가, 왼쪽에 있는가?"

임마뉴엘 칸트(Immanuel Kant)가 제자들에게 이런 질문을 했다고 생각하기는 불가능하다. 헤겔(Hegel)이나, 하이덱거(Heidegger), 또는 사르트르(Sartre)가 학생들에게 이런 질문을 하리라고 상상할 수 있는 사람은 아무도 없다. 그것은 불가능하다!

오직 난닌 같은 사람, 붓다만이 이런 질문을 할 수 있다. 매우 평범하지만 비범한 통찰력이 담긴 질문이다.

그는 이렇게 묻는다.

"우산을 놓을 때 그대는 자신의 행동을 인식하고 있었는가? 아니면 그저 기계적으로 행동했을 뿐인가?"

한 번은 어떤 학자가 난닌을 만나러 갔다. 그는 뭔가 화가 났던 모양인지 신발을 아무렇게나 벗어 던지고 문을 쾅 닫고 안으로 들어갔다. 그 곳에는 최소한 삼십여 명의 제자들이 있었다. 난닌은 학자를 물끄러미 쳐다보았다. 학자는 매우 유명한 사람이었다. 그는 난닌이 자리에서 일어나 자기를 반길 것이라고 생각했을 것이다. 그러나 난닌은 고함을 쳤다. 그는 학자에게 돌아가서 사과하라고 말했다.

"그대는 문과 신발에 무례를 범했다! 그들이 그대를 용서하지 않는 한, 그대가 용서받는 모습을 보지 못하는 한, 나는 그대를 안으로 들어오게 허락하지 않을 것이다. 당장 밖으로 나가라!"

학자는 깜짝 놀랐다. 그러나 그는 요점을 알 수 있었다. 그는 난닌을 이해하려고 노력하면서 말했다.

"하지만 신발이나 문에게 용서를 구하는 것이 무슨 소용이겠습니까? 그들은 죽은 물건들입니다. 그들이 어떻게 용서할 수 있겠습니까?"

난닌이 말했다.

"죽어 있는 물건에 화를 낼 수 있다면 용서를 구하는 것도 가능하다. 화를 내는 것이 괜찮다면 당연히 용서를 구할 준비도 되어 있어야 한다. 당장 그들에게 사과하라!"

학자는 밖으로 나갔다. 그리고 난생 처음으로 신발 앞에 엎드려 절했다. 그는 자신의 회고록에서 이렇게 술회하고 있다.

"신발 앞에 엎드려 절하는 그 순간이 내 평생에 가장 값진 순간이었다. 엄청난 침묵이 나를 휘감았다! 나는 난생 처음으로 에고에서 해방되는 것을 느꼈으며 내면의 문이 활짝 열렸다. 내가 자리로 돌아가자 스승은 기쁘게 나를 맞으며 말했다.

'이제 그대는 내 옆에 앉아 내 말을 들을 준비가 되었다. 이제 그대는 행동을 끝냈다. 그렇지 않았다면 뭔가 미완성으로 남았을 것이다. 결코 아무것도 미완성으로 남겨 두지 말라. 그렇지 않으면 완성되지 못한 것이 계속 그대 주변을 맴돌 것이다. 문에 무례를 범하고 그 행동의 전과정을 완결짓지 않는다면 그대의 분노는 항상 어딘가에 남아 있을 것이다.'"

매순간의 각성이 붓다의 길이다. 매순간 각성을 유지할 수 있다면 그대는 자신의 내면에 죽음을 넘어선 그 무엇, 불에도 타지 않고 파괴되지 않는 그 무엇이 존재한다는 사실을 분명히 알게 될 것이다. 내면에 있는 불멸성의 바위를 아는 것, 그것이 새로운 삶의 시작이다.

그는 어둠의 길을 버리고
빛의 길을 간다.

무의식적으로 사는 길을 붓다는 '어둠의 길'이라고 부른다. 그리고 매순간 의식적으로 사는 길, 아주 사소한 행동 하나까지도 의식을 갖고 하는 길은 빛의 길이다.

그는 집을 버리고
행복을 찾아 어려운 길을 간다.

'집'이라는 말은 안전하고 친숙한 것, 이미 알려진 것을 의미한다. '집을 버린다'는 말은 그대의 가정, 아이와 부인, 또는 남편을 버린다는 말이 아니다. 그런데 불교인들은 지금까지 이 구절을 그런 식으로 해석해 왔다.
나의 해석은 그렇지 않다. 그것은 진짜 집이 아니다. 진짜 집은 그대의 마음속에 있는 어떤 것이다. 타산적인 마음, 지식, 논리, 온 세상에 반대해서 그대가 입고 있는 철갑옷, 그것이 진짜 집이다. '집을 떠난다'는 말은 안전을 포기하고 위험 속에 뛰어드는 것을 의미한다. 알려진 세계를 버리고 미지의 세계로 들어가는 것, 해변의 안전을 잊고 물결치는 미지의 바다로 뛰어드는 것, 이것이 '집을 떠난다'는 말의 의미이다. 그것은 어려운 길이다. 그러나 저쪽 기슭에 닿기 위해서는 어려운 길을 통과해야 한다.
게으른 사람들, 항상 지름길을 찾는 사람들, 손쉽게 신을 얻으려는 사람들, 궁극적 진리를 위해 아무 대가도 치를 준비가 되지 않은 사람들, 그런 사람들은 자신을 어리석게 만들며 시간을 낭비하는 것이다. 우리는 우리의 삶을 내걸어야 한다. 우리가 가진 모든 것을 바치고 일심으로 매진해야 한다. 완전히 뛰어들어야 한다. 그것은 험난한 길이다. 그러나 존재계의 강을 건너 저쪽 기슭에 도달하려면, 불사의 세계, 영원의 세계에 당도하려면 험난한 길을 통과해야 한다.

 욕망과 소유를 버려라.
 가슴속의 어두운 곳에서 벗어나라.

 안전하고 편안한 갑옷을 벗어버릴 각오가 되어 있다면, 타산적이고 교활한 마음을 버릴 준비가 되어 있다면, 마음 자체를 버릴 준비가 되었다면, 그대의 가슴에서 어두운 부분이 모두 사라지기 시작할 것이다. 그대의 가슴은 빛으로 가득 찰 것이다. 욕망이 사라지고―욕망은 미래를 의미한다―그대는 더 이상 소유물에 집착하지 않을 것이다. 소유는 과거를 의미한다.
 욕망과 소유욕이 없을 때 그대는 과거와 미래에서 해방된다. 그것은 곧 현재 안에서 자유로워지는 것이다. 그것은 진리와 신을 가져다 준다. 오직 그것만이 지혜와 깨달음을 가져다 준다.

 지혜로운 사람은
 애착과 욕망을 버리고
 각성의 일곱 가지 빛을 따라
 자유를 한껏 즐긴다.
 지혜로운 사람은
 이 세상에서

스스로를 비추는 빛이 된다.
순수하고 자유롭게
빛나는 빛이 된다.

현재 안으로 더 들어갈수록 그대는 내면에서 일곱 개의 빛과 마주칠 것이다. 이것을 힌두교의 요가에서는 '일곱 차크라(chakra)'라고 부르며, 불교의 요가에서는 '일곱 개의 빛' 또는 '일곱 개의 등불'이라고 부른다. 육체와 소유욕에서 더 멀어질 때, 욕망에 무관심해질 때 그대의 에너지는 위로 상승하기 시작한다. 가장 낮은 섹스 센터(sex center)에 머물던 에너지가 상승하기 시작한다.

지금 그대는 간혹 섹스 센터를 통해서만 빛을 경험한다. 그것을 그대는 오르가슴이라고 부른다. 그러나 섹스 센터에서조차도 빛의 경험은 아주 드물게 일어난다. 섹스를 하면서 두 연인이 빛으로 가득 차는 순간을 경험하는 사람은 매우 드물다. 연인들이 빛으로 충만할 때 그 오르가슴은 육체적인 것이 아니다. 그것은 영적인 요소를 지닌다.

탄트라(Tantra)는 성적인 센터들이 빛을 발할 수 있는 공간과 환경을 창조한다. 두 연인이 서로의 육체를 탐험할 뿐만 아니라 진정으로 서로의 육체를 존중할 때, 상대방이 신 또는 여신이 될 때 섹스는 기도와 명상이 된다. 서로에 대한 존중을 갖고 섹스에 들어가면 남성 에너지와 여성 에너지가 만난다. 그리고 그대의 내면에 커다란 빛이 흐르기 시작한다.

똑같은 일이 다른 여섯 개의 센터에서도 일어난다. 더 높은 센터일수록 빛은 더 크고 밝아진다. 일곱 번째 센터는 천 개의 연꽃잎을 가진 사하스라르(sahasrar)이다. 그 곳에서는 까비르(Kabir)가 "갑자기 천 개의 태양이 떠오르는 것처럼……."이라고 말할 정도로 엄청난 빛이 발산된다. 한 개도 아니고 천 개의 태양이 뜨는 것처럼……

> 지혜로운 사람은
> 애착과 욕망을 버리고
> 각성의 일곱 가지 빛을 따라
> 자유를 한껏 즐긴다.
> 지혜로운 사람은
> 이 세상에서
> 스스로를 비추는 빛이 된다.
> 순수하고 자유롭게
> 빛나는 빛이 된다.

지혜로운 자는 자신을 비추는 빛이 된다. 또한 타인을 비추는 빛이 된다. 붓다가 되라! 붓다가 없으면 삶은 무의미하다. 붓다가 되라! 그래야만 그대의 운명이 성취된다. 붓다가 되라! 그러면 그대는 활짝 개화한다. 붓다가 되라! 그러면 그대 안에 거주하는 신을 알게 될 것이다.

자유를 얻은 자

주인된 자,
여정의 끝에서
자유를 찾아내리.
욕망과 슬픔,
모든 구속에서 자유로우리.

깨어난 자는
한 곳에 머물지 않는다,
호수를 버리고
날아오르는 백조처럼.

그들은 공중으로 날아올라
보이지 않는 길을 떠난다,
아무것도 갖지 않고
아무것도 모으지 않은 채.
그들은 지식을 먹으며
허공중에 산다.
그들은 자유롭게 되는 법을 알았다.

088
법구경

누가 그들을 따를 수 있겠는가?
오직 주인된 자,
그렇게 순수한 자만이.

새처럼,
그는 끝없는 공중으로 치솟아
보이지 않는 길을 날아간다.
그는 아무것도 원하지 않는다.
그는 지식을 먹으며 허공중에 산다.
그는 자유를 얻었다.

고탐 붓다의 탐구는 신에 대한 것이 아니다. 그것은 불가능하다. 만일 신이 이미 알려져 있지 않다면 어떻게 신을 탐구할 수 있겠는가? 그리고 탐구가 신에 대한 믿음에 의존한다면 그 탐구는 처음부터 허구적인 것이다.

진정한 탐구는 믿음도 불신도 아니어야 한다. 믿음에서 출발한다면 그대는 자신의 믿음을 투사(投射)할 것이다. 그대는 자신의 믿음에 따라 자기 스스로 최면술을 걸 것이다. 그대가 무엇을 믿든 그것을 발견하게 될 위험이 있다. 그대는 자신이 믿는 것에 대한 환상을 만들어 낼 것이다.

깊은 믿음은 환상이 가능해지는 공간을 창조한다. 그래서 기독교인은 그리스도를 보고 힌두교인은 크리슈나를 본다. 힌두교인이 예수를 보거나 기독교인이 크리슈나를 보는 일은 일어나지 않는다. 그 이유는 무엇인가? 그대는 자신이 믿는 것을 발견하기 때문이다. 그것을 발견하는 이유는 그것이 현실로 존재하기 때문이 아니라, 그대가 현실 위에 그것을 투사하기 때문이다. 현실은 스크린이 되고 그대는 그 위에 자신의 선입견을 투사한다. 만일 그대가 그것을 믿지 않는다면 물론 그것을 발견할 가능성은 조금도 없다. 애초부터 그대의 마음은 굳게 닫혀 있다.

붓다의 탐구는 신에 대한 것이 아니다. 우리는 신이 존재하는지 존재하지 않는지 모른다. 우리는 신에 대해 어떠한 견해도 가질 수 없다. 그리고 신에 대한 견해가 없다면 그의 실체를 조사하는 것은 가능하지 않다.

이것이 붓다의 접근 방식과 다른 종교의 접근 방식 사이에 근본적으로 다른 점이다. 붓다의 접근 방식이 훨씬 더 탁월하다. 다른 종교들은 매우 인간 중심적이다. 그들의 신에 대한 관념은 그들이 인간에 대해 갖는 관념에 불과하다. 그 인간에 대한 관념이 확대되고 치장되고 가능한 한 아름답게 꾸며져 신으로 나타나는 것이다. 그들의 신은 하늘에 투사된 인간이다.

그러므로 흑인들의 신은 그들의 인간에 대한 관념과 일치할 것이다. 흑인들의 신은 입술이 두껍고 곱슬머리일 것이다. 중국인은 중국인의 관념을 투사할 것이고, 인도인은 인도인의 관념을 투사할 것이다. 지구에는 삼백여 개의 종교가 있다. 하지만 신은 삼백 명이 아니다. 이 삼백 개의 종교는 최소한 삼천 개의 종파가 있으며 그들은 저마다 신에 대한 개념이 틀리다.

신은 하나이다. 실체는 하나이기 때문이다. 만일 신이 실체와 동의어라면 그때엔 많은 신이 존재하지 않을 것이다. 단 하나의 신이 존재한다. 사실, 어떠한 형상도 신을 대표할 수 없다. 모든 형상은 부분적인 것이 될 것이다. 그리고 부분을 전체적인 진리로 주장하는 것은 죄악이다. 그것은 그대 자신과 인류에 대한 죄악이며 진리에 대한 죄악이다.

신을 인간 중심적인 개념으로 생각하기 시작할 때 그대는 형상을 만든다. 그 형상은 가지고 노는 장난감 외에 아무것도 아니다. 그대는 그 형상을 숭배하고 기도하고 엎드려 절할 수도 있다. 하지만 그대는 어리석은 짓을 하고 있을 뿐이다. 그대는 자신의 장난감 앞에 엎드려 절한다. 그대는 자신이 만든 창조물을 숭배한다! 그대의 사원, 교회, 모스크(mosque)는 인간의 마음에 의해 조작된 것이다.

신은 인간의 제작품이 될 수 없다. 반대로 인간이 신의 피조물이다. 성경은 "신이 자신의 형상에 따라 인간을 창조했다."고 말한다.

그러나 지구 상에는 그 정반대의 일이 일어났다. 인간이 자신의 형상에 따라 신을 창조했다. 그리고 수많은 종류의 인간이 있으므로 각양각색의 신이 생긴 것은 당연한 일이다. 누가 옳은지에 대한 분쟁이 그치지 않는다. 신에 대해 옳은 개념은 무엇이냐 하는 것은 문제가 아니다. 기본적인 문제는 누구의 개념이 옳으냐 하는 것이다.

 신은 인간의 에고 놀음이 되었다. 기독교인은 모하메드교인과 싸우고, 모하메드교인은 힌두교인과 싸우고, 힌두교인은 자이나교인과 싸운다. 이런 한심한 싸움이 계속된다. 인류의 역사는 이 소위 종교인이라는 사람들로 인해 추해졌다. 역사를 통해 그들이야말로 가장 비종교적인 사람들이라는 것이 입증되었다. 그들은 완전히 눈이 멀고 철저하게 배타적인 선입견으로 똘똘 뭉쳤으며, 자기들의 관념에 반대되거나 조금이라도 다른 말은 전혀 들을 준비가 되어 있지 않은 광신자들이라는 것이 증명되었다.

 종교는 사람들의 눈과 귀를 틀어막았다. 종교는 사람들을 비지성적이고 어리석게 만들었다.

 붓다는 완전히 다른 세계이다. 그는 전혀 다른 비전(vision)을 제시한다. 가장 먼저 기억해야 할 것은, 그가 신에 대해 관심이 없으면서도 신을 발견하는 기적을 이루었다는 사실이다. 그의 탐구는 신에 대한 것이 아니었다. 그러나 결국 그는 신에 도달했다. 그는 전혀 다른 각도에서 출발했다. 그리고 그것은 출발하기에 아주 옳은 각도이다. 만일 그대가 붓다처럼 출발한다면 그대는 반드시 신을 발견할 것이다.

 웰즈(H. G. Wells)는 "고탐 붓다는 지상에서 가장 신적인 사람이면서 가장 신적이지 않은 사람이다."라고 말했다. 맞는 말이다. 붓다는 모순이다. 그는 신을 부정했다. 그는 신이 존재하지 않는다고 말한다. 신을 숭배할 필요도 믿을 필요도 없다고 말한다. 탐구하라. 믿지 말라! 찬성이든 반대든 아무 선입견 없이 추구하라. 전적으로 순수하고 열린 마음으로 시작하라. 마치 신에 대해서는 한 마디도 들어본 적이 없는 어린아이처럼 순진무구하게 시작하라.

그리고 붓다는 '이 길로 출발하면 신을 발견할 것이다'라고 말하지 않는다. 그는 인간 마음의 교활성을 알기 때문이다. 만일 붓다가 '이 길로 출발하면 신을 발견할 것이다'라고 말한다면 그대의 마음은 그대에게 이렇게 말할 것이다.

"그렇다면 이 길은 신을 발견하기 위한 길이다. 이 길로 출발하라."

그대의 깊은 곳에는 신에 대한 욕망이 숨어 있다. 그대의 심리 안에 신에 대한 욕망이 솟아오른다. 그것은 영적인 탐구가 아니다.

지그문트 프로이트(Sigmund Freud)는 "신은 아버지나 어머니의 형상에 대한 추구 외에 아무것도 아니다."라고 말했다. 그의 말은 옳다. 붓다는 프로이트에 동의했을 것이다. 신에 관한 한 프로이트의 통찰력은 매우 정확하다. 그는 멀리까지 나아가진 못했지만 출발점은 옳다. 그는 중간에 정체되었다. 왜냐하면 붓다나 노자 같은 인물에 대해 알지 못했기 때문이다. 그는 기본적으로 진보되지 못한 유태적 기독교의 전통에 속해 있었다.

기독교와 유태교는 매우 세속적인 종교이다. 그들은 인간의 영적인 이해보다는 인간의 심리에 뿌리를 두고 있다. 그리고 인간의 심리는 카오스(chaos) 상태이기 때문에 그 안에 뿌리를 내린 모든 것은 카오스 상태로 남을 수밖에 없다.

인간은 아버지의 형상을 필요로 한다. 의존할 누군가가 필요하다. 사람들이 신이라는 미명 하에 실제로 추구하는 것은 신이 아니다. 그들은 자기들의 의존에 대한 변명을 찾고 있을 뿐이다. 그 의존이 노예근성으로 보이지 않도록, 그 의존이 종교적이고 영적인 색깔을 가질 수 있도록 그럴 듯한 구실을 찾고 있는 것이다. 신을 '아버지'로 부른다는 것은 그대가 찾고 있는 게 무엇인지 암시한다.

신을 '어머니'로 부르는 종교들이 있다. 아버지든 어머니든 똑같은 게임이다. 모계 지향적인 사회에서 신은 '어머니'가 된다. 그리고 부계 지향적인 사회에서는 '아버지'가 된다.

독일인은 독일을 'the fatherland'로 부르고, 인도인은 인도를 'the motherland'로 부른다. 명칭이 다를 뿐이다. 조국을 'the fatherland'로 부르든, 'the motherland'로 부르든 별 차이가 없다. 그대는 똑같은 문제를 일으킬 것이기 때문이다. 상표는 틀리지만 그것은 똑같은 정치학이다. 상표는 다르지만 유치한 접근 방식이라는 점에서는 다를 게 없다.

그대는 왜 신을 추구하는가? 두려움 때문에? 그렇다, 두려움이 있다. 그것은 죽음 때문이다. 만일 두려움 때문에 신을 찾는다면 결코 그를 발견하지 못할 것이다. 신은 두려움이 아니라 오직 사랑을 통해서만 발견된다.

세상의 거의 모든 언어에 'God-fearing[1]'과 비슷한 용어가 있다. 종교적인 사람은 'God-fearing(독실한)'이라고 칭해진다. 이

---

1) 신을 깊이 숭배하는, 또는 두려워하는, 독실한 신자를 지칭할 때 쓰는 말이다.

것은 완전히 난센스이다. 종교적인 사람은 결코 신을 두려워하지 않는다. 그는 신을 사랑한다(God-loving). 그의 기도는 두려움에서 나온 게 아니라 지극한 사랑과 감사에서 나온 것이다. 그의 기도는 감사의 표현이지 요구가 아니다. 그는 안전을 요구하지 않는다. 그는 이미 안전하다는 것을 알기 때문이다. 그는 보호를 요구하지 않는다. 그는 존재계가 우리를 보호한다는 것을 안다. 그는 존재계가 우리의 집이라는 것을 안다. 그러니 이미 수중에 있는 것, 이미 주어진 것, 그대의 존재 안에 이미 세워진 것을 요구할 필요가 있는가?

그러나 소위 종교인이라고 불리는 사람들은 끊임없이 요구한다. 아마 그들은 어머니나 아버지를 잃어버렸을 것이다. 모든 사람이 어느 날엔가 부모를 잃는다. 실제로 아버지가 죽어야만 그를 잃는 것이 아니다. 그대가 성숙해서 자신의 의지대로 행동하게 되면 아버지와 어머니는 잊혀진다. 어린 시절의 환상이 상실된다. 그 다음에는 커다란 두려움이 생겨난다. 지금까지 그대는 부모에 의해 보호받았다. 그런데 이제는 누가 그대를 보호할 것인가? 하늘은 아주 냉정하고 무관심해 보인다. 존재계는 철저하게 중립적인 것 같다. 존재계는 그대가 살든 죽든 관심이 없는 것 같다. 그때 그대 안에는 커다란 두려움과 전율이 솟아오른다.

쇠렌 키에르케고르(Soren Kierkegaard)는 정확하게 그것을 '전율(trembling)'이라고 불렀다. 그는 그 전율 안에서 종교가 태어났다고 생각했다. 그렇다, 그 두려움의 전율 안에서 종교가 생겨났다. 그러나 그 종교는 사이비 종교이다.

진정한 종교는 그대가 중심에 뿌리를 내렸을 때 태어난다. 진정한 종교는 두려움이 아니라 훌륭한 이해 안에서 태어난다. 존재계가 사랑으로 응답한다는 것을 그대가 느끼기 시작할 때, 존재계는 무관심하고 냉정한 것이 아니라 따뜻하고 호의적이라고 느끼기 시작할 때 진정한 종교가 태어난다. 존재계는 우리의 삶 자체이다. 그러니 어떻게 존재계가 우리에게 무관심할 수 있겠는가?

그러나 소위 종교인이라는 사람들은 계속해서 신에게 보호를 요청한다. 그래서 신은 '위대한 보호자(The Great Protector)'라고 불려진다. 종교인들은 신에게 영생(永生)을 요구한다. 그들은 죽음이 무섭기 때문이다……. 죽음은 날마다 더 가까워지고 있다. 곧 죽음이 그대를 포위할 것이다. 그대를 암흑의 나락으로 잡아당길 것이다. 그 전에 그대는 안전한 거처를 마련해야 한다. 그래서 그대는 신을 추구한다.

붓다는 그런 종류의 추구에 관심이 없다. 신을 추구함에 있어서 병든 마음의 소리를 듣고 따라가기보다는 차라리 그 마음을 버리는 게 낫다고 붓다는 말한다. 그 병적인 마음을 버리는 게 더 낫다. 그 마음에서 해방되라. 그 자유 안에 앎이 있다.

마음으로부터 자유로워질 때 그대는 '아는 자(the knower)'가 된다. 그대는 시간과 죽음을 초월한 영원 불멸성에 대해 절대적 확신을 갖게 된다. 그리고 그대를 보호할 어떠한 신도 필요없다는 것을 알게 된다. 그대는 이미 보호받고 있기 때문이다. 그 보호 안에서 그대는 존재계 앞에 엎드려 감사한다. 그 보호와 관심과 사랑 안에서 눈에 보이지 않는 무엇인가가 우주로부터 그대를 향해 계속 흘러 든다……. 매순간 우주가 그대에게 자양분을 공급한다. 그대는 우주를 들이마시고 내쉰다. 그대의 혈관 안에 우주가 흐른다. 우주가 그대의 근육과 뼈가 된다. 직접 그것을 경험하는 순간 그대는 자연히 종교적이 된다.

이제 그대는 신이 무엇인지 안다. 그러나 이 신은 전혀 다른 신이다. 이 신은 아버지의 형상이 아니다. 이 신은 하나의 인격체가 아니라 우주 전체에 넘쳐흐르는 사랑의 현존이다. 이 신은 인간을 지배하는 독재자가 아니다. 구약에서 "나는 질투한다."고 말하는 그 신이 아니다.

붓다는 말한다. -신과 질투라고? 그렇다면 누가 질투를 넘어설 수 있겠는가? 붓다는 인간조차 질투를 벗어나야 한다고 말한다. 그래야만 신을 알 수 있다. 그러나 질투에서 벗어나야만 질투의 신을 알게 될 것이라는 말이 합당한가? 질투의 신을 알기 위해서는 먼저 그대의 질투를 버려야 한다는 말이 합당한가? 그것은 매우 비논리적인 말이 될 것이다!

구약에서 신은 말한다.

"나는 질투와 분노의 신이다. 나를 거역하는 자는 영원한 형벌에 처해질 것이다."

버트란트 럿셀(Bertrand Russell)은 『나는 왜 기독교인이 아닌가?-Why I Am Not a Christian』라는 책을 썼다. 그 책에서 그는 많은 논거를 제시했다. 그 논거들 중의 하나는 매우 고려할 만한 가치가 있다. 그는 기독교와 유태교의 신이 철저하게 불공정하고 정의롭지 못하다고 말한다. 기독교와 유태교는 단 한 번의 생을 믿기 때문이다. 버트란트 럿셀은 이렇게 말한다.

"내가 저지른 죄를 모두 합산한다면 가장 엄격한 판사라도 4년 이상을 선고할 수 없을 것이다. 그리고 내가 실제로 저지르지는 않았지만 마음속에 품었던 죄까지 합친다 해도 기껏해야 8년에서 10년의 형량이 떨어질 것이다."

70년 동안의 삶에서 그대가 죄를 지으면 얼마나 많이 짓겠는가? 70년 중의 삼분의 일은 잠으로 소모될 것이며, 삼분의 일은 빵과 치즈를 얻기 위해 일하는 데 소모될 것이다. 그대가 죄를 지을 시간이 얼마나 되며, 그 동안에 얼마나 많은 죄를 지을 수 있겠는가? 그런데 버트란트 럿셀은 말한다. 기독교와 유태교의 신은 그대를 영원한 형벌에 처할 것이라고! 이것은 불공정하다. 만일 어떤 사람에게 70년의 형벌을 내린다면 그것은 좋다. 최소한 70년이란 세월은 그가 살아온 시간이니까 말이다. 만일 인생 자체가 죄라면, 숨쉬는 것이 죄라면 그를 70년 동안 지옥에 보내라. 그러나 그를 영원한 지옥에 보낸다는 것은……. 럿셀은 이것을 불공정한 처사라고 말한다. 만일 그대가 신에 대해 갖고 있는 관념이 이런 것이라면 그대의 악마에 대한 관념은 무엇인가? 이보다 더 악마적인 신이 있을 수 있는가? 이것은 매우 사악한 개념이다.

공포에 기초한 소위 종교들은 사람들을 더 두려움에 질리게 하는 개념을 창조한다. 그리고 성직자들은 사람들의 공포를 이용한다. 그들은 그대가 비난받고 처벌받을 것이라고 말한다. 그들은 지옥에 대한 그림을 만들어냈다. 그들은 지옥불이 활활 타오르고 온갖 고문이 자행되는 지옥을 발명했다.

이 사람들은 성자가 될 수 없다. 다른 사람들이 영원히 불 속에서 고통받아야 한다고 기대하기 위해서는 매우 잔인한 마음이 필요하다. 그에 대해 생각하고 쓰는 것조차 악랄한 마음이 있어야 가능하다.

붓다는 진정한 탐구가 신에 대한 것이 아니라고 말한다. 그것은 불가능하다. 신은 병든 마음의 요구이기 때문이다. 이 사실을 가슴 깊이 새겨라. 그렇지 않으면 이 탁월한 종교적 비전(vision)을 이해할 수 없을 것이다.

두 번째로, 붓다는 종교가 진리에 대한 탐구도 아니라고 말한다. 왜냐하면 진리에 대해 연구하기 시작할 때 그대는 지적인 경향에 빠지기 때문이다. 모든 연구는 철학적이고 지적이며 합리적인 것이 된다. —진리는 합리적인 개념이 된다. 그때, 그대는 많은 논리적 과정과 논증, 토론을 거쳐야만 된다고 생각하기 시작한다. 그런 과정을 거친 다음 마침내 어느 날엔가 그대는 결론에 도달할 것이다. 마치 진리가 논리적 과정의 결론인 것처럼 말이다. 그대는 마치 진리가 삼단논법의 부산물이라도 되는 듯 생각할 것이다.

진리는 지적인 것이 아니다. 지적인 사람이 진리에 대해 무엇을 생각할 수 있겠는가? 그것은 모두 상상이고 해석이다. 지식은 기껏해야 특정한 가설에 도달할 뿐이다. 지식은 유용하고 실용적인 가설에 도달할 뿐, 결코 진리에 도달할 수 없다.

그것이 철학이 결코 진리에 이르지 못하는 이유이다. 철학은 악순환을 되풀이할 뿐이다. 과학 또한 진리에 도달하지 못한다. 과학은 기껏해야 가설을 세울 뿐이다. 그 가설은 오늘은 통용되겠지만 내일은 거부될 것이다. 왜냐하면 내일 그대는 더 효과적이고 훌륭한 가설을 발견할 것이기 때문이다. 따라서 어제의 가설은 폐기된다.

뉴턴(Newton)은 알버트 아인슈타인(Albert Einstein)에 의해 폐기 처분당했다. 멀지 않은 장래에 아인슈타인 또한 누군가에 의해 폐기 처분될 것이다. 과학은 결코 궁극적인 진리에 도달하지 못한다. 과학은 모든 것을 실용적인 가치로 판단한다. 만일 무엇인가 도움이 된다면 그것은 이용할 가치가 있다. 과학에 있어서 문제가 되는 것은 진리가 아니라 실용성이다.

붓다는 진리가 오직 실존적인(existential) 것일 뿐 지적인 대상은 아니라고 말한다. 지성(Intellect)과 감정 또한 거기에 포함될 것이다. 육체 또한 그것의 한 부분이 될 것이다. 그러나 중심은 그대의 주시하는 의식이다. 그것은 지적이고 감정적인 현상에 그치지 않고 전체적인 현상이 될 것이다.

종교에는 두 종류가 있다. 하나는 지적인 종교이며 다른 하나는 감정적인 종교이다. 지적인 종교는 철학적 작업을 하고, 감정적 종교는 숭배하고 기도한다. 그러나 둘 다 부분적이다. 진리는 모든 부분의 합계에 그치지 않는다. 진리는 그 이상이다.

따라서 붓다는 지적이고 감정적인 방법뿐 아니라 실체적인 접근이 필요하다고 말한다. 철학자도 헌신자도 진리를 발견하지 못할 것이다.

세 번째로, 붓다는 "나의 탐구는 지복(bliss)을 위한 것도 아니다……."라고 말한다. 왜냐하면 그대는 지복이 무엇인지 상상할 수 없기 때문이다. 그대가 지복에 대해 갖는 상상은 모두 그대의 행복에 대한 관념으로 칠해질 것이다. 그런데 그대의 행복에 대한 관념은 지복과 별로 가깝지 않다. 그대의 행복에 대한 관념은 불행에 더 가깝다. 그대의 행복관은 불행의 정반대 외에 아무것도 아니다. 그리고 행복과 불행은 항상 함께 있다. 그들은 똑같은 에너지의 두 측면일 뿐이다. 그것은 밤과 낮이 함께 연결되어 있는 것과 같다. 낮이 가면 밤이 오고, 밤이 가면 낮이 온다. 그렇게 낮과 밤이 계속된다. 한 순간은 행복하고 다음 순간에는 불행하다. 그 다음에는 또 행복이 오고 다음에는 다시 불행이 온다……. 그대는 이런 식으로 평생을 낭비한다.

'지복(bliss)'이라는 말을 들을 때 그대의 마음속에는 어떤 개념이 떠오르는가? 행복의 어떤 것, 다시는 불행해지지 않을 영원한 행복의 어떤 것이 떠오를 것이다. 그러나 불행이 사라지면 행복은 유지될 수 없다. 만약 어둠이 완전히 사라진다면 빛은 존재하지 않을 것이다. 어둠과 빛은 서로 의존한다. 그들은 서로 모순되는 것처럼 보이지만 사실은 상호 의존적이다.

그러므로 그대가 지복에 대해 어떻게 상상하든 그것은 처음부터 잘못된 개념일 것이다. 그대는 새로운 종류의 쾌락주의를 추구할 것이다. 아마 영적이고 형이상학적인 쾌락을 찾을 것이다. 어쩌면 그대는 이곳의 행복이 아니라 저쪽 세상의 행복을 찾고 있을지도 모른다.

그것이 바로 모든 종교가 천국과 낙원이라는 이름 아래 말하고 있는 내용이다. 그들은 이 세상에서 놓친 것을 낙원에 투사한다. 여러 사람들의 낙원에 대한 개념을 자세히 살펴본다면 그대는 즉시 한 가지 사실을 알게 될 것이다. 그들의 삶에 없는 것이 낙원에 나타난다. 그대는 낙원에 대해 아무것도 알 수 없을 것이다. 하지만 사람들의 삶에 결여된 것이 그들의 낙원에 나타난다는 것은 분명히 알 것이다.

예를 들어, 모하메드교인들의 낙원에는 동성연애를 위한 구역이 있다. 희한한 일이다! 하지만 모하메드교의 초기 단계에는 그런 관념이 폭넓게 퍼져 있었다. 모하메드교 국가들은 아직도 동성애인 경향이 강하다. 그 곳이 유일한 낙원이다. 그러므로 만일 이 자리에 게이(gay)가 있다면 이 사실을 명심하기 바란다. 죽은 다음에 "어디로 가고 싶은가?" 하는 질문을 받으면 즉시 "모하메드교의 낙원!"이라고 대답하라. 그 곳에서는 게이 클럽(gay club)을 발견할 것이다…. 그런데 힌두교의 낙원에는 가지 말라! 그 곳에서는 게이 클럽을 찾을 수 없을 것이다! 인도에는 동성애에 대한 개념이 없다. 인도에서 동성연애는 죄악이다.

　만일 그대가 그리스의 낙원에 간다면 동성연애가 매우 찬양받는 것을 발견할 것이다. 실제로 그리스 문화에서는 남성의 육체가 여성의 육체보다 훨씬 아름다운 것으로 여겨졌다. 그래서 그리스의 조각품들은 남성의 형상이 중심을 이룬다. 심지어 플라톤과 아리스토텔레스의 학교에서도 동성연애가 예외없는 규칙이었다. 그리스의 낙원관은 당연히 그리스의 마음과 연결되어 있다.

　힌두교의 낙원에서 그대는 아름다운 여자들을 발견할 것이다. 그녀들은 영원히 열여섯 살에 고정되어 있다. 힌두교의 미에 대한 관념은 열여섯 살의 여자를 최고로 치기 때문이다. 여자는 열여섯 살에 이르러 완벽해진다는 것이 힌두교의 관념이다. 열여섯 살 이후에는 노화된다. 힌두교의 성자들은 여성과의 관계에 굶주렸기 때문에 그들의 마음은 지나칠 정도로 여성에 사로잡혀 있다. 물론 그들은 어딘가에서 위안을 찾아야 한다. 그들은 낙원을 통해 위로받는다.

　그들의 낙원에서 여자들은 황금의 몸과 다이아몬드의 눈을 갖는다. 이들은 어떤 여자가 되겠는가? 시체처럼 딱딱하게 굳어 있을 것이다! 나는 힌두교의 성자들이 그 여자들의 혈관에 피가 흐르도록 허락할 것이라고는 생각하지 않는다. 소젖이 훨씬 더 순수하고 신성할 것이다! 그리고 이 소녀들은 성자들의 주변을 돌며 계속 춤춘다. 이 세상에서 가족을 버린 성자들, 그들은 낙원에서 소풍을 즐긴다! 그들이 이 세상에 놓치고 있는 것, 그것이 그들의 낙원이다.

　아무 인종이나 국가, 종교의 낙원을 분석해 보라. 그러면 그들이 이 세상에서 무엇을 놓치고 있는지 알 것이다. 힌두교의 낙원은 매우 부유하다. 그런데 이 땅의 힌두교인들은 가난하다. 힌두교의 낙원에는 우유가 흐르는 강이 있다. 그 곳에는 물이 흐르지 않는다. 그런데 힌두교의 실제 세상에서는 깨끗한 물이 흐르는 강조차 찾아볼 수 없다.

나는 적어도 십오 년 동안 물맛을 보지 못했다. 나는 소다수(soda water)에 의존해야 한다! 인도의 강, 인도의 물에서는 온갖 불순물이 발견된다. 왜냐하면 모든 하수 시스템이 강에 온갖 오물을 쏟아붓고, 버팔로와 소와 사람들이 목욕을 하기 때문이다. 인도의 강은 최악으로 더러워 보인다. 그런데 그것이 유일한 식수이다. 하지만 인도인들은 낙원을 아름답게 꾸며 놓았다. 그들은 물을 완전히 포기하고 우유와 커드가 흐르는 강을 만들었다.

그리고 그들의 낙원에는 소원을 들어주는 나무가 있다. 아무 일도 할 필요가 없다. 나무 밑에 앉기만 하면 된다. 나무 밑에 앉아서 빌면 무슨 소원이든지 즉시 성취된다. 마치 인스턴트 커피를 마시듯이 말이다. 인스턴트 커피조차 약간 시간이 걸린다. 그런데 이 나무 밑에 앉으면……

"여자!" 하면 즉시 여자가 나타난다. "음식!" 하면 순식간에 상이 차려지고 "코카 콜라!" 하면 즉시 콜라가 나타난다. 인도는 오랜 세월 동안 굶주려왔다. 이 나무는 단지 인도가 기아와 가난에 허덕이는 나라라는 사실을 암시할 뿐이다.

그리고 이런 경전이 씌어질 당시에는 세상에 없는 물건이 많았다. 그래서 그 물건들은 낙원에 없다. 그렇지 않았다면 롤스로이스가 낙원에 있었을 것이다. 위대한 성자와 마하트마(mahatma)들을 위해서는 특별히 순금으로 만들어진 롤스로이스가 있었을 것이다. 그들은 황금의 관을 쓰고 있다. 그러므로 순금의 롤스로이스를 갖는다고 해서 나쁠 것도 없다. 인도에서 그대는 저질의 자동차를 타야 한다. 그나마도 찾아보기 힘들다. 인도는 세상에서 가장 저질의 자동차를 생산한다!

이런 이야기를 들었다.

앰버서더 자동차의 사장 - 나는 그를 안다. 그는 나의 친구였다. 그러므로 나는 이 이야기가 사실이라고 믿는다 - 이 죽어서 천당에 갔다. 그는 매우 당황했다. 그는 그런 혜택을 기대하지 않았기 때문이다. 그는 지옥에서 좋은 자리만 차지해도 다행이라고 생각했었다. 그는 천당의 문이 열릴 때 문지기에게 물었다.

"혹시 뭔가 착오가 있었던 게 아닙니까? 나는 지옥에 던져질 것이라고 생각했었습니다. 나는 선한 일이라곤 전혀 하지 않았습니다. 그런데 왜 나를 천당으로 데리고 들어갑니까?"

문지기가 말했다.

"너는 앰버서더 자동차를 만들었다. 네가 만든 자동차로 인해 많은 사람들이 신을 기억했다. 네가 만든 자동차는 사람들로 하여금 신을 기억하게 만드는 데 무엇보다도 크게 기여했다. 앰버서더를 타고 가는 사람들은 누구든지 끊임없이 'God, my God' 하고 외치며 신을 기억한다. 너는 사람들을 매우 종교적으로 만들었다. 무신론자들조차 네가 만든 차를 타고 갈 때에는 신을 생각하기 시작한다. 그들은 그럴 수밖에 없다! 그래서 이렇게 너를 특별 대접하는 것이다. 너를 위해 천당에 특별한 거처를 마련해 놓았다."

만일 지금 경전이 씌어진다면 낙원에 순금의 롤스로이스가 있을 것이다. 이 세상에 없는 모든 것이 그 곳에 있을 것이다.

붓다는 말한다.
"나의 탐구는 지복에 대한 것이 아니다……."
왜냐하면 지복에 대해 말하는 순간 사람들은 쾌락을 생각하기 시작할 것이기 때문이다. 그러니 차라리 지복에 대해 말하지 않는 게 낫다. 지복에 대해 말하는 것은 위험한 일이다. 사람들은 틀림없이 오해할 것이다.
그렇다면 붓다의 지복은 어떻게 되는가? 그는 전에 한 번도 선택되지 않았던 단어를 택했다. 그는 말한다.
"나의 탐구는 자유를 위한 것이다."
이 단어는 말할 수 없이 중요하다. ―에고로부터의 자유, 마음으로부터의 자유, 욕망과 모든 한계로부터의 자유. 내면의 여행에 있어서 붓다는 매우 과학적이다. 붓다는 만일 그대가 내면에 그대의 의식이 완전히 자유로울 수 있는 공간을 창조한다면 그때엔 모든 것이 성취된다고 말한다. 신이 성취되고 진리가 성취된다. 아름다움과 지복이 성취된다. 그러나 오직 자유 안에서만 모든 것이 가능하다.

주인된 자,
여정의 끝에서
자유를 찾아내리.
욕망과 슬픔,
모든 구속에서 자유로우리.

붓다의 단어는 신도 아니고 진리도 아니고 지복도 아니다. 자유가 그의 단어이다. 자유에는 신, 진리, 지복 등 모든 것이 포함된다. 그리고 자유는 다른 모든 함정을 피해간다. 자유는 용기를 필요로 한다. 두려워한다면 자유를 얻을 수 없다. 자유는 그대에게 마음과 육체와의 동일시를 완전히 포기할 것을 요구한다. 그것을 포기하지 않으면 그대는 감금된 채 남을 것이다. 그대는 자유로울 수 없다.

자유는 끊임없이 욕망하는 마음에서 벗어나는 것을 의미한다. 욕망에 찬 마음이 천당을 창조한다. 욕망을 포기하면 천당에 대해 무슨 말을 할 수 있겠는가? 욕망을 버리면 슬픔(sorrow)은 자동적으로 사라진다. 슬픔은 욕망의 그림자이기 때문이다. 욕망이 많을수록 그대는 더 절망한다. 지금까지 어떤 욕망도 충족되지 않았기 때문이다. 욕망은 충족될 수 없다. 욕망의 본질상 그러하다. 그대가 무능력해서 욕망을 이루지 못하는 게 아니다. 욕망의 본성 자체가 충족 불가능하다. 욕망은 계속해서 거대해진다. 처음에 그대는 만 루삐(rupee)[2]를 요구한다. 그리고 만 루삐를 가졌을 때에는 욕망이 그대를 앞질러간다. 이제 욕망은 십만 루삐를 요구한다.

그것은 지평선과 같다. 지평선은 아주 가깝게 보인다. 그러나 앞으로 다가가면 지평선은 그대와 함께 앞으로 나아간다. 지평선과 그대의 거리는 항상 일정하다. 사실, 하늘과 땅이 만나는 지점은 없다. 지평선은 신기루이다. 지평선은 있는 듯이 보일 뿐, 실체가 아니다.

욕망의 성취 또한 마찬가지이다. 그것은 신기루이다. 욕망의 성취는 그대를 꼬드기고 유인하면서 아주 가까운 곳에 있지만 눈에만 그렇게 보일 뿐이다. 그대는 계속 전진하면서 평생을 낭비한다. 임종시

---

[2] 루삐 : 인도의 화폐 단위.

에도 그대는 욕망의 성취를 향해 단 한걸음도 나아가지 못했다. 사람들은 태어난 곳과 같은 지점에서 죽는다. 그들은 태어날 때와 마찬가지로 어리석은 상태에서 죽는다.

그대는 모든 것을 가져도 아무것도 가지지 못할 것이다. 세상의 모든 재물을 가져도 가난할 것이다. 세상의 모든 것을 손에 넣어도 불만은 전보다 더 심해질 것이다. 그래도 전에는 희망이라도 있었다. 그런데 이제는 희망마저 사라질 것이다.

주인된 자,
여정의 끝에서
자유를 찾아내리.

자유를 발견하는 것이 목표이다. 그러나 그대 자신의 주인, 그대 의식의 주인이 되는 것에서 출발해야 한다. 그것이 첫 단계이다. 그대는 아직 그대 의식의 주인이 아니다. 그대는 수많은 욕망과 생각, 상상의 노예이다. 그대는 이리저리 끌려다닌다. 그대는 자신이 누구인지, 어디로 가고 있는지 모른다. 왜 존재하는지 모른다. 그대는 삶의 목적이 무엇인지 알지 못하며 방향 감각이 없다. 그러니 어떻게 그대 자신의 주인이 될 수 있겠는가?

그대 자신의 주인이 되기 위해 첫 번째로 해야 할 일은 자신의 행동과 생각에 대해 더 의식적이 되는 것이다. 무의식은 노예이며 의식이 주인이다.

나는 나의 산야신들을 '스와미(swami)'라고 부른다. '스와미'라는 단어는 '주인'을 의미한다. '스와미'는 자신의 존재 안에 중심을 두려고 애쓰는 사람, 의식 안에 뿌리를 내리려고 노력하는 사람, 욕망에 끌려다니지 않으려고 노력하는 사람을 뜻한다. 그런데 욕망은 매우 교활하다. 에고의 게임은 어찌나 교활한지 끊임없이 경계하지 않는 한 그대는 노예 신분에서 벗어나지 못할 것이다.

라비노비츠가 나치(Nazi)를 피해 베를린의 다락방에 숨어 있었다. 어느 날 그는 신선한 공기가 마시고 싶어 밖으로 나갔다. 그는 밖을 산책하다가 히틀러와 마주쳤다.
히틀러가 권총을 빼들고 길바닥에 놓인 말똥을 가리키며 소리쳤다.
"이 유태인놈아, 저 말똥을 핥아먹어라. 그렇지 않으면 죽여 버리겠다!"
라비노비츠는 벌벌 떨면서 시키는 대로 했다.
히틀러가 통쾌한 듯이 웃더니 권총을 내던졌다. 그때, 라비노비츠가 잽싸게 권총을 집어들고 외쳤다.
"자, 이제 네놈이 말똥을 먹을 차례다. 내 말을 듣지 않으면 쏴 버리겠다!"
히틀러가 땅바닥에 무릎을 꿇고 엎드려 말똥을 먹기 시작했다. 그 틈에 라비노비츠는 슬금슬금 뒷걸음쳐 도망쳤다. 그는 골목길을 달려서 담장을 뛰어넘고 계단을 뛰어올라갔다. 그는 다락방 문을 홱 열어젖히고 안으로 뛰어들었다. 그리고 얼른 문을 잠궜다.
"베시, 베시!"
그가 흥분된 어조로 부인에게 외쳤다.
"오늘 내가 누구랑 같이 점심을 먹었는지 알아?"

에고는 아주 교활하다. 에고는 전혀 불가능한 상황에서도 기회를 포착한다. 에고는 불가능한 것을 가능하게 만든다. 그러므로 그대는 매우 경계해야 한다. 마음은 항상 합리화를 꾀하기 때문이다. 마음은 모든 것을 합리화시킬 수 있다. 그 합리화는 그대를 매혹시킬 정도로 그럴 듯하다. 그대를 속이는 것은 바로 그대의 마음이다!

모든 것을 내걸고 자유를 향해 뛰어들지 않는 한 자유로워지는 것은 불가능하다. 자유를 얻은 사람은 매우 드물다. 예수, 모세, 모하메드 등 아주 극소수의 사람들만이 자유를 획득했다. 그러나 자유의 씨앗과 잠재성, 능력은 누구에게나 있다. 그대는 예수나 붓다가 될 수 있다. 공자나 소크라테스가 될 수 있다.

필요한 조건은 모두 구비되어 있다. 단 한 가지가 빠져 있을 뿐이다. 그것은 그대의 각오이다. 그대는 아직 자신의 주인이 되기로 결심하지 않았다. 그래서 어리석은 일들에 계속 기만당하면서도 그대는 항상 합리화시키는 데 여념이 없는 것이다.

그대는 언제 어디서나 자신을 보호할 구실을 발견한다. 타인을 속이고 그대 자신을 속일 수 있는 방법을 찾아낸다. 매우 신중하고 의식적인 결심이 없는 한 그대는 그런 상황에서 벗어날 수 없다. 나는 그 결심을 '산야스(sannyas)'라고 부른다.

산야스는 확고하고 전체적인 결심 외에 다른 것이 아니다.

"자, 이제 나는 모든 에너지를 한 곳에 쏟을 것이다. 그 곳은 바로 자유이다. 나는 모든 욕망과 슬픔에서 자유로워지기로 결심했다. 구속없는 자유, 그것이 나의 목표이다."

그 목표는 분명히 달성될 수 있다. 일단 결정을 내리고 온 힘을 쏟으면 아무도 그대를 막을 수 없다. 그대는 자유라는 목표를 달성할 수 있다. 자유는 그대의 천부적인 권리이다.

> 깨어난 자는
> 한 곳에 머물지 않는다,
> 호수를 버리고
> 날아오르는 백조처럼.

붓다는 말한다. 만일 그대가 깨어나기 시작한다면 평생 동안 한 곳에 머물러 있었던 것을 알고는 놀랄 것이라고. 그대는 실제로 움직이고 있지 않았다. 그대의 움직임은 공허하고 무력했다. 그대는 아무 곳에도 도달하지 못했다. 그대는 똑같은 강둑을 오르락내리락 하면서 달리고 있었다. 그렇게 함으로써 저쪽 기슭에 닿을 것이라고 생각하면서 말이다. 저쪽 기슭은 변함없이 멀다. 그런데 그대는 불필요하게 숨을 몰아쉬며 달리고 있다.

깨어난 자……

전적으로 자유를 위해 뛰어든 자, 확고하게 결심한 자…….
"이제 나는 내 안에 있는 모든 어둠에서 해방될 것이다. 내 안의 미래가 창조한 모든 것, 내 안의 모든 과거로부터 자유로워질 것이다. 나는 날개를 펴고 가장 높은 곳까지 비상할 수 있도록 완벽하게 자유로워질 것이다."
그런 결심이 없는 한……. 그리고 그런 결정에는 용기가 필요하다. 많은 사람들이 이곳을 찾아오지만 그들은 더 높은 곳으로 도약할지 말지 몇 달 동안 계속 망설인다. 그들은 단 한 순간도 잃을 만한 것을 갖고 있는지 생각하지 않는다. 그들은 수중에서 시간이 점점 빠져나가고 있다는 사실을 깨닫지 못한다. 내일은 오지 않을지도 모른다. 만일 뭔가 해야 한다면 지금 당장 해야 한다.

그런데 사람들은 참으로 이상하다! 그들은 쓸데없는 일은 당장 할 준비가 되어 있으면서도 아주 중요한 일은 항상 연기한다. 그들은 계속 "내일은……."이라고 말한다. 그러나 결코 오지 않는다. 그 대신 죽음이 올 뿐이다.

이같은 일이 수없이 되풀이된다. 그대의 지금 이 삶은 최초의 삶이 아니다. 그대는 수백만 번 이 지구상에 살았다. 그런데 매번 뿌리 깊은 연기의 습관이 불행을 일으켰다.

이젠 더 이상 연기하지 말라. 이 기회를 적극 활용하라. 이곳에서 내가 창조하고 있는 여건을 이용하라. 나는 붓다필드(Buddhafield)를 창조한다! 만일 그 안으로 뛰어들 각오가 되어 있다면 그대는 두 번 다시 똑같은 삶을 되풀이하지 않을 것이다. 하지만 전체적으로 뛰어들어야 한다. 강둑에 집착해서는 안 된다. 강둑을 완전히 포기하고 떠나야 한다. 그 포기 안에서 변형이 일어난다. 그대는 자유로워지기 시작한다.

사슬이 그대를 묶고 있는 게 아니다. 그대가 사슬을 잡고 있는 것이다. 그대 스스로가 사슬에 집착하고 있다. 이것은 어처구니없는 상황이다! 감옥이 그대를 가두고 있는 게 아니라 그대가 밖으로 나가는 것을 두려워하고 있다. 그러면서 그대는 탈출구가 없다고 믿는다.

"밖에서 무엇을 발견하겠는가? 나간 사람들은 결코 돌아오지 않았다. 그 곳에는 야생 동물과 온갖 위험이 도사리고 있을 것이다. 이곳에서 나는 편안하고 안전하게 산다."

편안함을 생각하지 말라. 자유를 생각하라. 안전을 구하지 말고 더 생명력 넘치는 삶에 대해 생각하라. 그리고 더 생생하게 사는 유일한 방법은 위험하게 사는 것이다. 끊임없이 모험 속에 뛰어드는 것이 유일한 길이다. 그리고 가장 큰 모험은 달나라에 가는 것이 아니라 그대 내면의 핵심으로 들어가는 것이다.

깨어난 자는
한 곳에 머물지 않는다.

정체하지 말라. 한 곳에 머물지 말고 움직여라! 움직임이 곧 삶이다. 고여 있는 연못이 아니라 흐르는 강이 되라. 그렇지 않으면 부패할 것이다.

그것이 수많은 사람들이 부패하는 이유이다. 그들의 삶은 은총과 축복으로 보이지 않는다. 그들의 삶에는 아름다움의 광채가 없다. 그들은 음침하고 우울하게 보인다. 그들은 동굴 속에 숨어서 태양과 달, 비와 바람이 있는 밖으로 나오려 하지 않는다. 그들은 꽃처럼 자신을 활짝 열어젖힐 용기가 없다. 그들은 위험을 감수하고 날아오를 배짱이 없다.

깨어난 자는
한 곳에 머물지 않는다.

그것이 성장이다. 계속 성장하라. 신은 그대가 길 위에서 마주칠

어떤 존재가 아니다. 신은 그대 성장의 궁극점이다. 신은 어느 곳에서
도 발견되지 않는다. 그대 자신이 신이 되어야 한다. 그대가 신이다.
다만 그대는 자신의 실체를 발견하면 된다.

끊임없이 성장하는 자가 진정한 인간이다. 이른 아침의 태양은 전
날 그를 남겨 두고 왔던 자리에서 그를 발견할 수 없다. 그리고 저녁
의 태양은 아침에 그를 본 곳이 아닌 다른 곳에서 그를 발견한다. 그
는 하나의 운동이며 혁신이다. 그는 계속 나아갈 뿐, 결코 뒤돌아보지
않는다. 그는 결코 기존의 낡은 길을 답습하지 않는다. 그는 자기만의
길을 발견한다.

호수를 버리고
날아오르는 백조처럼.

호수를 박차고 날아오르는 백조를 본 적이 있는가? 라마 크리슈나
(Ramakrishna)[3]가 생각난다. 그의 첫 번째 삼매(samadhi)는 고
작 열세 살이라는 어린 나이에 일어났다. 그는 처음으로 신, 또는 진
리나 지복을 힐끗 경험했다. 그는 농부의 아들이었는데 농장에서 집
으로 돌아가는 길이었다. 도중에는 호수 하나가 있었다. 그때는 우기

---

3) 라마 크리슈나 : (1836-1886) 19세기 후반 인도의 종교 개혁 운동의 지도자. 베단타의
교리에 근거를 두고 초월적 존재인 신(神)은 불가지(不可知)한 것이며, 현실존재는 모
두 그 신의 현현이라고 주장했다. 또한 모든 종교는 궁극에 있어서 하나라고 가르쳤다. 그
의 제자 비베카난다에 의해 가르침이 널리 퍼졌으며 라마 크리슈나교단이 설립되었다. 13
세 때 최초의 영적인 신비 체험을 한 이래 구도의 길에 들어섰다. 칼리 여신을 숭배했으며
지극한 박띠(헌신)신앙의 대표자이다. 만년에는 후두암에 걸려 고통받으면서도 신적인
몰입의 경지에서 희열의 상태에 들었다 한다. 간디, 타골, 로맹 롤랑 같은 인물들이 그에
게 크게 감화받았다.

가 막 시작되는 때였다. 하늘엔 먹구름이 잔뜩 덮여 있었으며 천둥번개가 울렸다. 라마 크리슈나는 거의 달리다시피 집으로 향하고 있었다. 곧 폭우가 쏟아질 것 같았기 때문이다. 그는 마을의 호수 옆을 지나고 있었는데 인기척에 놀란 백조들이 모두 하늘로 날아올랐다.

백조는 가장 아름다운 새들 중의 하나이다. 백조는 가장 흰 색깔로 인해 순수와 결백의 상징으로 여겨진다. 백조의 긴 행렬이 검은 하늘을 배경으로 갑자기 날아올랐다. 그 순간 라마 크리슈나는 다른 세계로 빠져들었다. 그 광경은 너무나 아름다웠으며 강렬한 메시지를 전해 주었다. 그는 완전히 황홀경에 빠져 호수의 둑 위에 쓰러졌다. 감당하기 힘들 정도로 엄청난 희열이 밀려왔다. 그는 외부 세계를 거의 의식하지 못할 정도로 깊은 엑스터시(ecstasy)에 몰입했다.

다른 농부들이 비가 쏟아지기 전에 집에 당도하려고 걸음을 재촉하다가 무의식 상태에 빠져 둑 위에 누워 있는 라마 크리슈나를 발견했다. 라마 크리슈나는 의식이 없었지만 얼굴에는 엄청난 희열의 미소가 번지고 있었으며 빛나는 광채가 그를 둘러싸고 있었다. 농부들은 무릎을 꿇고 경의를 표했다. 라마 크리슈나의 경험은 그토록 엄청난 것이었다! 그것은 이 세상의 경험이 아니었다.

농부들은 라마 크리슈나를 집으로 데리고 왔다. 그들은 라마 크리슈나 소년을 경배했다! 그가 의식을 차리자 농부들이 물었다.

"무슨 일이 있었니?"

라마 크리슈나가 말했다.

"저 너머에서 이런 메시지가 왔습니다.

'라마 크리슈나여, 백조가 되라! 날개를 펴라. 온 하늘이 너의 것이다. 호수의 편안함과 안전에 미혹되지 말라.'

이제 나는 예전과 똑같은 사람이 아닙니다. 나는 부름을 받았습니다. 신이 나를 불렀습니다!"

그날 이후 그는 전혀 다른 사람이 되었다. 하늘 높이 날아오르는 백조들에 의해 무엇인가 방아쇠가 당겨진 것이다.

붓다는 말한다.

　　호수를 버리고
　　날아오르는 백조처럼.

마치 붓다는 라마 크리슈나에 대해 예언하고 있는 듯하다! 시간적인 격차는 엄청나게 멀다. 이천오백 년이란 세월이 지났다. 그런데 예언은 적중했다. 그 예언은 라마 크리슈나에 대한 것만이 아니다. 언젠가 깨달을 모든 붓다에 대한 예언이다.

동양에서 백조는 깨달은 자의 상징이 되었다. 그래서 깨달은 자는 '파라마한사(Paramahansa)'로 불려진다. '파라마한사'는 위대한 백조를 뜻한다.

　　그들은 공중으로 날아올라
　　보이지 않는 길을 떠난다,
　　아무것도 갖지 않고
　　아무것도 모으지 않은 채.
　　그들은 지식을 먹으며
　　허공중에 산다.
　　그들은 자유롭게 되는 법을 알았다.

이 경문은 심오하기 이를 데 없다. 이 경문을 서서히 들이켜라. 이 경문이 그대의 가슴속 깊이 가라앉도록 하라.

그들은 공중으로 날아올라……

영적인 세계는 미묘하다. 그 세계는 대지보다는 공기에 가깝다. 그대는 공기를 느낄 수 있지만 볼 수는 없다. 그대는 공기를 마시고 그 안에 살지만 손으로 잡을 수는 없다. 공기는 눈에 보이지 않는다.

그들은 공중으로 날아올라
보이지 않는 길을 떠난다,

붓다의 길, 깨달은 자의 길은 눈에 보이지 않는다. 그러므로 아무도 붓다를 뒤쫓을 수 없다. 붓다는 발자국을 남기지 않는다. 그는 하늘을 날아가는 백조와 같다. 그는 모래 위를 걷는 사람과 다르다.

붓다는 반복해서 말한다.

"나는 하늘을 나는 백조와 같아서 발자국을 남기지 않는다. 그러므로 그대는 나를 모방할 수 없다. 모방하려고 애쓸 필요가 없다. 이해하라! 그것으로 족하다."

붓다의 영혼을 느끼고 흡수하라. 그것이 전부다. 그의 현존으로부터 자양분을 빨아들여라. 그러나 그를 모방하지는 말라. 복사품이 되려고 애쓰지 말라. 신은 오직 원본을 사랑할 뿐, 복사품은 거절한다.

그들은 공중으로 날아올라

보이지 않는 길을 떠난다,
아무것도 갖지 않고
아무것도 모으지 않은 채.

깨달은 자는 아무것도 모으지 않으며 아무것도 축적하지 않는다. 그의 내면은 완전히 비어 있다. '아무것도 모으지 않으며 축적하지 않는다'는 말은 끊임없이 과거를 죽인다는 말이다. 그대가 모으고 축적한 것은 과거이다. 그대는 그것을 매우 소중하다고 생각한다. 그러나 그것은 모두 쓸모없는 폐품이다. 과거의 가장 훌륭한 경험들조차 폐품이다. 그 경험들은 현존할 당시 훌륭했었다. 그러나 일단 과거가 되면 전혀 무용하다. 그것들을 내던져라! 과거에 대해서는 모두 잊어라. 그래야 새로운 것을 받아들일 수 있는 청결함과 순수함을 유지할 수 있다. 과거의 잔재로 꽉차 있으면 어떻게 새로운 것을 받아들일 수 있겠는가? 새로운 것은 그대를 향해 끊임없이 쇄도하고 있다! 그대의 내면에 끊임없이 빈 공간을 창조하라. 그것이 아무것도 축적하지 않는 유일한 길이다.

축적된 과거는 그대의 에고가 된다. 과거는 에고를 창조한다. 그리고 에고는 그대를 가득 채워서 신, 진리, 지복, 아름다움이 흘러 들어올 공간을 남겨두지 않는다.

태양이 다가와 문을 두드리지만 그대의 문은 닫혀 있다. 달이 찾아와 문 앞에서 기다리지만 그대는 문을 열지 않는다. 그대는 그대 자신으로 가득 차 있기 때문이다. 신과 그대 사이를 가로막는 유일한 장애물은 바로 그대이다. 그대가 사라져야 한다.

에고는 항상 그대 안에 들어올 새로운 방법을 찾아낸다는 사실을 명심하라. 그대가 앞문으로 내쫓으면 뒷문으로 들어올 것이다. 에고는 새로운 가면을 쓰고 슬그머니 침입할 것이다. 그 가면은 지식, 교양, 고행이 될지도 모른다. 에고는 어떤 모습으로도 가장할 수 있다. 축적된 과거는 어떤 식으로든 반드시 에고가 된다는 것을 명심하라. 그리고 에고는 항상 비교한다. 에고는 언제나 우월과 열등의 개념으로 생각한다. 이 비교로 인해 그대는 계속 고통받으며 슬픔 속에 살아간다.

아무도 우월하거나 열등하지 않다. 비교라는 개념은 허구이다. 비교 자체가 타당하지 않다. 두 사람은 저마다 독특한 존재이다. 그러므로 비교될 수 없다. 두 대의 자동차를 비교하는 것은 아무 문제도 없지만 두 개인을 비교하는 것은 불가능하다. 그대는 두 송이의 장미, 두 개의 바위를 비교하는 것은 불가능하다. 그대는 두 개의 조약돌을 비교할 수 없다. 각 조약돌은 저마다 독특하기 때문이다. 이 지구뿐만 아니라 다른 혹성 어디에도 똑같은 조약돌은 없다.

비교는 에고의 길이다. 비교하지 말라. 그렇지 않으면 항상 괴로움을 면치 못할 것이다. 그대는 두 가지 방식으로 고통받을 것이다. 때때로 그대는 어떤 사람에 대해 우월감을 느낀다. 그것은 그대를 으쓱하게 만들고 취하게 만들 것이다. 그것은 그대에게 거북한 긴장감을 줄 것이다. 그대는 술 취한 사람처럼 되어서 자연스럽게 걸을 수 없을 것이다. 또는 비교로 인해 열등감을 느끼는 경우도 있을 것이다. 그대는 풀이 죽고 모멸감을 느낄 것이다. 다시 커다란 상처와 고통이…….

이런 일이 계속 이어질 것이다. 왜냐하면 그대는 어떤 면에서 다른 사람보다 우월해 보일지 모르지만 다른 면에서는 열등해 보일 것이기 때문이다. 어떤 사람은 그대보다 키가 더 크고 어떤 사람은 더 잘생겼다. 그대는 유식할지 모르지만 어떤 사람은 그대보다 더 강인하고 멋있는 육체를 지녔다. 그 앞에 서면 그대는 매우 초라해 보인다. 어떤 사람은 그대가 자만심을 느낄 정도로 추하게 생겼지만, 어떤 사람은 그대가 자신을 추하다고 느낄 만큼 잘생겼다. 이제 그대는 이 두 경우 사이에서 오락가락 할 것이다. 두 개의 바위가 그대를 짓누를 것이다.

모든 인간은 저마다 독특한 존재이다. 비교라는 난센스를 포기하라. 하지만 과거를 버리지 않는 한 비교를 그만두는 것은 불가능하다. 과거는 비교 위에 살아간다. 에고는 비교를 먹고 산다.

붓다는 말한다.

> 그들은 지식을 먹으며
> 허공중에 산다.

여기서 '지식'이라는 단어는 옳은 번역이 아니다. '지식(knowledge)'보다는 '앎(knowing)'으로 번역하는 것이 더 진실에 가까웠을 것이다. 이 두 단어 사이에는 별로 다른 점이 없는 것처럼 보일지 모르지만 그 차이점은 실로 엄청나다. 지식과 앎의 차이를 이해하는 것이 매우 중요하다.

지식은 항상 과거에 의지한다. 지식은 이미 종말을 고한 현상이다. 그러나 앎은 항상 현재 진행형이다. 앎은 생생하게 살아 있지만 지식은 죽어 있다. 붓다는 지식의 인간이 아니라 앎의 인간이다. 반면에 학자는 앎의 인간이 아니라 지식의 인간이다. 앎은 강물처럼 흐른다.

붓다는 명사가 아니라 동사를 믿었다. 이것을 명시하는 것이 매우 중요하다. 그는 언어적인 편의상 명사를 사용한다고 말한다. 사실, 존재계에는 명사가 존재하지 않는다. 오직 동사가 있을 뿐이다. 그대가 "이것은 나무이다"라고 말할 때 그대의 진술은 언어적으로는 인정되지만 실제적으로는 그렇지 않다. 그대가 "이것은 나무이다"라고 말할 때쯤이면 그것은 더 이상 똑같은 나무가 아니다. 그 동안에 하나의 낙엽이 지고 새잎이 돋아나기 시작했다. 꽃봉오리 하나가 열렸다. 나무 위에서 노래하던 새들이 이제는 노래하지 않는다. 나무를 비추던 태양이 구름 뒤로 숨었다. 그것은 더 이상 똑같은 나무가 아니다. 나무는 끊임없이 성장한다.

사실대로 말한다면 나무는 'tree'가 아니라 'treeing'으로 불려져야 옳다. 강은 'river'가 아니라 'rivering'으로 불려져야 한다. 모든 것이 성장하고 움직인다. 모든 것이 흐름 안에 있다. 동사가 진실일 뿐, 명사는 허구이다.

만일 어느 날엔가 우리가 실체적인 언어를 창조한다면 그 언어에는 명사가 없고 오직 동사만 있을 것이다. 그대는 오늘 아침에 강의를 들으러 왔을 때와 똑같은 사람이 아니다. 그리고 이 자리를 떠날 때에는 완전히 다른 사람이 되어 있을 것이다. 그 동안에 갠지스 강물은 아래로 흘러 갔다. 많은 변화가 일어났다. 그대는 슬픔에 잠겨왔다가 웃으면서 떠날지도 모른다. 그대는 심각한 기분으로 왔다가 가벼운 마음으로 떠날지도 모른다. 이런 변화는 실로 중요하기 이를 데 없다.

따라서 나는 '그들은 지식을 먹으며……'라는 구절에서 '지식'을 '앎'으로 번역할 것이다. '지식'은 옳은 번역이 아니다. 깨달은 자들은 끊임없이 각성과 의식의 상태에 있다. 그들은 끊임없이 배운다. 그들은 "나는 알았다."고 말하지 않는다. 다만 "나는 더 많은 것을 알기 위해 열려 있다."고 말할 뿐이다.

삶은 고정된 사물이 아니라 계속적인 과정이다. 삶은 시작도 끝도 없이 흐르는 강이다. 모든 것이 계속 변화한다. 아이스 담모 사난따노……. 이것이 삶의 법칙이다. 붓다는 이렇게 말했다.

"변화를 제외한 모든 것이 변화한다."

헤라클레이토스(Heraclitus)[4]는 붓다의 말에 동의했을 것이며, 붓다는 헤라클레이토스의 말에 동의했을 것이다. 그들은 서로 포옹했을 것이다. 그리고 그들은 동시대인이었다. 거의 같은 시대에 살았다.

세상의 한 곳에서 어떤 통찰이 일어날 때마다 전세계의 다른 지역, 다른 언어권, 다른 사람들 안에 메아리가 일어난다. 언제나 이런 일이 발생해 왔다. 마치 한 지역에서 촉발된 무엇인가가 모든 지역의 민감한 영혼들에게 보이지 않는 영향을 미치는 것 같다.

붓다가 인도에 살고 있을 때, 그리스에는 헤라클레이토스, 소크라테스, 피타고라스(Pythagoras)가 있었다. 그리고 중국에는 노자, 공자, 장자, 열자가 있었다. 언어는 다를지 모르지만 그들에게는 뭔가 상당히 유사한 점이 있다. 헤라클레이토스는 "같은 강물에 두 번 발 담글 수 없다."고 말했다. 붓다는 이 말에 절대적으로 동의할 것이다. 사실, 그는 같은 강물에 단 한 번도 발 담글 수 없다고 말할 것이

---

[4] 헤라클레이토스 : (B.C 390-310) 그리스의 철학자. 이오니아(Ionia)학파의 대표자. 불을 우주의 근원으로 보고, 모든 것이 불에서 나와 불로 돌아간다고 했다. 현상계는 이성, 즉 로고스에 의해 지배되는 것으로 로고스에 의해 만물의 변화가 이루어지고 전체로서의 조화가 유지된다고 했다. 그러므로 로고스에 따르는 생활이 최고의 삶이라고 했다. 또한 만물유전(萬物流轉)의 법칙을 내세워 "같은 강물에 두 번 들어갈 수 없다."는 유명한 말을 남겼다.

다. 왜냐하면 강물은 끊임없이 흐르고 있기 때문이다. 그런데 흐르는 것은 강물만이 아니다. 그대 또한 흐르고 있다.

어떤 사람이 붓다를 심하게 모욕했다. 하지만 붓다는 조용히 듣고 있을 뿐이었다. 다음날 그 사람이 와서 사과했다. 붓다가 말했다.

"그 일에 대해서는 잊어버려라. 나는 그대가 모욕한 사람과 동일인물이 아니다. 그리고 그대 또한 나를 모욕한 사람과 같은 사람이 아니다. 그러니 누가 누구에게 사과를 하겠는가? 그대가 모욕한 사람은 더 이상 존재하지 않는다. 그 일은 완전히 끝났다! 그대는 다시는 그 사람을 볼 수 없을 것이다. 그러니 염려하지 말라."

붓다의 제자인 아난다(Ananda)가 옆에서 듣고 있다가 말했다.

"스승님, 이것은 너무한 처사입니다. 이 사람은 바로 어제 그 사람입니다. 저는 결코 이 사람을 용서할 수 없습니다! 그는 당신에게 입에 담지도 못할 욕설을 퍼붓고 심하게 모욕했습니다. 제 가슴속에는 아직도 상처가 남아 있습니다. 제가 아무 말도 하지 않았던 것은 당신이 허락하지 않을 것 같아서였습니다. 저는 꾹 참고 있어야 했습니다. 그렇지 않았다면 이 사람을 가만두지 않았을 것입니다."

붓다가 말했다.

"아난다, 네 눈에는 이 사람이 같은 사람으로 보이느냐? 어제 왔던 사람은 욕설을 퍼부었다. 그런데 이 사람은 사과하고 있다. 어떻게 그 두 사람이 똑같을 수 있겠느냐? 이 사람은 다른 사람이다. 그의 눈을 보아라. 눈물이 흐르고 있지 않느냐? 어제 왔던 사람은 눈에 불길이 이글거리고 있었다. 그는 죽이고 싶어했다. 그런데 이 사람은 내 앞에 무릎을 꿇고 있다! 그런데도 너는 아직 이 사람이 똑같은 사람이라고 말할 참이냐?"

아무도 똑같은 상태에 머물지 않는다. 그것을 아는 것이 '앎'이다. 그것을 끊임없이 인식하는 것이 '앎'이다.

    그들은 지식을 먹으며
    허공중에 산다.

  그들은 끊임없이 과거를 버린다. 그래서 그들은 항상 비어 있는 상태를 유지한다. 그들의 '비어 있음(emptiness)'에는 고유의 순수가 있다. 그들은 구름 한 점 없는 하늘처럼 철저하게 비어 있다.

    그들은 지식을 먹으며
    허공중에 산다.
    그들은 자유롭게 되는 법을 알았다.

  지식을 포기하고 '앎'을 획득하라. 주의 깊음과 각성, 주시를 기억하라. 이것이 자유에 이르는 길이다. 과거를 잊고 현재에 충실하라. 미래를 투영하지 말라. 그러면 그대는 언제나 비어 있을 것이다. 그 비어 있음 안에 자유인의 길이 있다.
  자유는 완전한 '비어 있음(emptiness)'이다. 그 철저한 비어 있음 안에, 붓다가 설명하지 않고 남겨놓은 ─ 설명이 불가능하기 때문에 ─ 저 너머의 세계로부터 무엇인가 내려온다. 붓다는 그것을 진리라 부르지 않는다. 그는 그것을 신이라 부르지도 않고 지복이라고 부르지도 않는다. 그는 아무 이름도 붙이지 않는다. 붓다는 그것에 대해 철저하게 침묵을 지킨다. 다만 이렇게 말할 뿐이다.

자유를 얻은 자

"와서 보라!"

누가 그들을 따를 수 있겠는가?
오직 주인된 자,
그렇게 순수한 자만이.

그대 의식의 주인이 되지 않는 한, 완전히 비어 있지 않는 한, 그대는 붓다와 함께 할 수 없다. 그대는 백조와 함께 날아갈 수 없다.

새처럼,
그는 끝없는 공중으로 치솟아
보이지 않는 길을 날아간다.
그는 아무것도 원하지 않는다.
그는 지식을 먹으며 허공중에 산다.
그는 자유를 얻었다.

붓다와 동행한다면 그대 또한 자유를 얻을 것이다. 그대 또한 바람 속으로 날아오를 것이다. 그대 또한 혼자만의 비상을 시작할 것이며 궁극의 자유로 나아가기 시작할 것이다.

붓다는 이 궁극적인 자유를 '니르바나(nirvana)'라고 부른다. 에고와 퍼스낼러티(personality)가 사라진다. 자유는 퍼스낼러티로부터의 해방을 의미한다. 그 다음에는 무엇이 남든지 모두 신이고 진리이며 지복이다.

그는 마부이다

마부가 말을 길들이듯
그는 자존심과 감각을 길들인다.
신들도 그를 찬양하리라.

그는 땅처럼 겸손하고
호수처럼 즐겁고 투명하며
돌처럼 조용하다.
그는 생사를 초월했기에.

그는 생각이 멈추고
말이 멈춘다.
그의 일은 침묵이다.
그는 자신의 자유를 알며
이미 스스로 자유롭다.

주인된 그는 자신의 믿음을 버린다.
그는 끝과 시작 그 너머를 본다.

그는 모든 끈을 자르고
모든 욕망을 내던지고
모든 유혹을 떨쳤다.
그리고 그는 위로 솟구친다.

도시든 시골이든
골짜기든 언덕이든
그가 사는 곳 어디에나
큰 즐거움이 있다.

그는 텅 빈 숲 속에서도
즐거움을 발견한다.
그는 아무것도 원하지 않기에.

인간은 위대한 잠재성의 씨앗이다. 모든 인간은 붓다가 되기 위해 태어났다. 인간은 노예가 아니라 주인이 되기 위해 태어났다. 그러나 그 잠재성을 실현하는 사람은 극소수에 불과하다. 그 이유는 대부분의 사람들이 이미 그것을 이루었다고 당연시하기 때문이다.

　삶은 성장하고 꽃피울 하나의 기회일 뿐이다. 삶 그 자체는 공허하다. 창조적이지 않는 한 그대는 삶을 성취의 꽃으로 채울 수 없을 것이다. 그대의 내면에는 실현되어야 할 노래와 춤이 있다. 하지만 그 춤은 눈에 보이지 않으며, 그대는 그 노래 소리를 들어본 적도 없다. 그것은 그대 존재의 가장 깊은 곳에 숨어 있다. 그 노래와 춤이 겉으로 표현되어야 한다.

　그것이 '자기 구현(self-actualization)'의 의미이다. 자신의 삶을 하나의 성장으로 변형시키는 사람, 삶을 자기 구현의 긴 과정으로 삼는 사람은 매우 드물다. 태어날 때부터 의도된 존재를 실현하는 사람은 극소수이다. 동양에서는 그런 사람을 '붓다'라고 부른다. 그리고 서양에서는 '그리스도(Christ)'라고 부른다. '그리스도'라는 단어의 의미는 '붓다'의 의미와 똑같다. 둘 다 집에 도달한 사람을 가리킨다.

　우리는 모두 집을 찾아 헤매는 방랑자이다. 그러나 우리의 추구는 매우 무의식적이다. 우리는 자신이 누구인지, 무엇을 잡으려 하는지, 어디로 가고 있는지도 모르면서 어둠 속을 헤맨다. 우리는 부목(浮木)처럼 표류한다.

　그런 일이 일어나는 것은 주변의 사람들이 그대와 똑같은 배에 타고 있기 때문이다. 그대는 수많은 사람들이 그대와 똑같은 일을 하는 것을 보면서 자신이 틀림없이 옳다고 생각한다. 수많은 사람들이 모두 틀릴 리가 없기 때문이다. 그것이 그대의 논리이다. 그러나 그 논리는 기본적으로 오류이다. 수많은 사람이 모두 옳을 수는 없다!

한 사람의 옳은 이를 찾는 것도 드문 일이다. 진리를 실현한 사람은 매우 드물다. 대부분의 사람들은 거짓과 위선 속에 살아간다. 그들의 존재는 표면적이다. 그들은 중심을 전혀 인식하지 못하고 오직 표피 위에서 살아간다. 그런데 중심에는 모든 것이 들어 있다. 중심에는 신의 왕국이 있다.

불성(Buddhahood)을 향한 첫 단계, 그대의 무한한 가능성을 실현하기 위한 첫 단계는 지금까지 그대가 철저한 무의식 속에서 삶을 낭비해 왔다는 것을 깨닫는 것이다.

의식적이 되는 것에서 출발하라. 그것이 궁극에 도달할 수 있는 유일한 길이다. 그것은 어렵고 험난한 길이다. 표리부동하고 무의식적인 상태에 남아 있는 것은 아주 쉽다. 지성이 필요없다. 바보라도 능히 그렇게 할 수 있다. 그리고 모든 바보들이 이미 그렇게 하고 있다. 표리부동(表裏不同)한 태도로 살아가는 것은 아주 쉽다. 왜냐하면 어떤 일이 발생해도 책임질 염려가 없기 때문이다. 그대는 항상 다른 사람에게 책임을 전가할 수 있다. 운명, 신, 사회, 경제구조, 국가, 교회, 부모……. 그대는 모든 책임을 다른 사람의 탓으로 돌릴 수 있다.

의식적이 된다는 것은 스스로 책임진다는 뜻이다. 그리고 스스로를 책임지는 것이 붓다로 가는 출발점이다.

'책임(responsibility)'이라는 단어를 사용할 때, 나는 '의무'의 뜻을 내포하는 일반적인 의미로 이 단어를 사용하는 게 아니다. 나는 실제적이고 본질적인 의미에서 '책임(responsibility)'이라는 단어를 사용한다. 대응할 수 있는 능력(the capacity to respond), 이것이 나의 의미이다. 그런데 대응할 수 있는 능력은 그대가 의식적일 때에만 가능하다. 만일 깊이 잠들어 있다면 어떻게 대응할 수 있겠는가? 깊은 잠에 빠져 있다면 새가 노래해도 그 소리를 들을 수 없을 것이다. 꽃이 피어나도 그 아름다움과 향기를 즐길 수 없을 것이다.

대응한다는 것은 주의 깊고 의식적이 된다는 뜻이다. 가능한 한 깨어 있는 의식으로 행동하라. 산책, 식사, 목욕 등 아주 사소한 행동도 기계적으로 행해져서는 안 된다. 충만된 각성으로 행동하라.

서서히 사소한 행동들도 환히 빛나기 시작한다. 그 빛나는 행동들은 그대의 내면에 계속 쌓이다가 마침내 폭발을 이룬다. 그대의 잠재성이 실현된다. 그대는 더 이상 씨앗이 아니라 연꽃이 된다. 천 개의 꽃잎을 가진 황금의 연꽃이 된다. 그것은 위대한 은총의 순간이다. 붓다는 그것을 '니르바나(nirvana)'라고 부른다. 그대는 집에 도착했다. 이젠 더 이상 갈 곳이 없다. 그대는 편안하게 쉴 수 있다. 여행은 끝났다. 그 순간 엄청난 기쁨과 희열이 솟아난다.

그러나 그러기 위해서는 출발점에서 시작해야 한다.

존과 스미스는 삼일 동안 파티에서 술을 퍼마신 후, 호텔을 찾아가 트윈 베드(twin bed)를 요구했다. 그런데 어둠 속에서 그들은 둘 다 같은 침대에 들어갔다.

존이 말했다.

"헤이, 스미스, 아무래도 내 침대에 호모(homo)가 있는 것 같아."

스미스가 말했다.

"내 침대에도 호모 놈이 있어."

존이 말했다.

"이 동성연애자 놈들을 내쫓아버리자구!"

얼마 동안 엎치락뒤치락 한 끝에 존이 침대 밖으로 밀려났다. 존이 바닥에서 소리쳤다.

"스미스, 자넨 어때?"

"나는 놈을 내쫓았어. 그런데 자네는?"

"그놈이 나를 내던졌어."

"저런, 그것 참 안됐군. 자, 이리 내 침대로 들어오라구."

이것이 대부분의 사람들이 살아가는 방식이다. 그들은 어둠 속에서 그냥 무의식적인 충동에 따라 행동한다. 이제 이것은 신비주의자의 가설만이 아니다. 지그문트 프로이트, 구스타프 융, 알프레드 아들러 등 인간의 심리를 연구한 현대의 심리학자들도 같은 사실에 봉착했다.

프로이트는 인간이 무의식적으로 산다고 말한다. 비록 인간의 마음은 교활하기 그지없어서 어떤 상황에서도 그럴 듯한 이유와 동기를 발견하지만 말이다. 마음은 마치 그대가 의식적인 삶을 사는 것처럼 겉치레를 할 수 있다. 그것은 대단히 위험한 일이다. 그대는 마음이 조작한 자신의 겉모양을 믿기 시작할 것이기 때문이다. 그때엔 삶이 사라진다. 그대는 이 소중한 기회를 활용할 수 없을 것이다.

사람들은 무의식적으로 행동한다. 그들은 불행에 시달리면서도 여전히 그들에게 불행을 가져다주는 행동을 되풀이한다. 그들은 그밖에 무엇을 해야 할지 모른다. 그들은 무의식적인 본능의 덫에 걸렸다.

그대는 계속해서 똑같은 일을 반복하도록 자신을 강요한다. 그대는 그 외에 무엇을 해야 할지, 어디로 가야 할지 모른다. 그대는 다른 대안이 가능하다는 것을, 다른 방식의 삶이 가능하다는 것을 알지 못한다.

가장 위대한 대안은 종교적 차원의 삶이다. 종교적 차원의 삶이란 의식적이고 주의 깊은 삶, '자기 주시(self-rememberance)'의 삶이다. 내가 말하는 이 '자기 주시'라는 단어는 '자의식(self-consciousness)'을 의미하지 않는다. 자의식은 허구적인 현상이다. 그것은 에고의 다른 이름일 뿐이다. '자기 주시'는 그와 전혀 다른 현상으로 에고의 멈춤을 의미한다. 자의식 안에는 의식(consciousness)이 없다. 다만 자기(self)가 있을 뿐이다. 그러나 '자기 주시'에는 '자기'가 없고 주시만이 있다.

붓다의 모든 방법론은 '자기 주시'이다. 그것은 '삼마사티(sammasati)'라고 불려진다. 이 말은 '정념(正念 : right-mindfulness' 또는 '올바른 각성(right awareness)'으로 번역된다. 올바른 각성이란 무엇인가? 각성 또한 그릇될 수 있는가? 그렇다, 그럴 가능성이 있다. 만일 각성이 지나치게 대상에 초점을 맞춘다면 그것은 그릇된 각성이다. 각성은 각성 자체에 대한 각성이 되어야 한다. 그래야 옳은 각성이다.

나무, 산, 별을 볼 때 그대는 의식적이 될 수 있다. 그러나 그대는 나무, 산, 별에 대해 의식하고 있을 뿐, 이 모든 것을 의식하는 자를 의식하지 못한다. 이것은 대상에 초점을 맞춘 그릇된 각성이다. 그대는 각성이 대상에서 벗어나 내면을 향하도록 도와야 한다. 그대는 내면의 고유한 영토를 각성해야 한다. 그대의 주관적 세계를 각성의 빛으로 가득 채워야 한다.
　빛으로 가득 찰 때, 그 빛 안에 다른 것은 보이지 않고 오직 빛 자체만이 보일 때, 그것이 옳은 각성이다. 그것은 니르바나, 신, 또는 자기 구현(self-actualization)으로 가는 문이다.
　그대는 탄생에 의해 기회를 부여받았을 뿐이다. 그대가 반드시 잠재성을 실현할 것이라는 필연성은 없다. 다만 기회가 주어졌을 뿐, 그 다음에는 그대가 할 나름이다. 그대는 길과 스승, 그리고 적당한 환경을 발견해야 할 것이다. 그것은 위대한 도전이다.
　삶은 자기 자신을 알 수 있는 도전의 기회이다. 이 도전을 받아들인다면 그대는 처음으로 진정한 인간이 된다. 그렇지 않으면 계속 인간 이하의 수준에 존재하게 될 것이다.
　이것은 무의식적 삶을 사는 세속적인 사람들에게만 해당하는 말이 아니다. 소위 종교적이라는 사람들도 크게 다르지 않다. 이 세상을 지향하든 저 세상을 지향하든 실제로는 다를 바가 없다. 하지만 차이점을 만드는 단 하나의 요인이 있는데 그것은 각성과 주의 깊음의 차이이다. 그대는 어디서든 각성을 연마할 수 있다. 산이나 수도원에 들어갈 필요가 없다. 세상을 포기할 필요가 없다.
　사실, 세상 안에서는 각성을 연마하기가 더 쉽다. 이것은 나 자신의 경험일 뿐만 아니라 수많은 구도자를 관찰한 결과이기도 하다. 의식의 각성을 이룰 수 있는 가장 쉬운 방법은 세상 안에서 수행하는 것이다. 세상은 그대에게 수많은 기회를 주기 때문이다. 수도원은 그렇게 많은 기회를 주지 못한다. 동굴 안에 산다면 주의 깊어야 하는 기회가 얼마나 되겠는가? 그대는 더욱더 깊이 잠들고 멍청해질 것이다. 지성이 필요없을 것이다. 따라서 그대는 지성의 예리함을 상실할 것이다. 각성이 필요한 도전의 기회가 없을 것이다. 삶은 오직 도전 속에서 성장한다. 도전이 많을수록 기회는 더 많다. 그런데 이 세상은 실로 도전으로 가득하다.

그러므로 나는 나의 산야신들에게 결코 세상을 등지지 말라고 말한다. 세상을 즐겨라! 과거에 우리는 지나칠 정도로 세상을 포기했는데 결과는 아무것도 없다. 과거에 우리가 낳은 붓다가 몇 명이나 되는가? 손가락으로 헤아릴 정도이다. 아주 극소수의 사람들만이 붓다가 되었다. 수억 개의 씨앗들 중에 오직 하나의 씨앗이 싹텄단 말인가? 그것은 대단한 일이 아니다. 인간의 위대한 잠재성이 완전히 낭비되었다. 종교의 도피적인 태도가 그 이유였다.

나는 삶을 긍정하고 즐긴다. 나는 그대들 모두가 강렬하고 열정적으로 살기를 바란다. 그러나 단 한 가지 조건이 있다. 주의 깊음, 주시가 그 조건이다. 나는 어려움이 있다는 것을 안다. 그대는 수많은 잠들은 사람들과 함께 살기 때문이다. 잠은 전염된다. 그런데 각성 또한 전염된다. 그러므로 스승과 함께 있는 것이 중요하다.

스승은 그대에게 진리를 줄 수 없다. 어느 누구도 다른 사람에게 진리를 줄 수 없다. 진리는 양도가 불가능하다. 스승은 그대를 궁극적인 목적지로 데려갈 수 없다. 그 곳은 그대 혼자 가야 한다. 아무도 그대의 동반자가 될 수 없다. 스승을 모방함에 의해서는 그 곳에 당도할 수 없다. 어떤 사람을 모방하면 할수록 그대는 더 허구적인 사람이 될 것이기 때문이다. 어떻게 허구적인 인간이 됨에 의해 진리에 도달할 수 있겠는가?

그렇다면 스승의 역할은 무엇인가? 스승을 찾는 것이 무슨 쓸모가 있겠는가? 왜 제자가 되어야 한단 말인가? 이런 반론에도 불구하고 이유는 있다. 그 이유는 잠이 그러하듯이 각성 또한 전염된다는 사실이다.

조는 사람들과 함께 앉아 있으면 그대 또한 잠이 올 것이다. 여기 잘 알려진 수피의 이야기가 있다.

과일을 파는 상인이 있었는데, 그에게는 가게를 지키는 아주 영리한 여우 한 마리가 있었다. 그는 가게를 비울 때마다 여우에게 말했다.

"가게를 잘 지켜라. 내 자리에 앉아서 이 주변에서 일어나는 모든 행동을 감시해라. 물건을 도둑맞아서는 안 된다. 만일 누군가 도둑질을 하려고 하면 큰 소리로 짖어라. 그러면 내가 즉시 달려올 것이다."

어느 날, 물라 나스루딘이 가게 옆을 지나가다가 상점 주인이 여우에게 말하는 소리를 들었다. 물라는 매우 흥분했다. 마침내 상점주인이 여우에게 가게를 맡기고 안으로 들어갔다. 물라는 상점 앞에 앉아서 조는 척하기 시작했다. 그는 눈을 감고 꾸벅꾸벅 조는 흉내를 냈다.

여우는 가게 안에서 이 광경을 내다보며 생각하기 시작했.

"무슨 일이지? 내가 짖어야 할까? 하지만 잠은 행동이 아니다. 주인님은 주변에서 일어나는 모든 행동을 감시하라고 했지만 이것은 행동이 아니다. 이 사람은 졸고 있다. 조는 사람이 무슨 짓을 할 수 있겠는가?"

그러나 여우는 물라가 수피의 계략을 쓰고 있다는 것을 몰랐! 물라는 눈을 감고 꾸벅꾸벅 조는 체함으로써 여우를 잠에 빠지게 만들었다. 그런 다음에 그는 과일을 훔쳐 달아났다.

주인이 돌아와 보니 과일이 사라지고 없었다. 그런데 여우는 코를 골며 자고 있지 않은가! 그는 여우를 흔들어 깨웠다.

"어찌 된 일이냐? 나는 주변의 모든 행동을 잘 감시하고 있다가 무슨 일이 생기면 큰 소리로 짖으라고 말했다. 그런데 나는 아무 소리도 듣지 못했다."

여우가 말했다.

"하지만 아무 행동도 없었습니다. 다만 한 사람이 와서 가게 앞에 앉아 졸았을 뿐입니다. 하지만 잠은 행동이 아닙니다. 그렇지 않습니까?"

단순한 논리이다! 불쌍한 여우의 단순한 논리!

주인이 물었다.

"그 다음에는 무슨 일이 있었느냐?"

여우가 말했다.

"그건 저도 모르겠습니다. 그 졸고 있는 사람을 감시하고 있자니 저는 잠이 오기 시작했습니다. 도저히 깨어 있을 수가 없었습니다. 저는 언제 잠이 들었는지도 모르겠습니다."

조는 사람들과 함께 있으면 그 잠의 진동이 그대에게 닿는다. 스승과 함께 있는 것도 비슷한 경우이다. 다만 조금 더 어려울 뿐이다. 왜냐하면 잠은 하강이지만 각성은 상승이기 때문이다. 그것은 조금 더 어려운 과제이다. 깨어 있는 붓다와 함께 있는 것은 그대를 깨어 있게 만든다. 단지 스승과 함께 있는 것만으로도.

우리는 주변 사람들에 의해 끊임없이 영향받는다. 우리는 전혀 의식하지 못할지 모르지만, 우리의 생각과 느낌은 모두 타인에 의해 주어진 것이다. 아이들은 모방을 통해 배운다. 우리의 생각뿐만 아니라 감정까지도 남의 것을 표절한 것이다.

사람들은 표절해 온 관념을 위해서 죽음까지 불사한다. 조국이란 무엇인가? 우리는 어린아이들의 머리 속에 조국이라는 개념을 계속 주입한다. 우리는 조국을 위해 죽는 것은 가장 훌륭한 덕목이며 위대한 사람이 되는 길이라고 아이들에게 말한다.

과거에는 종교에 대해 똑같은 말이 행해졌다.

"교회를 위해, 너의 종교를 위해 죽는 것은 천국에 들어갈 수 있는 확실한 길이다. 만일 너의 종교를 위해 죽는다면 너는 즉시 들림받아 천국에 들 것이다."

너의 종교를 위해 다른 사람을 죽여라. 그것은 죄악이 아니다. 그리고 너의 종교를 위해 기꺼이 목숨을 버려라. 그것은 자살이 아니다. 이게 무슨 말인가? 살인은 살인이 아니고 자살은 자살이 아니라고? 그러나 일단 이런 관념이 심어지면 그 관념들은 그대의 내면에서 작용하기 시작한다.

스승과 친밀한 관계에 있을 때에는 두 가지 일이 일어난다. 그중의 하나는 그의 각성과 사랑, 자비가 전염된다는 것이다. 다른 하나는 그대가 배운 모든 것으로부터의 탈피이다. 그대가 알고 있는 모든 것은 깊이 잠든 사람들로부터 배운 것이다. 그대는 교회와 국가, 교육제도에 의해 배웠다. 하지만 그들은 모두 기득권층의 이익을 대변한다. 그들은 그대에게 봉사하는 것이 아니라 죽은 과거에 봉사한다. 그들은 그대를 착취하고 효율적인 기계로 전락시킨다. 효율적이든 아니든 기계는 기계이다. 그들의 역할은 그대를 사회의 노예로 만드는 것이다. 그런데 사회는 병들어 있다. 사회는 정신병에 걸려 있다.

스승과의 화합 안에서 두 가지 일이 일어난다. 하나는 그의 각성이 전염되는 것이며, 다른 하나는 기존의 배움에서 탈피하는 과정이 일어난다는 것이다. 스승은 그대가 배운 모든 것을 파괴한다. 다시 한번 말하노니 스승은 그대에게 진리를 줄 수 없다. 하지만 거짓을 제거할 수는 있다. 그것은 가장 본질적이고 중요한 일 중의 하나이다. 거짓을 제거하지 않으면 진리는 불가능하다. 진리는 그대의 '홀로 있음(aloneness)' 안에서 일어날 것이다. 하지만 그 전에 진리의 길을 가로막는 장애물을 제거해야 한다.

스승은 그대의 모든 거짓을 제거할 수 있다. 그런 면에서 그의 역할은 부정적(negative)이다. 그리고 그의 존재가 전염된다는 점에서는 긍정적(positive)이다. 그의 진동은 그대를 건드리고 흔들어 깨운다. 아침 햇살은 침실 창문으로 들어가 그대의 얼굴을 비추고 "아침이야. 이제 일어나." 하고 말하며 그대로 하여금 잠자기를 어렵게 만든다. 스승은 그런 햇살이 될 수 있다. 그렇다! 스승은 그대로 잠들거나 모방하는 것을 매우 어렵게 만든다. 그대가 실제로는 그대의 친구가 아니라 적인 사람들에게서 배우는 것을 스승은 매우 어렵게 만든다.

이 두 가지 일이 가능하다면 그대의 삶은 흐르기 시작한다. 그대는 더 이상 정체되어 있지 않다. 그대의 씨앗이 적당한 토양 위에 떨어진 것이다. 이제 알맞은 때가 오면 씨앗이 싹틀 것이다. 곧 봄이 올 것이고 그대는 자신의 꽃을 보게 될 것이다. 그 꽃은 의식의 꽃이다. 그리고 의식의 꽃은 꽃 중에서 가장 아름답다.

경전은 말한다.

> 마부가 말을 길들이듯
> 그는 자존심과 감각을 길들인다.
> 신들도 그를 찬양하리라.

그대의 잠재성이 실현되는 순간 신들도 그대를 찬양한다. 신들마저 그대보다 훨씬 뒤처져 있다. 그들은 아직 붓다가 되지 못했기 때문이다. 아마 천국에 살고 있을 그들 또한 무의식적으로 살아간다. 기독교에서 천사라고 부르는 것을 불교에서는 신이라고 부른다. 천국에 사는 천사들은 붓다가 아니다. 그들은 그대만큼이나 잠들어 있다. 유일한 차이점이 있다면 환경이 다를 뿐이다. 그들은 낙원에 살고 그대는 땅 위에 산다. 그러나 그들의 심리는 그대와 크게 다르지 않다. 내면에 관한 한 그들은 그대만큼이나 어둡다.

힌두교인들은 붓다를 결코 용서할 수 없었다. 왜냐하면 그는 신들조차 붓다를 찬양하고 경배한다고 말했기 때문이다.

싯다르타(Siddhartha)가 깨달음을 얻어 붓다가 되었을 때 천국에서 신들이 내려와 그를 경배했다는 이야기가 전해진다. 그들은 붓다의 발을 만지고 천상의 꽃을 뿌리며 음악을 연주했다. 힌두교인들은 이런 이야기를 받아들일 수 없었다. 신이 인간을 경배한다고? 그러나 그대는 요점을 파악해야 한다. 신들은 인간을 경배한 게 아니다. 신들은 싯다르타의 각성과 깨달음을 경배한 것이다. 신들은 고탐 싯다르타라는 한 인간을 경배한 것이 아니라 그의 가슴속에 일어난 불꽃을 경배한 것이다. 그 불꽃은 영원하고 신성한 빛이다. 신들마저 그런 불꽃에서 한참 떨어져 있다. 그들은 그 불꽃을 얻어야 한다.

붓다는 신보다 높다. 인간에게 그런 존엄성을 부여한 종교는 불교가 유일하다. 다른 종교들은 인간을 그렇게 존엄한 존재로 높게 취급하지 않았다. 불교는 인간의 종교이다.

불교 시인인 찬디다스(Chandidas)는 이렇게 읊었다.

"사바르 우파르 마누쉬 사트야, 타하르 우파르 나힌(Sabar upar manush satya, tahar upar nahin)—인간의 진리는 가장 높다. 그보다 높은 진리는 없다."

그러나 인간의 진리는 인간의 육체, 즉 뼈와 살과 피를 의미하는 게 아니다. 절대로 그런 뜻이 아니다. 인간의 진리는 그대 내면의 불꽃을 의미한다. 그런데 그 불꽃은 아직 빛을 발하며 타오르지 못한다. 그 불꽃이 환하게 타오르기 시작하면 그대는 완전히 다른 세계로 들어선다. 그대는 더 이상 분리된 존재가 아니라 우주의 한 부분이 된다. 이런 자기 구현에 도달하는 길이 다음의 경문에 나타난다.

마부가 말을 길들이듯……

그는 의식이 깨인 주인이 된다. 그의 육체는 마차이다. 그는 자신이 가고 싶은 데로 마차를 몬다. 그러나 무의식적인 사람은 육체에 끌려간다.

그대 자신을 돌이켜보라. 그대의 육체가 그대를 운전하고 있다. 그대는 조금 전까지만 해도 배가 고프지 않았다. 그런데 음식점 앞을 지나면서 음식 냄새를 맡으면 갑자기 허기를 느낀다. 육체가 그대를 속이고 있는 것이다. 이 배고픔은 육체가 그대를 음식 쪽으로 몰아가기 때문에 생기는 것이다. 그대는 조금 전까지만 해도 전혀 음식 생각이 없었다. 그런데 빵 냄새를 맡자마자 갑자기 허기가 진다. 그것은 육체가 그대를 운전하고 있기 때문이다. 그대는 마부가 아니다. 마차가 주인 행세를 한다. 이것이 일반적인 상황이다.

마부가 말을 길들이듯……

감각은 말이라고 불려진다. 고대의 인도에는 다섯 필의 말이 끄는 마차가 있었다. 왕들은 그런 마차를 타고 다녔다. 그리고 가장 세력이 큰 왕들, '차크라바르틴(Chakravartin)'이라고 불려지는 막강한 지배자들은 일곱 필의 말이 끄는 마차를 타고 다녔다. 다섯 마리의 말은 오감(五感)을 상징한다……. 오감은 그대에게 끊임없이 영향을 미친다. 그러므로 진정으로 의식적이 되기를 원하는 사람은 오감의 영향을 경계하는 것에서 출발해야 한다.

날마다 특정한 시간에 저녁을 먹는다고 치자. 그러면 시계가 그 시간을 가리키면 배고픔을 느낀다. 시계는 멈춰 있거나 맞지 않을 수도 있다. 그러나 시계가 그 시간을 가리키는 즉시 그대는 허기를 느낀다. 이 허기는 감각과 육체에 의해 창조된 가짜 배고픔이다. 그런데 그대는 이런 감각에 끌려다니며 평생을 낭비할 것인가?

이런 현상을 인식한 구도자들은 두 가지 방식으로 반응했다. 그중의 한 가지 방식은 옳지만 다른 한 가지 방식은 그르다. 그릇된 방식이란 그대의 감각과 육체에 맞서 싸우는 것이다. 아무리 싸워도 그대는 결코 이길 수 없을 것이다. 에너지를 탕진하여 더 약해질 뿐이다. 싸움에 의해 그대는 감각을 억누를 것이다. 그러나 억눌린 것은 기회 있을 때마다 자꾸 튀어나오려 할 것이고 그대는 그때마다 계속 억눌러야 할 것이다. 그것은 그대를 사로잡을 기회를 포착할 것이고 결코 그 기회를 놓치지 않을 것이다. 그것은 곧 복수를 가할 것이다!

그대는 삼일 동안 단식할 수 있다. 그러나 그것이 억압이라면 사일째 되는 날 육체는 그대에게 복수를 가할 것이다. 그대는 며칠 동안 과식을 하게 될 것이다. 일주일이 지나면 삼일 동안 단식하면서 빠졌던 몸무게보다 더 많은 체중이 붙을 것이다. 육체는 복수를 가하고 따끔한 교훈을 준다.

싸움은 붓다의 길이 아니다. 그것은 어리석은 짓이다. 그대의 육체와 싸울 필요가 없다. 다만 육체를 더 주의 깊게 지켜보아야 한다. 그 주시가 결정화(結晶化)되기 시작하면 그대는 육체가 그대를 따르기 시작하는 것을 알고 깜짝 놀랄 것이다. 육체는 더 이상 그대에게 명령을 내리지 않는다. 육체는 그대에게 순순히 복종한다.

주인이 도착하면 하인들은 줄을 지어 도열한다. 그러나 주인이 잠들어 있으면 하인들이 주인 행세를 한다.

마부가 말을 길들이듯
그는 자존심과 감각을 길들인다.

말은 살해당하는 것이 아니라 길들여진다. 말은 매우 아름다운 동물이다! 길들여지기만 하면 그대에게 크나큰 봉사를 한다.

붓다는 자신의 감각을 파괴한 자가 아니다. 그는 감각을 더 투명하고 예민하게 만들었으면서도 주인의 위치를 고수하는 자이다. 붓다는 그대보다 훨씬 더 많은 것을 본다. 그의 눈과 의식은 한 점 구름도 없이 청명한 하늘과 같기 때문이다.

그대와 똑같은 나무를 보아도 붓다의 눈에 비치는 나무는 훨씬 더 푸르다. 똑같은 향기를 맡아도 붓다가 맡는 향기는 훨씬 더 향기롭다. 그는 그대와 똑같이 아름다운 광경을 보아도 크나큰 희열을 느낀다. 그대는 아무런 희열도 느끼지 못할지도 모른다. 그대는 아름다운 것을 보아도 그냥 지나칠 것이다. 그대는 길가에 핀 나주니아꽃을 보지 못할 것이다. 나주니아꽃은 제쳐두고라도 그대는 장미꽃조차 보지 못할 것이다. 그대의 감각은 온갖 정보로 가득 차 있다. 아름다움을 느낄 수 있는 빈 공간이 없다. 그대의 감각은 둔하기 이를 데 없다.

붓다는 감각을 죽이지 않는다. 그런데 많은 성자들이 그렇게 어리석은 짓을 하고 있다. 러시아에는 오랜 전통을 가진 기독교 성자들이 있는데, 그들은 성기를 자르는 전통이 있었다. 그리고 수녀들은 가슴을 도려냈다. 어처구니없는 일이다! 이보다 더 어리석은 일이 있을 수 있겠는가? 어떻게 성기를 자름으로써 성자가 된다는 말인가? 성욕은 성기에 있는 것이 아니다. 성욕은 머리에 있다. 그런데 머리를 자를 수는 없다. 설령 머리를 자른다 해도 별 차이가 없을 것이다. 그대는 더 음탕한 머리를 갖고 다시 태어날 것이다!

이제 우리는 성욕이 성기와 아무 관계도 없다는 것을 안다. 과학적인 연구는 한 점 의심도 없이 그것을 분명하게 밝혀 놓았다. 성기는 머리에 의해 움직인다. 뇌에는 중추(中樞)들이 있다. 파블로프(Pavlov)와 스키너(Skinner)의 연구는 이 분야에서 큰 업적을 남겼다. 나는 그들의 행동주의적 접근 방식에는 동의하지 않는다. 하지만 그들의 연구는 신비가와 구도자들, 내면을 탐구하는 사람들에게 매우 가치 있는 방식으로 이용될 수 있다.

스키너는 뇌에 중추가 있다는 것을 발견했다. 음식에 대한 중추, 성에 대한 중추 등 모든 것에 대한 중추가 있다. 뇌의 성중추(性中

樞)에 전극을 연결하고 자극하면 그대는 즉시 오르가슴을 느낀다. 마치 여자와 섹스를 하듯이 커다란 희열이 솟구친다. 스키너는 쥐를 갖고 실험했다. 그는 쥐의 뇌 성중추에 전극을 연결하고 단추 누르는 법을 가르쳤다. 그는 쥐의 행동을 보고 경악했다. 쥐가 그토록 성적이라고는 전혀 예상하지 못했었다. 쥐는 음식은 물론 모든 것을 잊었다. 고양이를 데려다놔도 쥐는 전혀 두려워하지 않았다. 쥐는 끊임없이 단추를 눌러댔다. 무려 육천 번이나! 완전히 기진맥진해서 거의 죽을 때까지 쥐는 계속해서 단추를 눌렀다. 한 번 누를 때마다 오르가슴이 있었기 때문이다.

멀지 않은 장래에 그대에게도 이런 일이 일어날 것이다! 훨씬 더 쉽고 편하게 오르가슴을 느끼게 될 것이다. 여자, 또는 남자와 관계를 갖기 위해서는 어느 정도의 갈등이 있기 때문이다. 그대는 성냥갑 크기의 작은 컴퓨터를 주머니에 넣고 다니기만 하면 된다. 그대가 무엇을 하고 있는지 아무도 모를 것이다! 그대는 한 손으로 계속 묵주를 돌리면서 다른 손으로는 단추를 누를 수 있다. 사람들은 그대의 얼굴에 나타나는 희열의 표정을 보고 묵주를 돌리는 경건한 신앙이 그런 희열을 가져다 준다고 생각할 것이다.

그러나 실제로 이런 일이 가능하다면 그대는 쥐와 똑같은 상황에 빠질 것이다. 그대는 모든 것을 잊고 단추를 너무 많이 누른 나머지 죽고 말 것이다.

성기는 성욕과 아무 관계도 없다. 모든 것이 뇌에 들어 있다. 배고픔은 위장과 무관하다. 배고픔 또한 뇌에 들어 있다. 그래서 시계를 보고 특정한 때가 오면 갑자기 배가 고픈 것이다. 음식 냄새는 위장으로 들어가는 것이 아니라 뇌로 들어간다. 그 냄새는 뇌 안의 어떤 중추를 건드리고 그대는 갑자기 허기를 느낀다.

  육체를 괴롭히고 굶기는 것은 아무 도움도 되지 않는다. 설령 자살을 해도 도움이 되지 않을 것이다. 유일하게 도움이 되는 것이 있다면 그것은 각성이다.

  각성은 뇌에 속하지 않는다. 각성은 뇌의 너머에 있다. 각성은 뇌에 대해 알 수 있다.

  지금까지 발견된 현대의 심리학적 방법이 이미 수천 년 전에 동양의 신비주의자들에 의해 발견되었다는 것을 안다면 그대는 깜짝 놀랄 것이다. 붓다는 뇌의 중추에 대해 완벽하게 알고 있었다. 파탄잘리(Patanjali) 역시 그랬다. 뇌를 넘어선 무엇인가를 발견하고 그 곳으로 가는 것이 구도자의 걸어야 할 유일한 길이다. 그 곳에서 그대는 주인이다. 그 곳에서 그대는 마부이며 모든 말이 그대의 수중에 있다. 그때엔 모든 말이 아름답다! 감각은 추하지 않다. 아무것도 추하지 않다. 섹스조차도 고유의 아름다움과 신성함이 있다. 두뇌를 넘어선 의식의 세계에 중심을 두고 뿌리를 내린다면 그때엔 모든 것이 전혀 다른 의미를 지니게 된다. 그때엔 먹는 행위에도 고유의 영적인 면이 있다.

  우파니샤드에는 이런 말이 있다.

  "안남 브라흐마(annam brahma), —음식이 신이다."

  이 말을 한 사람은 음식에서 신을 맛보았음에 틀림없다. 동양의 탄트리카(tantrika)[1]들은 삼매(三昧)를 이룰 수 있는 가장 큰 잠재성

---

1) 탄트리카 : 탄트라 수행자.

이 섹스에 있다고 말해 왔다. 섹스의 오르가슴은 영적인 오르가슴에 가장 가깝다. 그러므로 우리는 성적인 오르가슴을 통해 많은 것을 배울 수 있다. 섹스의 오르가슴 안에서는 시간이 사라진다. 에고와 마음이 사라진다. 잠시 동안 온 세상이 중지된다.

영적인 오르가슴에서는 똑같은 일이 더 큰 규모로 일어난다. 섹스의 오르가슴은 순간적이지만 영적인 오르가슴은 영원하다. 어쨌든 섹스는 영적인 오르가슴의 세계를 힐끗 보여준다.

감각은 파괴되는 것이 아니라 길들여져야 한다. 이것을 명심하라.

그는 자존심과 감각을 길들인다.
신들도 그를 찬양하리라.

자존심과 감각을 길들여라. 자존심이 그대를 지배한다면 그 자존심은 에고이다. 그러나 그대가 주인이라면 그때에 자존심은 '자기 존중(self-respect)'이다. 통합성(integrity)을 획득한 모든 사람은 '자기 존중'을 갖는다. 그것은 이기적인 것이 아니다. 결코 그렇지 않다. '자기 존중'은 이런 의미이다.

"나는 나 자신을 사랑하고 존중한다. 나는 어느 누구도 모욕하지 않을 것이며, 어느 누구도 나를 모욕하도록 허용하지 않을 것이다. 나는 어느 누구의 노예도 되지 않을 것이며 또한 어느 누구도 나의 노예로 삼지 않을 것이다."

이것이 길들여진 자존심이다. 그때엔 자존심은 아름다운 노예가 된다.

그는 땅처럼 겸손하고
호수처럼 즐겁고 투명하며,
돌처럼 조용하다.
그는 생사를 초월했기에.

깨달은 사람은 땅처럼 겸손하다. 그는 바위 같은 견고함을 버렸다. 그는 흙처럼 부드럽다. 그리고 부드러운 흙만이 비옥하고 창조적일 수 있다. 바위는 무능하다. 아무것도 창조하지 못한다. 바위 안에서는 아무것도 자라지 않는다. 그러나 부드럽고 겸손한 대지, 자궁처럼 수용적인 대지는 새로운 경험과 비전(vision), 새로운 노래와 시를 탄생시킬 수 있다. 깨달은 자는 견고하지 않다. 노자의 말에 따르면 그는 바위가 아니라 물과 같다. 그는 물의 길을 걷는다.

그는 호수처럼 즐겁고 투명하다.

깨달은 자는 투명해진다. 모든 혼란이 사라진다. 그가 해결책을 찾았기 때문이 아니라 의문 자체가 사라졌기 때문이다. 그가 해답을 찾았다는 말이 아니다. 해답은 어디에도 없다. 삶은 신비이며 영원히 신비로 남는다. 삶의 신비는 풀 수 없다. 깨달은 자는 삶의 신비를 안다. 그러므로 더 이상의 의문이나 복잡한 대답은 없다. 그는 매우 투명하고 명철함 자체이다.

그리고 그는 즐겁다. 그 이유는 무엇인가? 이제 그는 신의 왕국이 자신의 것이라는 것을 알기 때문이다. 이제 그는 자신이 이 세상에서 아웃사이더(outsider)가 아니라는 것을 안다. 그가 존재계에 속하고 존재계가 그에게 속한다는 사실을 안다. 그는 끊임없이 계속되는 축제의 한 부분이 되었다. 그는 이 영원한 축제판의 노래이고 춤이다.

그는 돌처럼 조용하다.

그는 땅처럼 겸손하며 돌처럼 조용하고 흔들리지 않는다…….

그는 생사를 초월했기에.

는 비단 죽음에서만 해방된 것이 아니라는 점을 명심하라. 죽음에서 해방되는 순간, 이 삶 - 소위 삶이라고 불려지는 '이 삶' - 에서도 해방된다. 그 다음에는 다른 삶이 있다. 붓다는 그 다른 삶에 아무 이름도 붙히지 않았으며 아무런 정의도 내리지 않았다. 그는 그 삶을 그냥 그자리에 내버려 두었다. 그는 문장을 불완전한 상태로 남겼다. 아무 말이라도 말해지면 그 삶의 아름다움을 파괴한다는 것을 알기 때문이다. 말해진 것은 그 삶에 한계를 부여할 것이다. 그러나 새로운 삶은 한계 안에 갇히지 않는다. 그 삶에 대해서는 어떠한 말도 부적절하다.
그래서 붓다는 "그는 생사를 초월했다."고만 말한다. 깨달은 자에게는 그대가 알고 있는 삶과 주변에서 날마다 일어나는 죽음, 즉 '이 삶'과 '이 죽음'이 둘 다 사라진다. 시간이 사라진다. 그런데 삶과 죽음은 시간의 양측면이다. 그때에 그는 영원히 존재한다. 그는 우주와 하나가 된다. 어느 곳에서도 그를 분리된 실체로서 발견할 수 없을 것이다.
지금 고탐 붓다는 어디에 있는가? 그는 그대가 호흡하는 공기 속에, 그대가 마시는 물 속에 있다. 노래하는 새들 속에, 나무와 구름 속에……. 그는 우주가 되었다! 하나의 이슬 방울이 사라져 바다가 되었다. 이제 이슬 방울에게는 삶과 죽음이 없다. 이슬 방울은 더 이상 존재하지 않는다. 그러니 어떻게 죽을 수 있겠는가? 이슬 방울은 삶과 죽음의 이중성을 초월했다.

그는 생각이 멈추고
말이 멈춘다.
그의 일은 침묵이다.

이 문장은 실로 지극히 중요한 의미를 지닌다.

그는 생각이 멈춘다.

이 문장은 간단하게 이해된다. 깨어 있는 자는 생각이 필요없기 때문이다. 생각이 필요한 것은 우리가 볼 수 없기 때문이다. 만일 눈먼 사람이 이 강당 밖으로 나가고자 한다면 그는 생각을 해야 할 것이다. 그는 누군가에게 물어야 할 것이다. 그는 문이 어디에 있는지, 계단이 어디에 있는지, 어디로 움직여야 할지 계획을 세우고 지팡이를 더듬거려야 할 것이다. 그러나 눈이 있는 사람은 물을 필요도 생각할 필요도 없다. 그저 일어나서 문 쪽으로 향하면 된다. 그는 아무 생각도 없이 밖으로 나간다. 그러나 눈먼 사람은 생각하지 않아도 될 만큼 여유가 없다.
의식이 깨어 있는 사람은 내면의 눈과 통찰력이 있다. 그는 볼 수 있으므로 생각이 필요없다. 보는 것으로 충분하다. 생각은 봄(see-ing)이 없을 때 그자리를 대신하는 빈약한 대체품이다.

　　그는 생각이 멈춘다.

　　그러므로 그의 생각은 정지된다. 그러나 훨씬 더 중요한 문장이 있다.

　　그는 말이 멈춘다.

　　이것은 개념상 모순된 것처럼 보인다. 붓다는 계속 말했다. 그가 말을 멈추었다면 우리는 이 중요한 경전을 대할 수 없었을 것이다. 붓다는 42년 동안 끊임없이 말했다. 그런데 그는 "그는 말이 멈춘다."고 말한다.
　스승의 현존 안에서 조화를 이루고 침묵한다면 그대는 알 것이다.

　　그는 말이 멈춘다.

　　그의 말에는 침묵이 담겨 있다. 그의 말은 소음이 아니다. 그의 말에는 멜로디와 리듬, 음악이 있으며 그 안의 핵심에는 완벽한 침묵이 있다. 만일 그의 말을 뚫고 들어갈 수 있다면 그대는 무한한 침묵과 만날 것이다.
　그러나 붓다의 말을 뚫고 들어가는 방법은 분석과 논증, 토론이 아니다. 그 방법은 붓다와 파장을 맞추고 일체를 이루는 것이다. 스승과 제자 사이에는 심장의 박동이 똑같은 리듬으로 뛰는 순간이 온다. 그리고 스승의 호흡과 제자의 호흡이 똑같은 리듬으로 일어난다. 스승이 숨을 내쉬면 제자도 내쉬고, 스승이 들이쉬면 제자도 들이쉰다. 모든 것이 조화를 이룬다.

그 조화와 하나됨 속에 그대는 스승의 말의 핵심부로 들어간다. 그곳에서 그대는 아무 소리도 발견할 수 없을 것이다. 그대는 절대적인 침묵을 발견할 것이다. 그 침묵을 맛보는 것은 곧 스승을 이해하는 것과 같다. 중요한 것은 말의 의미가 아니라 그 말에 담긴 침묵이다. 말의 의미는 언어를 아는 사람이라면 누구든지 이해할 수 있다. 그것은 어렵지 않다. 그러나 침묵은 학생(student)이 아니라 오직 제자(disciple)에 의해서만 이해된다.

학생은 단어를 듣고 그 의미를 이해한다. 그는 붓다의 철학을 이해할 것이지만 붓다 자신을 이해할 수 없을 것이다. 그는 붓다의 이론은 이해하지만 붓다의 존재를 놓칠 것이다.

제자는 스승의 가르침이 무엇인지 말할 수 없을지도 모른다. 그는 스승의 철학을 재생할 수 없을지도 모른다. 누군가 "당신 스승의 가르침은 무엇인가?" 하고 묻는다면 그는 꿀 먹은 벙어리가 될 것이다. 그러나 그는 스승을 이해한다. 스승의 말이 아니라 스승의 존재를 이해한다.

여기 매우 아름다운 이야기가 있다.

붓다가 죽은 후, 붓다의 가르침을 기록으로 남기기 위해 깨달음을 얻은 제자들이 모두 한 자리에 모였다. 이제 스승이 가고 없으니 다가 오는 세대를 위해 붓다의 말을 수집해서 모아야 했다. 깨달은 제자들이 모두 모였지만 아무도 붓다의 가르침을 정확하게 재생할 수 없었다. 그들 중의 일부는 완전히 침묵을 지켰으며 몇몇은 이렇게 말했다.

"스승님의 가르침을 수집하는 것은 불가능하다. 그것은 실행될 수 없는 과제이다."

또 몇몇 사람은 이렇게 말했다.

"우리는 실수를 저지르고 싶지 않다. 그런데 스승님의 가르침을 수집하려면 반드시 실수가 일어날 것이다. 왜냐하면 우리가 인간 안에서 본 것은 언어로 표현하기가 불가능하기 때문이다."

사실, 깨달은 제자들 중 어느 누구도 붓다의 사상을 편집할 준비가 되어 있지 않았다.

그때, 아난다(Ananda)가 왔다. 그는 붓다와 42년을 함께 살았지만 아직 깨달음을 얻지 못한 사람이었다. 그는 붓다의 말을 모두 기억했다. 그의 기억력은 비범했다. 그런데 문제가 있었다. 깨닫지 못한 사람이 깨달은 사람에 대해 말하는 것을 믿을 수 있겠는가?

깨달은 사람들은 말할 준비가 되어 있지 않았다. 그리고 모든 사상을 재생산할 수 있는 사람, 붓다의 말을 처음부터 끝까지 수집하여 편찬할 수 있는 사람이 있기는 하지만 그는 깨닫지 못했다. 그의 기억을 믿을 수 있겠는가? 그의 해석을 신뢰할 수 있겠는가? 이제 이것은 해결할 수 없는 문제이다. 진리를 아는 사람들, 신뢰할 수 있는 사람들은 붓다에 대해 기록할 준비가 갖춰지지 않았다. 그리고 붓다에 대해 말할 수 있는 사람은 신뢰할 수 없다. -그 자신이 깨닫지 못했다.

그래서 그 자리에 모인 모든 사람들이 아난다에게 말했다.

"한 순간도 낭비하지 말고 모든 에너지를 모아 정진하시오. 만일 당신이 죽기 전에 깨닫는다면 그때엔 스승님의 말을 기록으로 남길 수 있소. 당신이 깨닫지 못하는 한 우리는 당신의 진술을 편찬하지 않을 것이오. 당신은 스승님에 대해 모든 것을 기억할 수 있는 유일한 사람이오. 하지만 우리는 당신의 진술을 신뢰할 수 없소. 이 말을 잊지 마시오."

눈먼 자가 '눈을 가지고 색깔과 빛, 무지개, 꽃을 말하던 사람'에 대해 말하는 소리를 믿을 수 있겠는가? 어떻게 눈먼 자의 보고를 신뢰할 수 있겠는가? 그것은 터무니없는 경우이다!

그래서 붓다의 제자들은 아난다에게 간청했다.

"당신이 유일한 희망이오. 당신이 깨닫는다면 우리는 당신의 말을 모두 인정하겠소. 하지만 당신이 깨닫지 못하는 한 우리는 당신의 말을 인정할 수 없소."

아난다는 붓다와 42년을 같이 살았다. 그런데 그는 붓다와 너무 가까이 있었기 때문에 붓다를 당연시하기 시작했다. 이곳에서도 그런 일이 일어난다. 그대들 중에 나와 가까이 있는 사람들은 나를 당연시하기 시작한다.

아난다는 붓다와 가장 가까이 있었기 때문에 깨달음에 별로 관심이 없었다.

그는 이렇게 말하곤 했다.

"깨달음에 관한 문제라면 별로 걱정할 게 없다. 붓다가 나를 지켜줄 것이다. 나는 그를 위해 42년 동안 봉사했다. 그는 자비로운 분이니 나를 어둠에서 구해 주지 않겠는가? 그리고 서두를 이유가 없다. 내일도 있고 모레도 있다. 붓다가 항상 내 곁에 있으니 서두를 필요가 없다."

그는 42년 동안 계속 연기했다. 그는 가슴 깊이 이렇게 믿고 있었다.

"붓다가 해줄 것이다. 비록 그는 아무도 다른 사람에게 깨달음을 줄 수 없다고 말하지만, 나는 그가 할 수 있다는 것을 안다. 나는 주변에서 기적이 일어나는 것을 보아왔다. 그리고 그는 다른 사람은 안 될지라도 나는 예외로 해줄 것이다. 나는 그에게 많은 봉사를 했지 않은가? 설령 내가 오늘 깨닫지 못한다 해도 시간은 얼마든지 있다. 붓다가 어디로 가겠는가? 그는 항상 내 곁에 있다."

붓다는 세상을 떠나는 날 아난다에게 말했다.

"아난다야, 이제 내일이면 나는 여기에 없을 것이다. 그러니 서둘러라. 더 이상 연기하지 말아라."

그리고 붓다가 죽은 후, 아난다는 대중의 간청에 따라 24시간 동안 눈을 감고 앉아 명상했다. 드디어 그는 깨달음을 얻었다. 눈을 감고 명상에 드는 것은 그의 평생에 처음 있는 일이었다. 사실, 붓다의 주변에서는 많은 일이 일어나고 있었으므로 눈을 감고 있기가 불가능했다. 날마다 많은 일이 있었으며 아난다는 그 일에 정신이 없었다. 그런데 붓다가 가고 나니 이제 아무 일도 없었다. 볼 만한 것이 없었다. 그는 난생 처음으로 눈을 감고 명상에 들었다.

24시간 만에 그는 깨달음을 얻었다. 이것은 42년이 아니라 24시간 만에 일어난 일이었다. 붓다의 깨달은 제자들 모두가 아난다의 오러(aura)와 광채를 인정했다. 그들이 말했다.

"이제 아난다는 우리의 집회에 참석할 자격이 있다. 우리는 그의 말을 토대로 스승님의 말을 편찬할 것이다."

그렇게 해서 불교의 경전이 편집되었다.

오직 깨달은 사람만을 신뢰할 수 있다. 왜? 그는 언어를 들여다보고 침묵을 발견할 수 있기 때문이다. 그 침묵이 붓다의 진정한 메시지이다.

만일 의미를 듣는다면 그대는 학생(student)이다. 그러나 침묵을 듣는다면 그대는 제자(disciple)이다. 그리고 '말하는 자'와 '듣는 자'를 완전히 잊고 스승과 하나가 된다면 그대는 헌신자(devotee)이다.

이것이 세 가지 단계이다. 학생은 말의 의미를 듣고, 제자는 말의 침묵을 듣는다. 그리고 헌신자는 침묵 그 자체가 된다.

그는 생각이 멈추고
말이 멈춘다.
그의 일은 침묵이다.

그의 모든 작업은 침묵이다. 그는 침묵을 창조한다. 그리고 침묵을 창조하기 위해 방편을 고안한다.

그는 자신의 자유를 알며
이미 스스로 자유롭다.
주인된 그는 자신의 믿음을 버린다.

깨달음을 얻고 나면 그대가 전에 믿고 있었던 모든 것은 터무니없는 난센스가 된다. 그것은 눈먼 자가 빛을 믿는 것과 같다. 일단 눈을 뜨게 되면 그는 빛에 대해 갖고 있었던 모든 믿음을 버려야 할 것이다. 그 믿음에서 나온 말은 단 한 마디도 진실이 될 수 없다. 눈먼 자가 빛이 무엇인지 상상하는 것은 불가능하다. 빛은 고사하고 그는 어둠에 대해서도 상상할 수 없다. 왜냐하면 빛을 보는 것과 마찬가지로 어둠을 보기 위해서도 눈이 필요하기 때문이다. 눈먼 자는 빛뿐만 아니라 어둠에 대해서도 아무것도 모른다.

깨달음을 얻고 나면 신, 지옥, 까르마(karma), 윤회 등에 대한 그대의 믿음이 전부 쓰레기가 된다.

주인된 그는 자신의 믿음을 버린다.
그는 끝과 시작 그 너머를 본다.

이젠 믿을 필요가 없다. 그는 처음부터 끝까지 모든 것을 총괄하여 본다. '봄(seeing)'이 목표이다.

인도에는 'philosophy(철학)'에 대응하는 말이 없다. 대신 'darshana(다르샤나)'라는 말이 있다. 보통 'darshana'는 'philosophy'로 번역된다. 그러나 그것은 옳은 번역이 아니다. 'philosophy'는 마음의 어떤 요소를 의미한다. 그러나 'darshana'는 통찰과 비전(vision), 봄(seeing)을 의미한다. 동양에서 우리는 가장 위대한 자를 '보는 자(the seer)'라고 부른다. 우리는 그들을 예언자나 철학자로 부르지 않는다. 그들은 본다. 동양은 언제나 '사유(thinking)'가 아니라 '봄(seeing)'을 믿어왔다.

'darshana'를 영어로 번역하기는 매우 어렵다. 'darshana'를 'philosophy'로 옮기는 것은 옳지 않다. 그것은 'darshana'라는 단어의 아름다움을 파괴하는 짓이다. 그래서 나는 'darshana'를 'philosia'로 옮긴다. 'philosophy'는 지식에 대한 사랑을 의미한다. 'philo'는 사랑을 의미하고 'sophia'는 지식을 의미한다. 그러나 내가 말하는 '필로시아(philosia)'에서 'sia'는 '봄'을 의미한다. 그러므로 '필로시아'는 '봄(seeing)'에 대한 사랑이다. 일단 보게 되면 모든 믿음은 나무에서 낙엽이 떨어지듯이 떨어져 나간다.

    그는 모든 끈을 자르고
    모든 욕망을 내던지고
    모든 유혹을 떨쳤다.
    그리고 그는 위로 솟구친다.

이제 전혀 새로운 법이 작용하기 시작한다. 그것은 '상승의 법칙(the law of levitation)'이다. 일반적으로 사물은 아래로 추락한다. 그러나 깨달은 인간은 위로 상승한다. 그 안에 있는 모든 것이 위로 솟구치며 비상하기 시작한다. 그는 모든 끈을 잘랐다. 그 끈들은 땅에 연결되어 있기 때문이다. 그는 모든 욕망을 포기했다. 욕망은 그를 땅 위에 묶어두는 밧줄이기 때문이다.

    그는 모든 유혹을 떨쳤다.

낡은 마음은 계속해서 자신을 주장하려 들 것이다. 마음은 계속해서 그대를 다시 땅으로 끌어당기려고 시도할 것이다.
칼릴 지브란(Kahlil Gibran)은 이렇게 말한다.
"바다에 가까워진 강물은 뒤를 돌아보며 망설인다. 과거의 즐거운 추억들, 산, 자신이 태어난 만년설, 숲 속의 고독, 새들의 노랫소리, 사람들, 나무들, 수많은 경험과 긴 여행길……. 그런데 이제 바다로 사라질 순간이 왔다. 과거 전체가 강물을 뒤로 잡아당긴다. 과거는 말한다.

"기다려! 너는 영원히 사라질 것이다. 너는 예전으로 돌아갈 수 없을 것이다. 둑이 없으면 네가 어떻게 존재할 수 있겠는가? 너는 자신의 경계를 잃어버릴 것이다."

깨달음에 가까워졌을 때에 이와 똑같은 일이 일어난다. 현재 존재하는 모든 것이 사라질 때 욕망과 유혹이 솟아오른다. 그대를 유혹하는 악마는 존재하지 않는다. 그대를 유혹하는 것은 그대 자신의 마음이며 과거이다. 그대가 짊어진 모든 과거가 그대를 뒤로 잡아당기려고 시도한다. 그러나 이젠 아무것도 그대를 뒤로 잡아당길 수 없다. 그대는 부름을 받았다. 초청장이 도착했다.

그는 모든 끈을 자르고
모든 욕망을 내던지고
모든 유혹을 떨쳤다.
그리고 그는 위로 솟구친다.

도시든 시골이든
골짜기든 언덕이든
그가 사는 곳 어디에나
큰 즐거움이 있다.

그는 자신이 즐거워할 뿐만 아니라 어디를 가든 즐거움의 분위기를 창조한다.
 이런 말이 전해진다. 붓다가 움직일 때에는 제철이 아닌데도 나무들이 꽃을 피웠으며, 건기에도 강물이 흘렀다. 붓다가 가는 곳에는 도처에 평화와 침묵, 사랑과 자비가 넘쳤다. 실제로 이런 일이 일어난다. 내 말은, 제철이 아닌데도 나무에 꽃이 피어난다는 말이 아니라 ―그것은 비유이다― 붓다가 가는 곳마다 신비한 일이 일어난다는 뜻이다. 사람들은 제철이 아닌데도 피기 시작하며 즐거움이 확산된다. 즐거움의 물결이 퍼져나간다.
 붓다의 영향권에 들어갈 때 그대는 전혀 다른 세계로 진입하는 것이다. 그대는 무한한 축복의 세계, 은총의 세계로 들어선다.

 그는 텅 빈 숲 속에서도
 즐거움을 발견한다.
 그는 아무것도 원하지 않기에.

 그는 어디에 있든 즐겁다. 그대는 선천적으로 즐거움의 능력을 타고났지만 욕망에 찬 마음이 그 능력을 파괴한다. 그런데 그는 욕망을 버렸다!
 욕망에 찬 마음은 그대를 거지로 만든다. 그러나 모든 욕망을 버리면 그대는 황제가 된다. 즐거움은 그대 존재의 자연스러운 상태이다.
 욕망을 버리고 보아라……. 욕망이 없으면 마음도 없다. 욕망이 없으면 혼란도 없다. 욕망이 없으면 과거와 미래가 없다. 그대는 철저하게 지금 여기에 집중된다. 그리고 지금 여기에 존재할 때 큰 즐거움이 있다.

그런 사람은 어디를 가든지 자신의 분위기를 몰고 다닌다. 그러므로 그와 가까이에 있는 사람들은 행운이다. 그와 관계를 맺은 사람들은 축복받았다. 그들은 그의 즐거움과 은총, 그의 지혜, 사랑, 빛을 나누어 가질 것이기 때문이다.

작은 양초를 밝혀라

천 마디 공허한 말보다
평화를 주는 한 마디 말이 더 소중하다.

공허한 천 편의 시보다
평화를 주는 한 편의 시가 낫다.

백 개의 공허한 문구보다
평화를 주는 하나의 법문이 더 낫다.

전쟁에서 천 번 이기는 것보다
그대 자신을 정복하는 것이 더 귀하다.

그럴 때 승리는 그대의 것이다.

천사도 악마도
천국도 지옥도
그대의 승리를 빼앗아가지 못한다.

백 년 동안 숭배하기보다
천 번 공물을 바치는 것보다
상을 받기 위해 천 개 세속의 길을 버리기보다
백 년 동안 숲 속의 신성한 불꽃을 돌보기보다
자신을 정복한 사람에게
바치는 한 순간의 존경이 훨씬 낫다.

덕과 성스러움을 오래 쌓은 이,
그런 이를 존경하는 것은
삶 자체를 이기는 것.
아름다움, 강함, 행복을 얻는 것.

유명한 이야기가 있다.

독일의 저명한 철학교수가 어느 날 밤 꿈속에서 두 개의 문을 보았다. 하나는 사랑과 낙원으로 곧장 들어가는 문이었으며, 다른 하나는 사랑과 낙원에 대한 강의가 진행되는 강당으로 들어가는 문이었다. 철학교수는 망설이지 않고 강의를 들으러 문을 열고 들어갔다.

이 이야기는 의미심장하다. 물론 꾸며낸 이야기지만 그렇게 허구적인 이야기만은 아니다. 이 이야기는 인간의 마음을 상징한다. 마음은 지혜보다는 지식에, 그리고 변형(transformation)보다는 정보(information)에 관심이 있다. 마음은 신, 아름다움, 진리, 사랑을 직접 경험하는 것보다는 그에 '대해' 아는 것에 더 관심이 있다.

인간의 마음은 말과 이론, 사상 체계에 사로잡혀 있을 뿐, 자신을 둘러싸고 있는 실존적인 것들을 까맣게 잊고 있다. 그리고 그대를 자유롭게 만드는 것은 실존적인 것들이지, 그에 대한 지식이 아니다.

위의 이야기는 모든 인간의 마음을 상징한다. 그런데 나는 어제 깜짝 놀랄 만한 일을 겪었다. 어제 나는 의학박사인 실바노 아리에티(Silvano Arieti, M. D.)와 철학박사인 제임스 실바노 아리에티(Silvano Arieti, Ph. D.)가 쓴 책을 읽었다. 그들은 자신들의 공저인『우리는 사랑을 찾을 수 있다 : Love Can be Found』에서 위의 이야기를 인용했다. 나는 그들이 위의 이야기를 비웃으며 비판할 것이라고 기대했었다. 그런데 나는 경악을 금할 수 없었다! 그들은 이 이야기를 변호한 것이다. 그들은 철학교수가 옳았다고 말한다. 그들은 사랑과 낙원의 문으로 곧장 들어가는 것보다는, 사랑과 낙원에 대해 강의가 진행되는 강당으로 들어가는 것이 더 옳다고 말한다. 왜? 그들이 내세운 이유는 "사랑에 대해 알지 못하는 한 어떻게 사랑할 수 있겠는가?" 하는 것이다. 그들은 "낙원에 대해 아무것도 모른다면 어떻게 곧장 낙원으로 들어갈 수 있겠는가?" 하고 말한다.

이 말은 겉으로 보기에는 매우 논리적으로 보인다.

"먼저 낙원이 무엇인지 잘 알아야 한다. 그런 연후에야 낙원에 들어갈 수 있다. 먼저 지도를 가져야 하는데, 지식은 지도를 제공한다."

이 말은 논리적이지만 어리석기 짝이 없다. 논리는 겉모양일 뿐이며 깊은 곳에서는 철저하게 비지성적이다.

사랑은 사랑에 대한 정보를 필요로 하지 않는다. 사랑은 그대의 외부에 있는 것이 아니라 그대 존재의 핵심이기 때문이다. 그대는 이미 그것을 가졌다. 다만 그것이 흐르도록 허용하기만 하면 된다. 낙원은 어딘가 다른 곳에 있어서 지도를 갖고 찾아가야 하는 곳이 아니다. 그대는 이미 낙원에 있다. 다만 그대가 잠들어 있을 뿐이다. 필요한 것은 깨어나는 것뿐이다.

깨어남(awakening)은 즉각적이고 돌발적으로 일어날 수 있다. 사실, 깨어남은 오직 돌발적으로만 일어난다. 누군가를 깨우면 그가 서서히 부분적으로, 점진적으로 깨어나는 것은 아니다. 먼저 10퍼센트가 깨어나고 그 다음에는 20퍼센트, 그 다음에는 30퍼센트……. 이렇게 나가다가 결국 100퍼센트 깨어나는 것이 아니다. 잠든 사람을 흔들어 깨우면 그는 즉시 깨어난다. 인간은 잠들어 있거나 깨어 있거나 둘 중의 하나이다. 그 중간은 없다.

그러므로 붓다는 깨달음을 돌발적인 것이라고 말한다. 깨달음은 단계적으로 도달하는 것이 아니다. 깨달음은 부분으로 나눌 수 없다. 그것은 불가분의 유기적 통일체이다. 그대는 깨달았거나 깨닫지 못했거나 둘 중의 하나이다.

그런데 인간은 말에 집착한다. 아무 의미도 없는 공허한 말, 그대와 마찬가지로 무지한 사람들의 입에서 나온 말에 매달린다. 아마 그들은 고등교육을 받았을지 모르지만 교육이 무지를 내몰지는 못한다. 빛에 대한 얇은 어둠을 추방하지 못한다. 그대는 빛에 관한 모든 것을 알 수 있다. 빛에 대한 책만을 보아서 집 안에 도서관을 꾸밀 수도 있다. 그러나 도서관이 집 안의 어둠을 내몰지는 못할 것이다. 어둠을 내몰기 위해서는 작은 양초가 필요하다. 그 양초가 기적을 일으킬 것이다.

나는 브리태니커 백과사전(the Encyclopedia Britannica)을 보다가 사랑에 대한 항목이 없는 것을 알고는 흐뭇했다. 그것은 대단한 통찰력이다! 사실, 사랑에 대해서는 아무것도 쓸 수 없다. 그대는 사랑하고, 사랑 안에 존재하고, 심지어 사랑이 될 수도 있지만 사랑에 대해서는 아무것도 쓸 수 없다. 경험은 매우 미묘하고 섬세하지만 언어는 아주 거칠고 빈약하다.

인류가 분열된 것은 언어 때문이다. 일부 사람들은 공허한 말을 믿으면서 자기들을 힌두교인이라고 부른다. 또 어떤 사람들은 공허한 말을 믿으면서 자기들을 기독교인이라고 부른다. 또 어떤 사람들은 스스로 유태교인, 모하메드교인이라고 부른다. 그들은 모두 알맹이 없는 말을 믿는다. 그들은 아무것도 경험하지 못했다. 기독교인, 힌두교인, 유태교인, 모하메드교인이라는 신분은 그대의 경험에 기초한 것이 아니다. 그것은 모두 빌려온 것이다. 그리고 빌려온 것은 무엇이나 공허하다.

그런데 인간은 말로 인해 많은 고통을 겪는다. 일부 사람들은 탈무드를 믿고, 일부 사람들은 도덕경을 믿고, 일부 사람들은 법구경을 믿는다. 그들은 계속해서 싸우고 말다툼하고 비난한다. 그뿐만 아니라 서로 죽이기까지 한다. 인간의 역사는 온통 피로 점철되어 있다. 신이라는 미명 하에, 동포라는 미명 하에, 인류라는 이름 아래 인간의 역사는 유혈이 낭자하다.

어느 날 저녁, 로젠바움이라는 유태인 여자가 호텔을 구하지 못해 애를 태우고 있었다. 그 지역은 유태인에 대해 배타적인 곳이었기 때문이다.

그녀는 호텔에 들어가 데스크에게 말했다.
"방을 구하고 싶은데요."
"죄송하지만 방이 다 찼습니다."
"그러면 왜 '방 있습니다'라는 푯말을 내걸었지요."
"그것은, 저……우리는 유태인을 받지 않습니다."
"하지만 당신들이 믿는 예수도 유태인이 아니었던가요?"
"예수 그리스도가 유태인이었다는 것을 당신이 어떻게 압니까?"
"그는 아버지의 가업을 이어받았으니까요. 게다가 나는 가톨릭으로 개종했어요. 무엇이든지 물어보세요, 내가 가톨릭교인이라는 것을 증명해 보일 테니까요."
"좋습니다. 그렇다면 예수님은 어떻게 태어났습니까?"
"그야 물론 처녀 수태에 의해서죠. 엄마의 이름은 마리아였고 아빠의 이름은 성령이었어요."
"맞습니다. 그러면 예수는 어디에서 태어났습니까?"

"마굿간에서요."
"맞아요. 그런데 예수님은 왜 마굿간에서 태어났을까요?"
미스 로젠바움이 빈정대는 투로 말했다.
"왜냐하면 당신 같은 시정잡배가 유태인 여자에게 방을 빌려주지 않았으니까요!"

그러나 그런 시정잡배는 어느 곳에나 있다. 그들은 사제와 랍비, 푼디트(pundit), 샹카라차리야(shankaracharya)[1], 교황이 되었다. 이 사람들은 능수능란한 말재주를 갖고 있다. 그들은 혓바닥을 놀리며 따지고 드는 데 일가견이 있다. 그들은 몇 세기가 지난 후에는 웃음거리가 되고 말 어리석고 무용한 것들에 대해 끝없는 주장을 펼칠 수 있다.

중세의 기독교 성직자들 사이에 커다란 토론이 벌어졌는데, 그 논의는 몇 세기 동안 계속되었다. 그 논의는 바늘 구멍만한 점 위에 몇 명의 천사가 설 수 있느냐 하는 것이었다. 그것은 신학적인 토론이었으며 전 유럽을 떠들썩하게 했다. 그것이 마치 대단히 중요한 문제라도 되는 것처럼 말이다. 바늘 구멍만한 점 위에 천사가 몇 명이나 설 수 있느냐고? 그게 어쨌다는 말인가? 하지만 그렇게 어리석은 문제들이 오랫동안 인류를 지배하고 있다.

붓다의 시대에 인도에는 모든 종파에 의해 토론된 가장 중요한 문제가 있었다. 그것은 지옥이 몇 개나 있느냐 하는 문제였다. 힌두교인

---

1) 샹카라차리야 : 힌두교의 최고 우두머리.

들은 하나의 지옥을 믿었으며 자이나교인들은 일곱 개의 지옥을 말했다. 그리고 마하비라의 제자로 나중에 스승을 배신한 고살라(Gosala)는 칠백 개의 지옥에 대해 말하기 시작했다.

어떤 사람이 고살라에게 물었다.

"마하비라의 철학보다 당신의 철학이 우월하다고 주장하는 근거는 무엇입니까?"

고살라가 말했다.

"마하비라는 일곱 개의 지옥밖에 모르지만 나는 칠백 개의 지옥을 안다. 그는 겨우 일곱 계단밖에 오르지 못했지만 나는 막바지까지 다 둘러보았다. 그 곳에는 정확히 칠백 개의 지옥과 칠백 개의 천국이 있다. 그런데 마하비라의 지식은 매우 한정적이었다. 그는 진리 전체를 알지 못했다."

그대 역시 얼마든지 그런 주장을 펼칠 수 있다. 어떤 바보들은 칠백한 개의 지옥에 대해 말할 수 있다…….

프랑스인 교수와 미국인이 대화를 나누고 있었다. 프랑스인 교수가 말했다.

"사랑을 나누는 방법에는 백 가지 체위가 있지요."

미국인이 말했다.

"무슨 소리요? 내가 알기론 백한 가지요."

마침내 격론이 일어났다. 미국인이 말했다.

"당신이 먼저 백 가지 체위를 설명해 보시오. 그러면 내가 백한 가지 체위를 설명하겠소."

프랑스인 교수는 백 가지 체위를 상세하게 설명했다. 백 번째 체위는 샹들리에에 매달려 여자의 귀에 대고 하는 것이었다!
 이제 미국인이 설명할 차례였다.
 "첫 번째 체위는 여자가 등을 대고 누운 다음 남자가 그 위에 올라가는 것이오."
 프랑스인 교수가 외쳤다.
 "아뿔싸! 그런 체위가 있었다니! 나는 그런 자세가 있으리라곤 상상도 못했소. 더 설명할 필요도 없소. 당신 말대로 백한 가지 체위가 있으니까. 역시 미국인들은 대단하단 말이야!"

 이런 교수들, 이런 학자들이 인류를 지배해 왔다. 그들은 인류를 간단하고 단순한 삶에서 끌어냈다. 그들은 그대의 마음을 매우 교활하고 복잡하며 지식으로 가득 차게 만들었다. 그들은 그대의 순진무구함과 경이감을 파괴했다. 그런데 순진무구함과 경이감은 즉각적인 것－즉각적인 것은 또한 궁극적인 것이다－으로 넘어가는 다리이다.

 붓다는 말한다.

 천 마디 공허한 말보다
 평화를 주는 한 마디 말이 더 소중하다.

 그대의 경전, 그대의 마음은 공허한 말들로 가득하다. 그대는 무슨 말을 하는지도 모르면서 계속 말한다. '신'이라는 단어를 말할 때 그대는 그 단어의 의미를 아는가? 신을 모른다면 그 단어의 의미를 어떻게 알겠는가? 말은 공허하다. 말 자체는 아무 의미도 없다. 그대의 경험에서 의미가 도출되어야 한다.

   신을 알고 '신'이라는 단어를 사용한다면 그 말은 다이아몬드처럼 광채가 있다. 그러나 신에 대해 아무것도 모른다면 남들에게 배운 '신'이라는 단어는 색깔도 광채도 없는 보통의 돌멩이일 뿐이다. 그대는 그 돌멩이를 지니고 다닐 수도 있지만 그것은 무거운 짐에 불과하다. 그 돌멩이는 그대의 날개가 되지 못할 것이며 그대를 가볍게 만들지도 못할 것이다. 신에게 더 가까이 가는 데 아무 도움도 되지 않을 것이다. 사실, 그것은 그대를 가로막는 장애물이다. 왜냐하면 단지 '신'이라는 단어를 안다고 해서 신을 안다고 생각한다면 그럴수록 신이라는 실체를 탐구할 가능성이 적어지기 때문이다. 그대는 '신'에 대해 더 많은 지식을 가질수록 신이라는 진리를 탐구하기 위해 모험의 길을 떠날 가능성이 줄어든다. 그대가 이미 알고 있다면 탐구할 필요가 있겠는가? 그대는 의문을 해결한 것이 아니라 의문을 죽였다. 그대는 해답을 얻은 것이 아니라 남의 해답을 도용했다. 그러나 다른 사람의 해답은 그대의 해답이 될 수 없다.

   붓다는 진리를 안다. 그러나 그의 말은 그의 경험을 전달할 수 없다. 말은 붓다의 가슴을 떠날 때 깨달음의 빛과 춤으로 충만하다. 그러나 그대의 가슴에 도달했을 때 그 말들은 흐리멍텅하게 죽어 있다. 그대는 그 말들을 축적하고 위대한 보물을 얻었다고 생각하겠지만 사실 아무것도 얻지 못한 것이다. 그대가 가진 것은 공허한 말들에 지나지 않는다.

   붓다는 그대가 이런 현상에 대해 깨닫기를 바란다. 이것은 매우 중요한 일이기 때문이다. 알맹이없이 공허한 말들에서 해방되지 않는 한, 그대는 탐구의 여행을 시작하지 않을 것이다. 지식과 정보를 버리지 않는 한, 어린아이처럼 다시 순진무구하고 무지해지지 않는 한 그대의 탐구는 공허하고 표피적인 것이 될 것이다.

천 마디 공허한 말보다
평화를 주는 한 마디 말이 더 소중하다.

그 기준은 무엇인가? 어떤 말이 광채와 향기로 충만한가? 평화를 주는 말은 결코 외부에서 오지 않는다. 그 말은 그대의 가슴에서 울려 나오는 속삭임이다. 그 말은 그대 존재의 가장 깊은 곳에서 들려진다. 그 말은 그대 존재의 소리이며, 그대 삶의 노래이다.
  그 말은 경전에서도 학식있는 토론에서도 찾을 수 없다. 오직 그대 안으로 들어가야만 발견된다. 명상과 깊은 침묵 속에서 그 말이 발견된다. 남에게 빌려온 모든 지식을 버리고 그대 홀로 남을 때, 모든 경전을 불태우고 그대 홀로 남겨질 때, 아무것도 모르는 상태에 있을 때, 그 말이 들린다. 그때엔 지식의 아우성과 마음의 소음이 사라지고 조용한 속삭임이 들린다. 그때엔 단 한 마디 말이…… 그것은 '옴(Aum)'이라는 단 한 마디 말이다.
  내면으로 들어가는 순간 그대는 '옴'처럼 들리는 소리가 계속 이어지는 것을 알고는 깜짝 놀랄 것이다. 모하메드교인들은 그 소리를 '아민(Amin)'으로 들었다. 그리고 기독교인들은 '아멘(Amen)'으로 들었다. 그것은 똑같은 소리이다. 기독교인, 모하메드교인, 힌두교인, 자이나교인, 불교인들은 모두 '옴'이라는 소리로 기도를 끝낸다. 그것은 당연한 일이다. 기도는 그대를 더욱더 침묵하게 만들고……. 결국 '옴'밖에 남지 않는다. 힌두교 경전은 모두 '옴 샨티 샨티 샨티

(Aum, shanti, shanti, shanti)-'옴, 평화, 평화, 평화'라는 말로 끝난다.

그대가 진정으로 그 소리를 들었느냐, 아니면 단지 들은 척하거나 또는 들었다고 상상하느냐를 판단하는 기준은, 그 소리가 평화를 가져다 주느냐 하는 것이다. 그대는 갑자기 평화로 충만해진다. 그것은 전에는 결코 알지 못했던 평화이다.

평화는 행복보다 더 높은 어떤 것이다. 행복은 항상 불행의 뒤를 따라온다. 행복과 불행은 항상 양극단이 복합된 상태이다. 그들은 낮과 밤처럼 서로 따라다닌다.

만일 그대가 비관주의자라면 밤을 헤아릴 것이고, 낙천주의자라면 낮을 헤아릴 것이다. 그것이 사람들 사이의 유일한 차이점이다. 어떤 사람들은 "두 낮 사이에 하나의 밤이 있다."고 말한다. 그들은 낙천주의자이다. 그런데 어떤 사람들은 "두 밤 사이에 하나의 낮이 끼어 있다."고 말한다. 그들은 비관주의자이다. 그러나 실제로는 둘 다 틀렸다. 각 밤마다 하나의 낮이 있고, 각 낮마다 하나의 밤이 있다. 밤과 낮은 균등하다. 모든 양극단이 균등하다. 그것이 존재계가 균형을 유지하는 방식이다. 만일 그대가 오늘 행복하다면 내일은 불행이 올 것이다. 오늘 불행하다 해도 염려하지 말라. 행복이 막 모퉁이를 돌아서 오고 있을 것이다.

인도의 시골 마을에서 엄마들은 너무 많이 웃는 것을 허락하지 않는다. 그들은 이렇게 말한다.

"너무 많이 웃으면 그 다음에는 울어야 할 것이다."

이 말에는 훌륭한 지혜가 들어 있다. 원시적이고 순박한 지혜이지만 이 말에는 어떤 진리가 있다. 인도의 시골 마을에서 엄마들은 아이가 너무 깔깔대고 웃으면 이렇게 말할 것이다.
"그쳐! 당장 그치지 못해? 그렇지 않으면 곧 눈물을 줄줄 흘리며 울게 될거야."
그것은 당연한 일이다. 자연은 균형을 이루기 때문이다.
평화는 행복보다 더 높은 어떤 것이다. 붓다는 그런 상태를 '지복(bliss)'이라고 부르지 않았다. 그것을 지복으로 부르면 사람들은 즉시 '행복(happiness)'으로 이해할 것이기 때문이다. 지복이라는 말은 그들에게 절대적인 행복, 커다란 행복, 믿을 수 없을 만큼 엄청난 행복이라는 개념을 준다. 사람들의 마음속에서 행복과 지복은 오직 양적인 차이가 있을 뿐이다. 마치 지복은 바다이고 행복은 이슬 방울인 것처럼 말이다. 그러나 양적인 차이는 진정한 차이가 아니다. 오직 질적인 차이가 진정한 차이이다.
그래서 붓다는 '지복'이라는 말 대신에 '평화'라는 말을 선택했다. 평화는 전혀 다른 탐구 방향을 제시한다. 평화는 불행도 행복도 의미하지 않는다.
행복 또한 불행과 마찬가지로 긴장과 소음, 흥분의 상태이다. 그대는 오랫동안 행복감을 유지할 수 없다. 행복감은 그대의 신경을 건드리기 시작할 것이며 그대는 싫증을 느끼게 될 것이다. 물론 어느 정도까지는 견딜 수 있다. 그러나 그 한계를 넘어서는 것은 불가능하다. 그대가 얼마나 오랫동안 여자를 껴안고 있을 수 있겠는가? 물론 잠깐 동안은 기쁨과 희열을 느낄 것이다. 그러나 그런 느낌이 얼마나 지속되겠는가? 일 분, 이 분, 삼십 분, 한 시간, 하루, 이틀? 얼마나 가겠는가? 그대는 행복이 불행으로 바뀌는 지점을 보게 될 것이다.
여자를 차지하고자 할 때 그대는 유혹에 빠진다. 여자는 직관적으로 그것을 안다. 그래서 그녀는 그대의 수중에서 도망치려고 온갖 노력을 다한다. 그녀는 잡힐 듯 말듯 교묘하게 달아난다. 그녀는 너무 가까이 다가서지 않는다. 여성들은 그대의 매혹과 사랑이 곧 사라지리라는 것을 직관적으로-지성적이 아니라-안다. 모든 것이 죽는다. 태어난 것은 반드시 죽게 마련이다. 그런 면에서 여성들은 더 지성적이다. 여성들은 그대에게 어느 정도까지만 친밀한 관계를 허용한다. 그 선을 넘어서면 달아난다. 그런 식으로 여성들은 게임을 지속한다. 그렇지 않으면 모든 게임이 너무 빨리 끝나 버릴 것이다.

어떠한 행복도 일시적이다. 그 선을 넘어서면 정반대로 변하여 쓰디쓴 고통이 된다.

평화는 행복과 불행의 동요를 둘 다 넘어선 상태이다. 세상에는 불행에 매혹되는 사람들이 있다. 현대 심리학에서는 그들을 '매저키스트(masochist)'라고 부른다. 그들은 자신에 대한 고문을 즐긴다. 과거에 이런 매저키스트들은 위대한 성자가 되었다. 인간의 마음에 대해 현대적인 통찰력을 갖고 심리학적인 눈으로 본다면, 소위 성자라고 불리는 사람들의 90퍼센트가 매저키스트로 보일 것이다. 어쩌면 그들의 99퍼센트가 그렇게 보일 것이다. 깊게 들여다보면 그대는 이 사람들이 자신에 대한 고문을 즐기고 있다는 사실을 발견할 것이다. 이들은 오랜 기간 동안 단식하고, 가시 침대에 누워 지내고, 뜨거운 태양 아래 서 있고, 히말라야의 눈 속에 벌거벗고 앉아서 지낸다. 이들은 모두 매저키스트이다.

다른 한편에는 사디슴(sadisme)이 있다. 사디스트들은 다른 사람에 대한 고문을 즐긴다. 사실, 붓다들을 제외한 거의 모든 인류는 두 진영으로 나눌 수 있다. 세상에 존재하는 두 가지의 진짜 종교는 매저키즘과 사디슴이다. 매저키스트는 종교인이 되고 사디스트는 정치인이 된다. 알렉산더, 타멀레인(Tamurlaine), 나디르샤(Nadirshah), 징기스칸, 히틀러, 무솔리니, 스탈린, 모택동……. 이 사람들은 모두 다른 사람을 고문하기를 즐긴다. 타인을 고문하는 것은 자신을 고문하는 것과 마찬가지로 정신병의 일종이다.

행복을 원하는 사람은 사디스트가 될 수밖에 없다. 그대의 행복이 무엇에 의존하는지 분석해 보라. 이웃보다 더 큰 집을 갖고 있을 때 그대는 행복하다. 사실, 그대는 더 큰 집을 가짐으로써 이웃을 고문하는 것이다. 그것은 매우 교묘한 고문이다.

나는 캘커타의 어느 집에 묵곤 했는데, 그 집은 캘커타에서 가장 아름다운 성 중의 하나였다. 그 집은 빅토리아 식민지 시대의 성으로 캘커타에서 가장 훌륭한 집이었다. 집 주인은 그 집을 대단한 자랑으로 여기고 있다. 그는 내가 묵을 때마다 끊임없이 그 집에 대해 이야기했다. 그의 이야기는 항상 집에 대한 것이었다.

그런데 이상한 일이 일어났다. 나는 그 집에 삼일 동안 묵고 있었는데 그는 집에 대해 한 마디도 하지 않는 것이었다.

내가 말했다.

"무슨 일이 있었소? 혹시 당신은 세상을 버리고 수행승이 된 것이오? 집에 대해 한 마디도 하지 않으니 어찌 된 일이오?"

그는 슬픈 눈으로 나를 쳐다보며 말했다.

"당신은 이웃에 새집이 들어선 것을 보지 못했습니까?"

나는 이웃에 새집이 들어선 것을 알고 있었다. 그 이웃집은 대리석으로 지어졌는데 확실히 더 크고 아름다웠다.

그가 말했다.

"그 집이 등장한 후로 나의 모든 즐거움이 사라졌습니다. 지금 나는 당신이 상상할 수 없을 정도로 비참한 기분입니다."

내가 말했다.

"하지만 당신은 똑같은 집에 살고 있소. 지금까지 당신은 이 집에서 행복하게 살지 않았소? 그런데 왜 갑자기 비참해졌단 말이오? 그런 기분이 이웃과 무슨 관계가 있소? 만일 이웃 때문에 비참한 기분이라면 내 말을 잘 들으시오. 당신이 이 집에 대해 행복해 하고 있을 때, 사실 그 기분은 이 집 때문이 아니었소. 당신은 이웃 사람들이 작은 집에 살고 있는 것을 행복해 한 것이오. 그리고 지금 당신이 이웃 사람의 집 때문에 마음이 괴롭다면 그 이웃 사람 또한 당신 집 때문에 오랫동안 비참한 기분이었다는 것을 명심하시오. 그가 새집을 지은 것은 복수를 하기 위해서요."

새집 주인은 나를 저녁 식사에 초대했다. 그 이웃 사람은 우리 집에 와서 우리 집 주인 또한 초대했는데 그는 "나는 너무 바빠서 갈 수 없어요."라고 말하며 거절했다. 그런데 그는 결코 바쁘지 않았다! 이웃 사람이 가자 내가 물었다.

"당신은 바쁜 일이 없지 않소?"

그가 말했다.

"나는 바쁘지 않습니다. 하지만 내가 더 큰 집을 지을 때까지는 그 집에 가지 않겠습니다. 기다려 보십시오! 이삼 년 지나면 그보다 더 큰 집을 지을 것입니다. 그 다음에 그를 우리 집에 초대하겠습니다."

이것이 사람들이 살아가는 방식이다. 그대의 마음을 관찰해 보라. 그대가 어떤 것을 즐긴다면 그 이유는 다른 사람들이 그것을 갖지 못했기 때문이다. 그대는 다른 사람들이 그것을 갖지 못했다는 사실을 즐기는 것이지, 그대가 그것을 가졌다는 사실을 즐기는 게 아니다.

이것이 인간의 병적인 심리 상태이다. 그중의 하나는 사디스트인데, 그는 다른 사람의 불행한 처지를 즐긴다. 그 다음에 그는 매저키스트가 된다. 다른 사람의 불행을 즐기는 것이 좋지 않다는 것을 알고서, 그것은 죄악이며 그 죄로 인해 지옥에서 고통받을 것이라는 것을 알고서 그는 매저키스트가 된다. 그는 자기 자신을 고문하기 시작한다. 타인에 대한 것이든 자신에 대한 것이든 고문은 계속된다.

평화는 내면적으로 건강한 상태, 분열되지 않고 전체적인 상태를 의미한다. 이 내면의 건강 안에는 그대는 타인도 자신도 고문하지 않는다. 행복에도 관심이 없고 불행에도 관심이 없다. 그대는 다만 절대적인 침묵과 평온에 관심이 있을 뿐이다.

그렇다, 마음을 버리면……마음은 그대의 모든 과거, 그대가 알고 있는 모든 것, 그대가 축적한 모든 것을 의미한다. 마음은 그대의 교묘한 보물 창고이며 미묘한 소유물이다. 마음을 뒤에 버리고 무심(無心)의 상태에 들면 크나큰 평화가 찾아온다. 그것은 침묵이다. 그것은 지복의 충만이다.

붓다는 '지복'이라는 말을 피했지만 나는 피하지 않는다. 붓다는 '지복'이라는 말을 피할 수밖에 없었다. 그 당시에는 '지복'에 대해 너무 말이 많았기 때문이다. 우파니샤드가 지복을 말하고 있었으며, 마하비라가 그에 대해 말하고 있었다. 그리고 힌두교의 모든 전통이 지복을 말하고 있었다.

"사치타난드(Satchitanand) – 신은 진리, 의식, 지복이다. 하지만 궁극적인 특성은 지복이다."

지복에 대해 너무 많은 말이 행해지고 있었다. 붓다는 그 단어를 사용하지 않는 것이 더 낫겠다고 느꼈을 것이다. '지복'이라는 말은 너무 정통적이고 관습적이며 안일한 단어가 되어 있었다. 그 단어는 너무 흔히 사용되었기 때문에 거기에 담긴 의미와 향기와 아름다움을 잃은 상태였다. 그러나 이제는 그 단어를 다시 살릴 수 있다. 이제는 아무도 지복에 대해 말하지 않기 때문이다.

그러나 그것을 평화라고 부르든 지복이라고 부르든 관계없다. 다만 그것은 그대를 모든 이중성을 초월한 세계로 데려간다는 사실을 이해하라. 그것은 낮과 밤, 여름과 겨울, 삶과 죽음, 고통과 쾌락, 사랑과 미움 등 모든 이중적인 현상의 너머로 그대를 데려간다. 그것은 그대를 '하나'로 데려간다.

그래서 붓다는 그것을 '한 마디'라고 말한다. 그것은 단순하고 조화로운 내면의 건강 상태이다. 한 마디 말로 충분하다. 그 말 한 마디가 공허한 천 마디 말보다 훨씬 더 중요하다.

공허한 천 편의 시보다
평화를 주는 한 편의 시가 낫다.

세상에는 두 종류의 시인이 있다. 한 종류의 시인은 몽상가이다. 그는 상상과 판타지(fantasy)에 있어서 매우 뛰어난 능력을 갖고 있다. 그는 조각, 음악, 시 등 예술 작품을 창조한다. 하지만 그 모든 작품은 꿈이라는 재료로 이루어진다. 예술은 잠깐 동안 그대를 즐겁게 해줄 수는 있겠지만 실체에 대한 통찰력을 주지는 못한다. 그것은 위안을 주고 자장가를 불러 줄지도 모른다. 예술은 그대에게 진정 효과를 줄 것이다. 그렇다, 바로 예술의 역할이다. 예술이라고 불려지는 모든 것에는 진정 효과가 있다.

  클래식 음악을 들으면서 그대는 전혀 다른 세계로 빠져든다. 모든 것이 안정되고 고요하다. 하지만 그것은 일시적인 현상일 뿐이다. 그것은 음악가가 그대 주변에 창조한 꿈의 세계에 불과하다. 시를 듣거나 훌륭한 조각 작품을 보면서 그대는 잠시 망연(茫然)해진다. 마치 다른 세계에 들어간 것처럼 마음이 멈춘다. 그러나 그대는 다시 똑같은 세계로 돌아온다.

  그런데 다른 종류의 시인, 화가, 조각가들이 있다. 그들은 붓다이다. 그들의 한 줄의 시 구절이 그대를 영원히 변형시킬 수도 있다. 붓다의 말을 듣는 것은 신성한 음악을 듣는 것과 같다. 붓다의 말을 듣는 것은 곧 신의 말을 듣는 것이다. 붓다는 눈으로 보고 손으로 만질 수 있는 신이다. 붓다는 신으로 가는 창문이며 저 너머의 세계에서 오는 초대장이다.

  셰익스피어(Shakespeare), 밀튼(Milton), 칼리다스(Kalidas), 브하브부티(Bhavbhuti) 등 수많은 문필가들이 있다. 그들은 모두 몽상가들이다. 그들의 꿈은 아름답다. 하지만 그대를 변형시킬 수는 없다. 그리스도, 크리슈나, 붓다는 그대를 변형시킬 수 있다. 까비르, 나나크, 파리드……. 이 사람들은 그대를 변형시킬 수 있다.

  까비르의 시와 셰익스피어의 시는 어떤 차이점이 있는가? 시에 관한 한 까비르보다는 셰익스피어가 더 훌륭하다. 까비르는 예술에 대해 아무것도 모른다. 셰익스피어의 작품은 매우 정교하다. 그러나 셰익스피어의 작품을 전부 합친 것보다 까비르의 시 구절 하나가 더 가치있다. 왜냐하면 까비르의 말은 환상이 아니라 통찰에서 나온 것이기 때문이다. 그것이 다른 점이다.

까비르는 명철함이 있다. 그에게는 저 너머를 볼 수 있는 눈이 있다. 그러나 셰익스피어는 그대만큼이나 눈이 멀었다. 물론 그는 자신의 환상을 언어로 옮기는 데에 있어서 매우 뛰어난 재주를 갖고 있다. 그것은 훌륭한 기술이다. 하지만 기껏해야 그대에게 유흥거리를 제공할 뿐이다. 그것은 그대를 아름다운 느낌에 몰두하게 할 수 있다. 그러나 그것을 통해 변형이 일어날 가능성은 전혀 없다. 셰익스피어 자신이 변형된 사람이 아니다. 그러니 그가 어떻게 그대를 변형시킬 수 있겠는가?

오직 깨달은 붓다만이 그대를 깨울 수 있다. 셰익스피어는 그대와 마찬가지로 깊이 잠들어 있다. 어쩌면 그대보다 더 깊이 잠들어 있을지도 모른다. 왜냐하면 그는 아름다운 꿈을 꾸고 있기 때문이다. 그의 잠은 당연히 깊을 수밖에 없다. 그는 꿈을 꿀 뿐만 아니라 그 꿈을 노래하기 때문이다. 그는 꿈을 표현하면서도 여전히 잠을 깨지 않는다.

붓다는 깨어 있는 자이다. 오직 깨어 있는 자만이 그대를 깨울 수 있다.

공허한 천 편의 시보다
평화를 주는 한 편의 시가 낫다.

그대는 자신이 붓다의 곁에 있다는 것을 어떻게 알 것인가? 그의 현존 자체가 그대에게 초월적인 평화를 가져다 줄 것이다.

그러므로 과거의 붓다는 많은 도움을 줄 수 없다. 그의 가르침은 다시 공허한 말이 되어버릴 것이기 때문이다. 그 말 속에는 붓다의 현존이 없을 것이다. 그 말들은 다이아몬드로 장식된 황금의 새장이 되겠지만 새는 오래전에 날아가 버렸다.

붓다는 오직 살아 있을 때에만 중요한 의미가 있다. 오직 그의 '살아 있음'만이 궁극적으로 그대를 깨달음으로 이끄는 과정에 불을 당길 수 있기 때문이다.

  백 개의 공허한 문구보다
  평화를 주는 하나의 법문이 더 낫다.

붓다가 말하는 '법'은 도덕적이고 사회적인 법, 정치적인 법을 의미하지 않는다. 그가 말하는 '법'은 담마(dhamma)이다. 에싸 담모 사난따노……궁극적이고 영원한 법, 이 우주를 카오스(chaos)가 아니라 코스모스(cosmos)로 만드는 법, 우주 전체를 조화 속에 유지시키는 법.

  백 개의 공허한 문구보다……

'문구(lines)'는 훌륭한 번역이 아니다. 본래의 단어는 '수트라(sutra)'이다. 수트라는 문자적으로 '끈(thread)'을 의미한다. 동양에서 스승들의 훌륭한 말씀은 수트라, 즉 '끈'으로 불려왔다. 거기에는 어떤 이유가 있다. 인간은 한 무더기의 꽃으로 태어난다. 끈으로 그 꽃들을 엮지 않는 한 꽃 무더기는 무더기로 쌓여 있을 뿐, 화환이 될 수 없을 것이다.

그대는 화환이 되어야만 신 앞에 바쳐질 수 있다. 꽃 무더기는 카오스이며 화환은 코스모스이다. 그리고 화환에서도 그대는 꽃을 볼 뿐, 끈은 보이지 않는다.

스승의 말은 수트라(sutra), 즉 '끈'으로 불려진다. 왜냐하면 그 말들은 그대를 화환으로 만들 수 있기 때문이다. 그리고 그대는 화환이 되었을 때에만 신 앞에 바쳐질 수 있다. 하나의 코스모스, 하나의 하모니와 노래가 되어야만 신 앞에 제공될 수 있다.

지금 그대는 횡설수설 지껄이고 있을 뿐이다. 문을 걸어 잠그고 방 안에 앉아서 마음속에 떠오르는 생각들을 종이에 써보라. 편집하지 말라. 아무것도 삭제하거나 덧붙이지 말라. 그것은 어느 누구에게 보여주기 위한 것이 아니다. 일단 쓴 다음에는 즉시 태워버릴 수 있도록 성냥갑을 옆에 두라. 그러면 진실하게 쓸 수 있을 것이다. 마음속에 떠오르는 모든 것을 글로 옮겨보라. 그러면 그대는 경악할 것이다. 단 십 분만 실험해 보면 내가 그대를 횡설수설한다고 말하는 이유를 알 수 있을 것이다.

그대의 마음은 아무 이유도 없이 이쪽 저쪽으로 왔다갔다 한다. 이쪽에 있는가 하면 어느 순간 저쪽에 가 있다. 그대의 내면은 아무 일관성도 없는 생각들이 좌충우돌하고 있다. 그것은 순전히 에너지의 낭비이다!

붓다의 말은 '수트라(sutra)'로 불려진다. 여기에서 번역자는 수트라를 가리키는 말로 '문구(line)'라는 단어를 사용했다. 언어적으로는 옳다. 그러나 붓다의 말을 옮기는 것은 언어적인 문제가 아니다. 붓다, 그리스도, 크리슈나의 말을 번역하는 것은 거의 불가능한 일이다. 그 말을 옮긴 사람들 자신이 깨닫지 못했다. 그들은 훌륭한 동양학자이고, 언어학자이며 문법학자이다. 그들은 동양의 언어를 안다.

하지만 언어를 알 뿐이다. 언어는 진정한 핵심이 아니다. 그러므로 철학자와 사상가들의 논리적이고 철학적인 진술은 공허하다는 것을 명심하라. 그들의 진술에는 경험이 들어 있지 못하다.

백 개의 공허한 문구보다
평화를 주는 하나의 법문이 더 낫다.

단 한 줄의 법문……. 누가 법문을 말할 수 있는가? 깨달은 자, 궁극적인 법과 하나가 된 사람, 그 자신이 곧 담마(dhamma)가 된 사람, 오직 그런 사람만이 법문을 말할 수 있다. 종교적인 사람이 아니라 종교 자체가 된 사람만이 법문을 말할 수 있다. 그러나 법문을 어떻게 구별할 것인가? 똑같은 기준이 적용된다. -법문은 평화를 준다.

그대들은 왜 나와 함께 이곳에 있는가? 나의 현존이 그대에게 평화를 줄 때에만 이곳에 있으라. 내 말을 들으면서 그대의 내면에 평화를 주는 화음이 울려퍼지기 시작할 때에만 이곳에 있으라. 나에 대한 그대의 사랑이 이중적인 세상을 초월하도록 도움을 줄 때에만 이곳에 있으라. 그렇지 않으면 이곳에 있을 필요가 없다.

나의 현존이 모든 사람에게 도움을 줄 수는 없다. 오직 선택된 소수의 사람들, 진정으로 진리에 대해 갈증을 느끼는 사람들, 신을 알기 위해서는 모든 위험을 무릅쓸 각오가 되어 있는 사람들, 진리를 위해 죽을 준비가 된 사람들, 나의 현존은 오직 그런 사람에게만 도움이 될 것이다.

전쟁에서 천 번 이기는 것보다
그대 자신을 정복하는 것이 더 귀하다.

평화 안에 승리가 있다. 평화가 안팎으로 그대를 휘감을 때, 평화로 넘쳐흐르고 있을 때, 그대는 집에 당도한 것이다. 그대는 자신을 정복한 것이다. 그대는 주인이 된다.

전쟁에서 천 번 이기는 것보다
그대 자신을 정복하는 것이 더 귀하다.

백만 명의 히틀러보다 한 명의 붓다가 훨씬 더 소중하다. 그대 자신을 정복하는 것이 진정한 승리이다. 그밖의 모든 승리는 그대로부터 박탈될 것이다. 알렉산더 대왕도 거지처럼 죽었다. 그는 아무것도 가지고 갈 수 없었다. 그는 전세계를 정복했지만 세상을 떠날 때에는 거지에 불과했다.

알렉산더에 얽힌 세 가지의 일화가 있다. 그 일화들은 의미심장하다. 그중의 하나는 디오게네스(Diogenes)와의 만남에 대한 것이다. 알렉산더가 인도로 가기 위해 진군하고 있었다. 어떤 사람이 그에게 말했다.

"폐하, 폐하는 디오게네스에 대해 궁금해 하셨지요? 그런데 지금 그가 바로 근처에 있습니다."

알렉산더는 디오게네스에 대해 많은 이야기를 들은 바 있었다. 디오게네스야말로 진정 인간이라고 불릴 만한 자격이 있는 사람이었다!

알렉산더마저도 그에 대해 깊은 질투심을 느꼈다.

　알렉산더는 디오게네스를 만나러 갔다. 디오게네스는 강 둑에 벌거벗고 누워 햇볕을 쪼이고 있었다. 그때는 이른 아침이었다. 이른 아침의 햇살이 아름답게 빛나고 모래펄은 차가웠다…….

　알렉산더는 디오게네스의 아름다움에 강렬한 인상을 받았다. 디오게네스는 아무런 장식물도 없이 벌거벗은 채 누워 있었다. 알렉산더는 온갖 장신구를 주렁주렁 매달고 있었지만 디오게네스 앞에 서니 매우 초라해 보였다.

　알렉산더가 말했다.

　"나는 그대에게 질투를 느낀다. 그대와 비교해 보니 나는 매우 초라해 보인다. 그런데 그대는 아무것도 갖고 있지 않다. 그대의 부유함은 어디에서 오는가?"

　디오게네스가 말했다.

　"그것은 내가 아무것도 원하지 않기 때문이오. 무욕(無慾)이 나의 보물이오. 나는 아무것도 소유하지 않음으로서 주인이 되었소. 무소유가 나를 주인으로 만들었소. 그리고 나는 전세계를 정복했소. 왜냐하면 나는 나 자신을 정복했기 때문이오. 나의 승리는 영원히 나와 함께 할 것이지만 당신의 승리는 죽음이 앗아갈 것이오."

　두 번째 이야기는 알렉산더가 인도에서 돌아갈 때 있었던 일이다. 알렉산더가 인도로 오기 전, 그의 스승은 이렇게 말했었다.

　"인도에서 돌아올 때에는 산야신(sannyasin)을 데리고 오시오. 그것이 인도의 세상에 대한 가장 큰 공헌이기 때문이오."

　산야신의 존재는 인도의 독특한 현상이다. 인도만큼 초월적인 관념에 완전히 사로잡혀 있는 나라는 어디에도 없다.

알렉산더의 스승은 아리스토텔레스(Aristoteles)였다. 그는 알렉산더에게 부탁했다.

"돌아올 때에는 꼭 산야신을 데리고 오시오. 나는 산야신이 무엇인지, 도대체 그들이 무엇을 하는 사람들인지 알고 싶소."

인도를 정복하고 돌아가다가 알렉산더는 스승의 말을 기억했다. 그는 어디가면 산야신을 찾을 수 있는지 물었다.

사람들이 말했다.

"산야신은 많지만 진정한 산야신은 아주 극소수입니다. 하지만 우리는 한 사람을 알고 있습니다."

알렉산더 대왕에 대한 기록에는 그 산야신의 이름이 단다메쉬(Dandamesh)로 나타난다. 아마 그것은 인도 이름이 그리스 식으로 변형된 이름일 것이다. 알렉산더는 단다메쉬를 보러 갔다. 그는 디오게네스에서 보았던 것과 똑같은 아름다움, 똑같은 평화를 보았다. 깨달음은 항상 유사한 느낌을 불러일으킨다. 모든 붓다에게서 그대는 똑같은 향기, 똑같은 평화를 발견할 것이다.

단다메쉬의 에너지권에 들어갔을 때, 알렉산더는 엄청난 영향을 받았다. 마치 향기로 가득한 정원에 들어선 느낌이었다. 그 즉시 알렉산더는 디오게네스가 떠올랐다. 그것은 디오게네스에게서 받은 느낌과 상당한 유사성을 지니고 있었다.

알렉산더가 단다메쉬에게 말했다.

"나는 그대를 초청하기 위해 왔다. 그대는 우리의 국빈으로 대접받을 것이며 모든 편의가 제공될 것이다. 그대는 반드시 나와 함께 아테네로 가야 한다."

단다메쉬가 말했다.
"나는 이미 오고 감을 떨쳐버렸다."
그는 엉뚱한 말을 하고 있었다. 알렉산더는 그 말을 즉각 이해할 수 없었다.
단다메쉬는 이렇게 말하고 있었던 것이다.
"이제 나는 세상 안으로 들어옴도 없고 세상 밖으로 나감도 없다. 나는 모든 오고 감을 초월했다."
알렉산더가 말했다.
"이것은 명령이다. 나는 그대에게 명령하고 있는 것이다! 그대는 내 명령을 따라야 한다. 감히 알렉산더의 명령을 거역할 참인가?"
단다메쉬는 웃음을 터뜨렸다. 알렉산더는 디오게네스가 기억났다. 그것은 디오게네스의 웃음과 똑같은 웃음이었다.
단다메쉬가 말했다.
"아무도 내게 명령할 수 없다. 죽음이 온다 해도!"
알렉산더가 말했다.
"그대는 내가 아주 무서운 사람이라는 것을 모르는구나!"
알렉산더는 칼을 뽑아들고 외쳤다.
"나를 따라가든지 죽음을 맞든지 둘 중의 하나를 택하라! 나의 명령을 거역하면 목을 쳐버리겠다!"
단다메쉬가 말했다.
"당신 마음대로 하시지. 당신은 지금 하려는 행동을 나는 이미 수년 전에 했다. 목이 떨어지면 당신이 볼 수 있듯이 나 또한 목이 땅에 떨어지는 것을 볼 것이다."
알렉산더가 말했다.

"어떻게 그대가 그것을 본단 말인가? 그대는 죽을 것이다!"
단다메쉬가 말했다.
"나는 더 이상 죽지 않는다. 나는 주시자가 되었다. 나는 당신과 마찬가지로 내 죽음을 목격할 것이다. 당신도 볼 것이고 나도 볼 것이다. 나의 육체는 이미 목적을 달성했다. 그러므로 육체는 더 이상 존재할 필요가 없다. 자, 어서 목을 잘라라!"
알렉산더는 칼을 내려 칼집에 꽂았다. 이런 사람을 죽이는 것은 불가능하다.

세 번째 이야기가 있다. 임종을 맞고 있을 때, 알렉산더는 디오게네스와 단다메쉬를 기억했다. 그리고 그들의 웃음과 평화, 그들의 기쁨을 떠올렸다. 그들은 죽음을 초월한 무엇인가를 지니고 있었다.
"그런데 나는 아무것도 갖지 못했다."
알렉산더의 눈에서 눈물이 흘렀다. 그는 대신들에게 말했다.
"나를 장례식장으로 옮길 때에는 관 밖으로 두 팔이 나오게 하라."
대신들이 물었다.
"그게 무슨 말씀이십니까? 그것은 전통에 어긋납니다. 왜 그렇게 해괴한 요구를 하십니까?"
알렉산더가 말했다.
"나는 내가 빈 손으로 가는 것을 사람들이 보기를 바란다. 나는 평생을 낭비했다. 나의 손을 관 밖으로 내놓아 모든 사람이 보게 하라. 알렉산더 대왕마저 빈 손으로 간다는 것을!"
이 이야기들은 명상할 가치가 있다.

붓다는 말한다.

전쟁에서 천 번 이기는 것보다
그대 자신을 정복하는 것이 더 귀하다.

그럴 때 승리는 그대의 것이다.

그 외에는 어떤 승리도 그대의 것이 아니다. 빼앗길 수 없는 승리, 그것만이 그대의 승리이다.

천사도 악마도
천국도 지옥도
그대의 승리를 빼앗아가지 못한다.

어느 누구도 그 승리를 빼앗아갈 수 없다. 명심하라, 빼앗길 수 없는 것만이 그대의 것이다. 빼앗길 수 있는 것은 무엇이든지 그대의 것이 아니다. 그것에 집착하지 말라. 집착은 불행을 초래할 것이다. 빼앗길 수 있는 것은 소유하지 말라. 그 소유는 그대에게 고통을 불러올 것이다. 오직 아무도 빼앗아갈 수 없는 것, 진정으로 그대의 소유인 것만을 지녀라. 그것은 도둑맞을 수도 강탈당할 수도 없다. 죽음조차 그것을 앗아가지 못한다.

크리슈나는 "나이남 치힌단티 스하스트라니(Nainam chhindanti shastrani)"라고 말한다. 그 말은 이런 뜻이다.

"그대는 무기로 그것을 자를 수 없다. 칼로 찌를 수도 없고 화살로 쏠 수도 없다. 총알도 소용없다."

나이남 다하티 파바카흐(Nainam dahati pavakah) — 그것은 불로 태울 수도 없다. 화장터에서 그대의 육체는 불에 탈 것이지만 '그대'는 태워지지 않을 것이다. 만일 그대 자신을 안다면, 그대 내면의 의식(consciousness)을 이해하고 정복한다면, 그때엔 그대의 육체가 타서 재가 되더라도 그대는 타지 않을 것이다. 그대는 영원히 남을 것이다. 그러나 이 영원성은 오직 그대 자신의 주인이 되었을 때에만 알 수 있다.

다른 사람을 지배하고, 권력과 지위를 얻고, 세상을 정복하면서 시간을 낭비하지 말라. 그대 자신을 정복하라. 세상에서 단 하나 정복할 가치가 있는 것이 있다면 그것은 바로 그대 자신이다.

백 년 동안 숭배하기보다
천 번 공물을 바치는 것보다
상을 받기 위해 천 개 세속의 길을 버리기보다
백 년 동안 숲 속의 신성한 불꽃을 돌보기보다
자신을 정복한 사람에게
바치는 한 순간의 존경이 훨씬 낫다.

매우 중요한 경문이다. 이에 대해 명상하라.

백 년 동안 숭배하기보다……
자신을 정복한 사람에게
바치는 한 순간의 존경이 훨씬 낫다.

사원에서 그대는 돌덩어리를 숭배할 것이다. 석상과 그림, 경전을

작은 양초를 밝혀라

숭배함에 의해서는, 계율과 형식을 지킴에 의해서는 불성을 맛보지 못할 것이다.

자기 자신을 정복한 사람에게 바치는 짧은 순간의 존경이 훨씬 값지다. 자기 자신을 정복한 붓다에게 엎드려 절하는 순간, 붓다의 진동이 그대를 울릴 것이기 때문이다. 그 진동은 그대의 잠든 가슴을 휘저어 놓고 마치 어둠 속에 한줄기 빛이 들어오듯이 그대의 어두운 영혼을 관통한다. 그리고 그대에게 난생 처음으로 신성에 대한 일별(一瞥)을 가져다 준다.

그것은 사원, 모스크, 교회, 시나고그, 구루드와라(gurudwara)에서는 가능하지 않다. 그것은 나나크(Nanak)의 곁에 있을 때 일어나는 일이지, 구루드와라에서 일어나는 일이 아니다. 예수와 사랑으로 연결되어 있다면 그런 일이 가능하지만 교회에서는 아니다. 만일 그대가 붓다에게 굴복하고 "붓담 사라남 가차미(Buddham sharanam gachchhami) - 나는 붓다의 발 아래 엎드립니다. 나는 나 자신에게 귀의합니다."라고 말한다면 그런 일이 가능하다. 하지만 절에 있다고 해서 그런 일이 일어나지는 않는다. 불상 앞에서는 그런 일이 가능하지 않다.

그대는 살아 있는 붓다를 찾아야 할 것이다. 그밖에 다른 길은 없다. 지름길은 없다.

> 천 번 공물을 바치는 것보다
> 상을 받기 위해 천 개 세속의 길을 버리기보다……
> 자신을 정복한 사람에게
> 바치는 한 순간의 존경이 훨씬 낫다.

그대는 왜 조각상을 숭배하는가? 왜 그 앞에 꽃과 음식을 바치는가? 그대는 왜 수천 가지 세속적인 길을 포기하는가? 그것은 탐욕과 공포 때문이다. 그것은 탐욕이거나 두려움이거나 둘 중의 하나이다. 또는 탐욕과 두려움 둘 다이다. 탐욕과 두려움은 다른 것이 아니라 동전의 양면일 뿐이다. 탐욕은 은폐된 두려움이며, 두려움은 은폐된 탐욕이다.

세속적인 사람들만 탐욕스러운 게 아니다. 소위 내세 지향적(otherworldly)인 사람들 또한 탐욕스럽다. 오히려 그들이 더 탐욕스러울지도 모른다. 그들은 이 세상만으론 만족할 수 없을 정도로 탐욕스럽다. 그들의 탐욕은 어찌나 강한지 천국의 쾌락을 바란다. 오직 천국만이 그들을 만족시킬 수 있다. 이 세상만으론 충분치 않다.

소위 성자라고 불리는 자들은 그대에게 말한다.

"왜 일시적인 쾌락에 빠져 삶을 헛되이 보내는가? 우리를 따르라! 우리가 길을 보여줄 것이다. 영원히 지속되는 쾌락을 발견할 수 있는 길을."

그러나 이것은 순전히 탐욕이다! 차라리 세속적인 사람의 욕심이 덜한 것 같다. 세속적인 사람은 일시적인 것에 만족한다. 그런데 내세를 지향하는 자들은 영원히 지속되는 것을 바랄 정도로 탐욕스럽다. 그대의 성직자들, 그대의 승려들은 매우 탐욕스런 자들이다.

어느 날 보나텔리의 이발소에 개신교 목사가 들어와 머리를 깎았다. 머리를 깎고 나자 목사가 지갑을 꺼냈다. 보나텔리는 웃으면서 고개를 저었다.

"목사님, 지갑은 넣어 두십시오. 저는 성직에 계신 분께는 돈을 받지 않습니다."
 목사가 보나텔리에게 감사를 표하고 나갔다. 그러나 목사는 곧 다시 돌아와 신앙심 깊은 이발사에게 성경책을 선물로 주었다.
 한 시간 후, 러크 신부가 이발소에 들어왔다. 그 역시 머리를 깎았다. 이발사는 또 이발료 받기를 사양했다.
 "괘념치 마십시오. 저는 성직에 계신 분들께는 돈을 받지 않습니다."
 러크 목사는 고마움을 표하고 나갔다가 이발사의 신앙심을 인정하는 증표로 십자가를 선물로 가져왔다.
 저녁때가 되어갈 무렵, 유태교 랍비가 들어와 머리를 깎았다. 랍비가 호주머니에 손을 넣었을 때 이발사는 극구 사양했다.
 "됐습니다, 랍비님. 저는 하나님의 일을 하시는 분께는 돈을 받지 않습니다."
 랍비가 가게를 나갔다가 다시 돌아왔다. 다른 랍비를 데리고!

 사람들은 탐욕이나 두려움을 통해서 살아간다. 지옥을 두려워하지 않는 사람은 거의 없다. 천국을 욕심내지 않는 사람도 거의 없다. 그래서 그들은 신을 숭배한다.

 수피(Sufi)들에게 전해지는 이야기가 있다.

 예수가 도시에 들어갔다. 그는 몇 사람이 매우 슬픈 표정으로 앉아 있는 것을 보았다. 예수는 그토록 괴로워하는 사람을 본 적이 없었다.
 예수가 물었다.

"무슨 일입니까? 무슨 재앙이 덮친 것입니까?"

그들이 말했다.

"우리는 지옥이 무서워서 떨고 있습니다. 우리는 어떻게 지옥에서 자신을 구할지 모르겠습니다. 그것이 우리의 두려움이며 끝없는 괴로움입니다. 우리는 방법을 찾을 때까지 잠잘 수도 마음 편히 쉴 수도 없습니다."

예수가 이 사람을 지나쳐서 조금 더 앞으로 나갔을 때 몇 사람이 아주 괴롭고 슬픈 표정으로 나무 밑에 앉아 있는 것을 보았다. 예수는 매우 궁금했다.

예수가 물었다.

"무슨 일입니까? 이 도시에 무슨 일이 있었습니까? 왜 그렇게 슬프고 침울한 얼굴을 하고 있습니까? 이런 상태가 조금 더 지속된다면 당신들은 미쳐버릴 것입니다! 도대체 무슨 일입니까?"

그들이 말했다.

"아무 일도 없었습니다. 다만 우리는 천국을 놓칠까 봐 두려워하고 있는 겁니다. 우리는 어떻게 해야 천국에 들어갈 수 있을지 모르겠습니다. 그러나 우리는 어떤 대가를 치르더라도 반드시 천국에 들어가야 합니다. 그것이 우리의 고통이며 압박감입니다."

예수는 이 사람들 또한 지나쳤다.

수피들은 말한다. ─예수는 왜 이 사람들을 그냥 내버려 두었을까? 이 사람들은 종교적인 사람들이었기 때문이다! 예수는 이 사람들에게 지옥을 피하고 천국에 들어갈 수 있는 방법을 가르쳐 주어야 했다. 그러나 그는 이 사람들을 그냥 지나쳤.

얼마쯤 가다가 예수는 정원에 몇몇 사람이 모여 있는 것을 발견했다. 그들은 노래하고 춤추며 즐거운 시간을 보내고 있었다.

예수가 물었다.

"무슨 행사입니까? 경사가 난 모양이지요?"

그들이 말했다.

"특별한 경사는 없습니다. 다만 우리는 신에게 감사드리고 있는 겁니다. 우리는 받을 자격도 없는데 신은 많은 것을 주셨습니다."

예수가 말했다.

"나는 그대들에게 함께 머물며 말할 것이오. 그대들이야말로 진정 나의 사람들이오."

이 이야기는 기독교인들에 의해 언급되지 않는다. 하지만 수피들은 예수에 얽힌 몇 개의 아름다운 이야기를 간직하고 있다. 사실, 수피들은 소위 정통 기독교인들보다 더 깊이 예수를 이해한다. 위의 이야기는 두려움으로 사는 사람들도, 탐욕으로 사는 사람들도 신의 왕국에 들어갈 수 없다고 말한다. 오직 넘치는 즐거움과 감사한 마음으로 사는 사람들만이 신의 왕국에 들어간다.

그런데 그대는 그 감사하는 태도를 어디에서 배울 것인가? 붓다를 만나지 못했다면 그대는 감사가 무엇인지 알 수 없을 것이다. 붓다를 만나지 못했다면 어디에서 축제의 흥겨움을 배울 것인가? 붓다는 축제이며 향연이다. 노래와 춤이 끝도 없이 계속되는 축제이다.

붓다는 말한다. 만일 붓다를 만난다면 잠시 동안의 존경만으로도 충분하다고.

두려움과 탐욕을 버려라. 제자가 되는 법을 배워라. 내면의 중심에 도달한 자, 깨달음을 얻은 자, 스스로 빛이 된 자의 영혼을 흡수하는 법을 배워라. 그 빛을 향해 눈뜨는 법을 배워라.

  붓담 사라남 가차미(Buddham sharanam gachchhami)
  상감 사라남 가차미(Sangham sharanam gachchhami)
  담맘 사라남 가차미(Dhammam sharanam gachchhami)

  이 삼귀의(三歸依)를 배워라. 첫 번째 귀의는 깨달은 자에 대한 귀의이다. 두 번째 귀의는 깨달은 자의 공동체에 대한 귀의이다. 깨달은 자의 향기가 공동체에 스며들기 때문이다. 그 다음은 법에 대한 귀의이다. 그 법을 통해 잠들었던 자가 이미 깨달음을 얻었으며 다른 잠들은 자들이 깨달음을 얻을 것이다. 그 궁극적인 법에 대한 귀의가 세 번째이다.

  이 삼귀의(三歸依)와 한 순간의 존경은 백 년 동안의 숭배보다, 천 번 공물을 바치는 것보다 더 소중하다.

  천 번 공물을 바치는 것보다
  상을 받기 위해 천 개 세속의 길을 버리기보다……
  자신을 정복한 사람에게
  바치는 한 순간의 존경이 훨씬 낫다.

  덕과 성스러움을 오래 쌓은 이,
  그런 이를 존경하는 것은
  삶 자체를 이기는 것.
  아름다움, 강함, 행복을 얻는 것.

  그런 사람을 아는 것은 곧 존재계의 가장 비밀스러운 현상을 아는 것이다. 붓다에게 절할 때 기적이 일어난다. 붓다로부터 제자의 가슴으로 무엇인가 흐르기 시작한다. 보이지 않는 강, 빛의 강이 흐르기 시작한다.

　　덕과 성스러움을 오래 쌓은 이,

　이 말은 무슨 뜻인가? 성스러움은 이른 아침 연꽃잎에 맺힌 이슬방울만큼 새롭다. 그리고 히말라야처럼 오래되었다. 여기에 역설이 있다. 성스러움은 새로운 동시에 오래되었다. 왜냐하면 그것은 영원하기 때문이다. 그것은 처음부터 끝까지 존재한다. 또한 매순간 스스로 새로워진다. 그것은 죽은 물건이 아니라 살아 있는 과정이다. 그것은 고여 있는 연못이 아니라 바다를 향해 흐르는 강이다. 그러므로 매순간 새롭다.
　따라서 모든 붓다는 영원히 젊다. 여든두 살 먹은 노인으로 표현된 불상을 본 적이 있는가? 마하비라와 크리슈나가 노인으로 표현된 것을 본 적이 있는가? 붓다, 마하비라, 크리슈나는 모두 여든 살이 넘게 살았지만 그들 중 어느 누구도 노인으로 표현된 조각상은 없다. 그 이유는 무엇인가? 그것은 진리의 영원한 젊음, 진리의 영원한 새로움을 상징하기 위해서이다.
　그럼에도 불구하고 그들의 말은 가장 오래되었다. 아이스 담모 사난따노……시작이 없을 정도로 오래되었다. 사난따노(sanantano)는 '시작없음(beginningless)'을 의미한다.
　이것을 상징하는 다른 현상이 있다. 노자는 노인으로 태어났다고 전해진다. 붓다는 여든두 살에 죽었지만 노자는 여든두 살에 태어났다. 그는 엄마의 자궁 안에서 82년을 살았다. 이것은 매우 아름다운 이야기이다. 그가 실제로 그렇게 살았다는 이야기는 아니다. 여자 생각도 해줘야 하지 않는가! 하지만 이 이야기에는 어떤 의미가 담겨 있다. 이 이야기는 진리가 매우 오래되었으며, 항상 오래되었다는 것을 암시한다.

이런 이야기들은 아름답다. 아기들은 탄생시에 울음을 터뜨린다. 그런데 짜라투스트라는 웃었다! 그가 실제로 그랬던 것은 아니다. 어떤 아기도 그렇게 할 수 없다. 그것은 생물학적으로 불가능하다. 아기는 반드시 울어야 한다. 울음을 통해 아기는 가슴과 호흡기를 청소한다. 아기는 웃을 수도 숨쉴 수도 없다. 아기는 먼저 울어야 한다. 만일 아기가 몇 분 동안 울지 않는다면 그것은 아기가 살아나지 못한다는 징조이다. 아기는 울음을 터뜨리도록 강요받는다. 의사는 아기를 거꾸로 들고 엉덩이를 찰싹 때린다. 만일 아기가 운다면 그것은 아기가 살아 남을 것이라는 징조이다. 아기가 울면 엄마의 자궁 안에 사는 동안 가슴에 고여 있던 점액이 청소된다. 아기는 엄마의 자궁 안에서 숨쉬지 않기 때문에 호흡 기관이 점액질로 막혀 있다. 그래서 생물학적인 면에서 모든 아기는 울어야 한다. 울음을 통해 아기는 점액을 제거한다. 웃음은 불가능하다.

그러나 짜라투스트라가 웃었다는 이야기는 매우 상징적이다. 그것은 이 삶 전체가 단지 환상에 불과하며 오직 웃을 가치밖에 없다는 것을 상징한다. 이 삶은 어처구니없을 정도로 우스꽝스럽다! 짜라투스트라는 처음부터 이 삶이 어처구니없다는 것을 안다. 진짜 삶은 전혀 다르다.

덕과 성스러움을 오래 쌓은 이,

작은 양초를 밝혀라

그런 이를 존경하는 것은
삶 자체를 이기는 것.
아름다움, 강함, 행복을 얻는 것.

붓다를 존경하고 신뢰함에 의해 그대는 삶 자체를 정복한다. 그리고 그대는 아름다움과 강함, 행복을 얻을 것이다. 그 귀의를 통해 그대는 아름다워질 것이다. 추악한 에고가 사라지기 때문이다. 그대는 강해질 것이다. 항상 허약하고 무능한 에고가 사라질 것이기 때문이다. 그리고 그대는 난생 처음으로 행복해질 것이다. 왜냐하면 그대는 난생 처음으로 진리를 일별(一瞥)했기 때문이다. 난생 처음으로 그대 자신을 힐끗 보았기 때문이다. 붓다는 거울이다. 붓다에게 업드려 절할 때 그대는 붓다 안에 비치는 자신의 본래 면목을 본다.

그대의 가슴이 기도로 가득 차게 하라.

붓다에게 귀의합니다.
붓다의 공동체에 귀의합니다.
붓다가 가르친 진리에 귀의합니다.

붓담 사라남 가차미, 상감 사라남 가차미, 담맘 사라남 가차미……

백 년을 사는 것보다는

해악으로 보낸 백 년보다
명상으로 보낸 하루가 낫다.

무지로 보낸 백 년보다
비춤(reflection)으로 보낸 하루가 더 낫다.

게으름으로 보낸 백 년보다
굳은 결의로 보낸 하루가 낫다.

하루를 살더라도
온갖 것이 어떻게 생기고 사라지는지
경이감으로 사는 것이 더 낫다.

단 한 시간이라도
길 저편의 삶을 아는 것,
그것이 더 귀한 삶이다.

단 한 순간을 살더라도
길 저편의 길 위에 사는 것,
그것이 귀한 삶이다.

고탐 붓다는 진리와 삶을 탐구하는 모든 사람에게 가장 중요한 질문을 던진다. 진정한 행복은 무엇인가? 그 행복을 달성할 가능성이 있는가? 아니면 모든 행복이 순간적인 것일까? 삶은 단지 꿈에 불과한 것일까, 아니면 실체적인 무엇이 있는 것일까? 삶은 탄생으로 시작되어 죽음으로 끝나는 것일까, 아니면 탄생과 죽음을 초월한 무엇인가 있는 것일까?

영원한 것이 없다면 진정한 행복은 불가능하다. 모든 게 순간적이라면 행복 또한 덧없이 지나갈 것이다. 한 순간 있던 것이 다음 순간에는 사라진다. 그리고 그대는 커다란 절망에 빠진다.

그것이 보통의 삶, 깨닫지 못한 사람들의 삶이다. 행복의 순간이 있는가 하면 불행의 순간이 있다. 모든 게 뒤죽박죽으로 섞여 있다. 그대는 행복의 순간을 유지할 수 없다. 그 순간들은 스스로 왔다가 스스로 사라진다. 그대는 주인이 아니다. 그대는 불행의 순간들을 회피할 수 없다. 그 불행의 순간들 또한 그들 나름대로의 주장이 있다. 그 순간들은 스스로 왔다가 스스로 사라진다. 그대는 단지 희생자일 뿐이다. 불행과 행복의 사이에서 그대는 갈갈이 찢어진다. 그대는 결코 마음 편히 있을 수 없다. 이렇게 모든 이중성의 사이에서 분열된다는 것은……. 행복과 불행의 이중성이 가장 기본적이고 심각하지만 그 외에도 수많은 이중성이 있다. 사랑과 미움, 삶과 죽음, 낮과 밤, 여름과 겨울, 청춘과 노년 등등……. 하지만 모든 이중성을 대표하는 가장 기본적인 이중성은 행복과 불행이다. 그리고 그대는 정반대의 양방향으로 분열된다. 그대는 결코 편안할(ease) 수 없다. 그대는 질병(dis-ease)의 상태이다.

붓다에 따르면, 인간은 하나의 질병이다. 이 질병은 절대적인 것인가, 아니면 극복할 수 있는 것인가?

가장 기본적이고 중요한 질문은 "진정한 행복이란 무엇인가?" 하는 것이다. 분명히 우리가 알고 있는 행복은 진정한 행복이 아니다. 우리가 아는 행복은 꿈의 재료이며 항상 정반대로 돌변한다. 한 순간 행복처럼 보이던 것이 다음 순간에는 불행으로 돌변한다.

이것은 행복과 불행이 따로 떨어져 있지 않다는 사실을 보여준다. 행복과 불행은 동전의 양면에 비유될 수 있다. 만일 그대가 동전의 한 면을 갖고 있다면 그 뒤에는 항상 다른 쪽 면이 숨어 있다. 그 다른 쪽 면은 자신을 드러낼 기회를 노리고 있다. 그대는 그것을 안다. 행복감을 느낄 때 그대의 마음 깊은 곳에는 이 행복이 계속 유지되지 않을 것이라는 두려움이 숨어 있다. 곧 낮이 가고 밤이 올 것이라는 두려움, 어느 순간에라도 어둠이 그대를 덮칠 것이라는 두려움, 이 빛은 단지 환상일 뿐이며, 그대를 피안의 세계로 데려갈 수 없다는 두려움이 항상 깊은 곳에 숨어 있다.

사실, 그대의 행복은 행복이 아니라 숨어 있는 불행일 뿐이다. 그대의 사랑은 사랑이 아니라 미움의 가면일 뿐이다. 그대의 자비는 분노에 불과하다. 문명화되고 교묘하게 길들여졌을 뿐, 분노 이상의 것이 아니다. 그대의 감수성(sensitivity)은 진정한 감수성이 아니라 정신적인 훈련에 의해 확립된 특정한 태도와 접근 방식이다.

지금까지 인류는 미덕과 선행이 훈련될 수 있다는 관념에 의해 양육되었다. 행복해지는 법을 배울 수 있다는 관념, 행복을 가져다 주는 특정한 인격을 연마할 수 있다는 관념이 인류를 지배해 왔다. 그러나 이런 관념은 절대적으로 잘못되었다.

행복에 대해 가장 먼저 이해해야 할 것은 행복이 연마될 수 없다는 사실이다. 행복은 오직 허용될 수 있을 뿐이다. 왜냐하면 행복은 그대가 창조하는 어떤 것이 아니기 때문이다. 그대가 창조하는 것은 무엇이든지 그대 이상이 될 수 없다. 그림은 화가를 능가하지 못하며 시는 시인을 능가하지 못한다. 그대의 노래는 그대보다 더 하찮은 것이 될 수밖에 없다.

만일 그대가 행복을 연마한다 해도 그 배후에는 항상 어리석음과 무지, 혼란된 마음을 가진 그대가 있을 것이다. 카오틱(chaotic)한 마음으로는 코스모스(cosmos)를 창조할 수 없다. 그대는 은총을 창조할 수 없다. 은총은 항상 저 너머에서 온다. 은총은 전적인 신뢰와 복종 안에서 선물로 주어지는 것이다. 방임의 상태에서 진정한 행복이 일어난다.

그러나 우리는 야망을 가지고 목표를 달성하라는 말을 들어왔다. 우리의 마음은 야심가로 길들여졌다. 교육제도와 종교, 문화의 모든 것이 기본적으로 이런 관념에 의존하고 있다. 그들은 인간은 야심을 가져야 하며 야심가만이 만족을 얻는다고 말한다. 그러나 야심가가 만족을 얻은 일은 여태껏 없었으며 앞으로도 없을 것이다. 그런데 인류는 어리석음과 무지에 빠진 나머지 이런 관념을 계속 신봉한다.

지금껏 야심가가 행복을 얻은 적은 없었다. 사실, 야심가는 세상에서 가장 불행하다. 그런데 우리는 아이들에게 야망을 가지라고 훈련시킨다.

"정상에 올라라. 일등이 되라. 그러면 행복해질 것이다!"

하지만 그대는 정상의 위치에 있으면서 행복한 사람을 본 적이 있는가? 알렉산더가 세상을 정복했을 때 행복했던가? 그는 지금까지 지구상에 존재했던 사람들 중에서 가장 불행한 사람 중의 하나였다. 그는 디오게네스의 행복을 보고 질투를 느꼈다. 거지를 질투한다고?

디오게네스는 거지였다. 그는 아무것도 가진 게 없었다. 심지어 동냥그릇마저 없었다. 그래도 붓다는 동냥그릇과 옷 세 벌이 있었다. 그런데 디오게네스는 동냥그릇도 없이 완전히 벌거벗고 살았다. 처음에 그는 동냥그릇을 갖고 있었다. 그는 붓다나 마하비라와 똑같은 사람이었다. 아마 마하비라 쪽에 더 가까웠을 것이다. 마하비라 또한 동냥그릇도 없이 벌거벗고 살았다. 그의 두 손이 곧 동냥그릇이었다.

어느 날, 디오게네스는 동냥그릇을 들고 강으로 가고 있었다. 뜨거운 날씨 탓에 그는 목이 말랐다. 그가 강둑에 다달았을 때, 개 한 마리가 그의 옆을 지나쳐서 달려가더니 강물에 첨벙 뛰어들었다. 개는 물을 마시고 즐겁게 목욕을 했다. 그 광경을 보면서 디오게네스의 마음속에 이런 생각이 떠올랐다.

"이 개는 나보다 더 자유롭다. 그는 동냥그릇조차 갖고 다니지 않는다. 개가 이렇게 살 수 있다면 나라고 동냥그릇없이 살지 못할 이유가 없다. 이 그릇은 나의 유일한 소유물이다. 나는 이 그릇을 도둑맞을까 봐 감시해야 한다. 밤중에도 그릇이 그대로 있는지 불안해서 잠을 깬 적이 한두 번이 아니다."

그는 강물에 그릇을 던져버렸다. 그리고 개에게 엎드려 절하며 신으로부터 메시지를 전해준 데 대해 고마움을 표시했다.

이 사람, 아무것도 갖지 못한 이 사람이 알렉산더의 마음속에 질투를 불러일으켰다. 알렉산더는 디오게네스에게 고백했다.

"만일 신이 나에게 또 한 번의 삶을 허락한다면, 나는 그에게 '이번에는 나를 알렉산더가 아니라 디오게네스로 태어나게 해주십시오' 하고 부탁할 것이오."

디오게네스는 배꼽을 잡고 웃었다. 그러더니 지금은 친해져서 함께 살고 있는 개를 불렀다.

"이리 와서 보아라. 저 사람이 무슨 뚱딴지 같은 소리를 하고 있는지 너도 들었지? 그는 다음 생에 디오게네스가 되기를 원한다!"

디오게네스가 알렉산더를 보며 말했다.

"왜 다음 생으로 연기하는 것이오? 다음 생이 어찌 될지 누가 알겠소? 내일이나 다음 순간조차 확실치 않소. 그러니 다음 생은 말할 것도 없소! 만일 당신이 진심으로 디오게네스가 되기를 원한다면 지금 당장 이 자리에서 될 수 있소. 당신의 옷을 벗어서 강물에 집어던지시오. 세계를 정복하는 문제 따위는 집어치우시오! 그것은 순전히 어리석은 짓이오. 당신도 그것을 알고 있소. 당신은 자신이 불행하며 디오게네스가 훨씬 더 행복하다고 당신 입으로 고백하지 않았소? 그러니 지금 당장 디오게네스가 되지 못할 이유가 어디에 있소? 자, 이리 와서 내가 햇볕을 쬐는 강 둑에 누우시오. 여기는 우리 두 사람이 눕기에 충분하니까."

그러나 알렉산더는 디오게네스의 제안을 받아들일 수 없었다. 알렉산더가 말했다.

"당신의 제안은 고맙지만 지금 당장은 곤란하오. 하지만 다음 생에는······."

디오게네스가 물었다.

"당신은 어디로 갈 예정이오? 세상을 정복한 다음에는 무엇을 할 작정이오?"

알렉산더가 말했다.

"그 다음에는 휴식할 것이오."

디오게네스가 말했다.

"그것 참 터무니없는 소리구려. 나는 지금 당장 쉬고 있으니 말이오!"

알렉산더와 히틀러가 행복하지 못하다면, 록펠러(Rockefeller)와 카네기(Carnegi) 같은 사람들이 행복하지 못하면, 세상의 모든 권력을 움켜 쥔 사람들, 또는 엄청난 돈을 갖고 있는 사람들이 행복하지 못하다면…….

지미 카터(Jimmy Carter)의 표정을 보라. 그의 얼굴에서는 미소가 사라졌다. 그는 매우 아름다운 미소를 지니고 있었다. 그런데 그 미소가 어디로 사라졌는가? 대통령이 되기 전에 그는 훨씬 더 행복해 보였다. 그런데 지금은 얼굴 표정이 점점 어두워지고 있다. 점점 더 불안과 고뇌가 드러나고 있다.

오늘 아침에 「타임誌」를 보니 그의 얼굴은 2년 전보다 훨씬 더 늙어 있었다. 마치 이십 년은 늙은 것 같았다. 대통령이 된 후 그는 악몽에 시달리고 있을 것이다. 대통령이 되면 행복해질 것이라던 희망은 모두 어디로 가버렸는가?

출세한 사람들의 얼굴을 관찰해 보라. 그러면 출세하고 싶은 생각이 싹 사라질 것이다. 성공보다 더한 실패는 없는 것 같다. 세상에서는 '성공보다 더한 성공은 없다'고 말하지만 나는 '성공보다 더한 실패는 없다'고 말하고 싶다. 행복은 출세와 아무 상관도 없다. 행복은 야망이나 돈, 권력, 지위 등과 무관하다. 행복은 전혀 다른 차원에 속한다.

행복은 그대의 인격이 아니라 의식과 관계있다. 나는 인격이 인위적으로 훈련된 것이라는 사실을 다시 한 번 상기시키고 싶다. 그대는 성자가 될 수 있지만 만일 그것이 훈련에 의한 것이라면 결코 행복해지지 않을 것이다. 사람들은 훈련에 의해 성자가 된다. 가톨릭, 자이나교, 힌두교의 성자들은 어떻게 해서 성자가 되었을까? 그들은 아주 세밀한 부분까지 훈련을 쌓음으로써 성자가 되었다. 몇 시에 일어나고, 무엇을 먹고 무엇을 먹지 말아야 할지, 언제 잠자리에 들어야 할지…….

이 사람들은 가끔씩 내게 와서 묻는다. 왜 내가 산야신들에게 계율을 주지 않으냐고 말이다. 그러나 나는 산야신들에게 인격이 아니라 의식을 준다. 나는 결코 인격을 믿지 않는다. 나는 의식을 신뢰한다. 만일 어떤 사람이 더 의식적으로 된다면 그의 인격은 자연히 바뀐다. 그것은 전혀 다른 차원의 변화이다. 그것은 마음에 의해 조작된 것이 아니라 자연스럽고 자발적인 변화이다. 그리고 자연스럽고 자발적인 인격에는 고유의 아름다움이 있다.

그렇지 않다면 아무리 변화를 계속한다 해도……그대는 분노를 떨쳐 버리겠지만 그 분노를 어디에 버릴 것인가? 그대는 스스로의 의식 안에 분노를 버려야 할 것이다. 그대는 삶의 한쪽 면을 변화시킬 수 있지만 그대가 버린 것은 무엇이든지 다른 쪽 구석에서 자신을 표현하기 시작할 것이다. 그것은 당연한 일이다. 바위로 물길을 막으면 물은 다른 데로 흐르기 시작할 것이다.

분노가 존재하는 것은 그대가 무의식적이기 때문이다. 탐욕, 소유욕, 질투가 있는 것은 그대가 무의식적이기 때문이다. 그러므로 나는 그대의 분노를 변화시키는 데 관심이 없다. 그것은 언젠가 나무가 없어지기를 기대하면서 가지치기를 하는 것과 같다. 그대가 기대했던 일은 일어나지 않는다. 오히려 나무는 더 무성해질 것이다.

소위 성자라고 불려지는 사람들은 세상에서 가장 성스럽지 못한 자들이다. 그들은 위선자이며 사이비이다. 물론 외부에서 본다면 매우 신성해 보인다. 얼마나 신성하고 상냥하고 사탕처럼 달콤한지 구역질이 날 지경이다! 그대는 그들을 찾아가 기도하고 존경을 바칠 수는 있다. 하지만 단 하루도 그들과 같이 살 수는 없을 것이다. 그대는 그들에게 진절머리가 날 것이다! 그들과 더 가까워질수록 그대는 더 혼란스럽고 당혹할 것이다. 그대는 그들이 분노를 억압하고 있음을 알게 될 것이다.

보통 사람들의 분노는 가끔씩 일어난다. 그들의 분노는 매우 순간적이고 금방 식는다. 그들은 다시 웃음짓고 우호적으로 대한다. 그들은 상처를 오래 지니고 있지 않는다. 그러나 소위 성자들이라고 불리는 자들의 분노는 거의 영구적인 현상에 가깝다. 그들은 특별한 이유도 없이 벌컥 화를 낸다. 그들은 너무 오랫동안 분노를 억누른 나머지 사소한 일에도 벌컥 성을 낸다. 그들의 눈, 코, 얼굴이 분노를 나타낼 것이다. 그들의 삶의 방식 자체가 분노를 드러낼 것이다.

인격을 바꾸는 것은 쉽다. 그러나 진정한 변화는 의식의 변화이다. 더 의식적으로 되는 것, 더 강렬하고 전체적인 의식을 갖는 것, 이것이 진정한 변화이다. 의식적이 되면 화를 내는 것이 불가능해진다. 탐욕과 질투, 야망이 불가능하다.

분노, 탐욕, 야망, 질투, 소유욕, 욕정이 사라지면 그런 방면에 소비되던 에너지가 해방된다. 그 에너지는 지복이 된다. 이제 지복은 외부에서 오는 것이 아니라 그대 내면의 중심에서 일어나는 것이다.

이 에너지를 활용할 때, 그대는 모든 것을 수용할 수 있는 그릇, 하

나의 자기장처럼 되어 저 너머의 세계—또는 '신'이라고 부르는 것
—를 끌어당기기 시작한다. 자기장이 되었을 때, 그대의 무의식 안에
고여서 불필요하게 낭비되던 에너지가 그대의 내면에 연못을 이루었
을 때, 그대가 에너지의 호수가 되었을 때, 그대는 별을 유혹하기 시
작한다. 초월의 세계를 유혹하고 신을 유혹하기 시작한다.

그대의 의식과 초월의 세계가 만나는 지점에서 진정한 행복, 즉 지
복이 생겨난다. 지복은 불행에 대해 아무것도 모른다. 그것은 순수한
행복이다. 지복은 죽음에 대해 아무것도 모르는 순수한 삶이다. 그것
은 어둠을 알지 못하는 순수한 빛이다. 그 지복을 아는 것이 목표이
다. 고탐 붓다는 육 년 동안 구도한 끝에 이 지복의 경지를 얻었다.

그대 또한 그 지복의 경지를 얻을 수 있다. 하지만 내 말은 그대 안
에 그 지복에 대한 욕망을 창조하기 위함이 아님을 명심하라. 나는 단
지 사실을 말하고 있을 뿐이다. 그대가 세속적인 것에 동요하지 않고
엄청난 에너지의 연못이 된다면 그 지복이 일어난다. 그것은 행위가
아니라 저절로 일어나는 해프닝에 가깝다. 그것은 행복이라고 부르기
보다는 지복이라고 부르는 것이 더 나을 것이다. 왜냐하면 행복이라
는 말은 그것이 그대가 이미 행복으로 알고 있는 것과 유사한 어떤 것
이라는 느낌을 주기 때문이다. 그대가 행복으로 알고 있는 것은 상대
적인 상태 외에 아무것도 아니다.

어느 날, 나는 물라 나스루딘이 잔뜩 인상을 찌푸리고 걸어가는 것
을 보았다. 그는 거의 울상을 짓고 있었다. 내가 물었다.

"무슨 일이오? 왜 그렇게 울상을 하고 있소?"

그가 말했다.

"신발이 너무 작아서요. 발이 아파 죽겠습니다."
내가 말했다.
"그러면 신발을 바꾸면 되지 않소?"
그가 말했다.
"그럴 수가 없습니다."
내가 말했다.
"왜 신발을 바꿀 수 없단 말이오? 당신은 돈이 많지 않소?"
그가 말했다.
"물론 그렇긴 하지만 돈이란 항상 골치 아픈 문제가 아닙니까? 하루 종일 이 신발 때문에 고통을 당하다가 저녁때 집에 가서 신발을 벗어던지고 잠자리에 들 때의 그 해방감이란! 마치 천국에 온 것 같은 기분입니다. 그것이 내 인생의 유일한 즐거움입니다! 그래서 나는 신발을 바꿀 수 없습니다. 하루 이십사 시간 중에 신발을 벗을 때가 유일한 즐거움인데 신발을 바꾸면 그 유일한 즐거움의 순간마저 사라질 게 아닙니까? 그렇게 되면 아무 즐거움도 남지 않을 것입니다."

그대가 행복이라고 부르는 것은 단지 상대적인 문제일 뿐이다. 그리고 붓다가 행복이라고 부르는 것은 절대적인 것이다.

영국인과 프랑스인, 그리고 러시아인이 한 자리에 모여 진실한 행복에 대해 정의를 내리고 있었다.
영국인이 말했다.
"진실한 행복이란, 일을 마치고 피곤에 지쳐 집에 돌아갔을 때 한 잔의 술이 나를 반겨주는 것."

프랑스인이 말했다.

"당신네 영국인은 로맨스가 없군. 진실한 행복이란, 출장을 갔다가 예쁜 여자를 발견하고 즐거운 시간을 가진 뒤 미련없이 헤어지는 것."

러시아인이 말했다.

"당신네 둘 다 틀렸소. 진짜로 진실한 행복이란, 새벽 네시에 비밀경찰이 찾아와 문을 두드리며 '이고르 지프코프스키! 너를 체포한다!'고 외칠 때 '이고르 지프코프스키는 옆집입니다!' 하고 말할 수 있는 것."

그대가 행복이라고 부르는 것은 상대적인 현상이다. 그리고 붓다가 행복이라고 부르는 것은 어느 누구와도 관계없는 절대적인 상태이다. 진정한 행복은 다른 사람과의 비교에 있지 않다. 그것은 다른 사람과 무관하게 그대의 내면에 일어나는 현상이다. 그것은 하나의 '일어남(happening)'이다. 초월의 세계가 그대를 향해 내려오고, 바다가 이슬 방울을 흡수하는 것이다. 그때 이슬 방울은 사라진다. 이슬 방울은 경계를 잃고 바다가 된다.

지복은 바다와 같은 상태이다. 경계 안에 갇힌 작은 에고로서의 그대가 사라지고 우주만큼이나 무한하게 되는 것, 그것이 지복이다.

자, 이제 경전을 보자.

해악으로 보낸 백 년보다
명상으로 보낸 하루가 낫다.

붓다의 견지에서 보면 그대의 행동은 모두 해악이다. 설령 그대가 종교적인 의식을 행한다 해도 그것은 해악이다. 대중에 대한 봉사로 생각하고 하는 행위도 모두 해악이다. 사실, 대중의 하인을 자처하는 사람들이야말로 가장 해로운 사람들이다. 만일 그들이 사라진다면 세상은 훨씬 살기 좋은 곳이 될 것이다. 사회 개혁가와 정치 혁명가, 종교적인 선교사들이야말로 진짜 해로운 존재들이다. 그들은 그대를 평화롭게 살도록 놔두지 않는다. 그들은 그대를 이런 어리석음에서 저런 어리석음으로 계속 끌고 다닌다. 물론 그들은 그대를 특정한 과제에 전념케 한다. 그것이 그들의 매력이다.

그대는 아무 일에도 전념하지 않는 것을 두려워한다. 아무것에도 전념하지 않으면 그대 자신과 마주쳐야 하기 때문이다. 그대는 자신과 마주치는 것을 피한다. 그대는 자신 안에 온갖 추악함을 억눌러 왔으며 그것을 들여다보는 것은 지옥과 같은 경험이 될 것이기 때문이다. 그대는 자신의 내면을 들여다보기를 원치 않는다. 그대는 끊임없이 자기 자신에게서 도망친다. 방법이야 어떻든 일단 도망치는 것이 급선무이다.

어떤 사람은 이렇게 말한다.

"사회에 봉사하는 사람이 되라. 봉사를 신조로 삼으라."

그러면 그대는 "좋습니다. 나는 사람들에게 봉사하겠습니다." 하고 말한다. 사람들이 봉사를 원하든 말든 그것은 중요한 문제가 아니다. 설령 그들이 봉사를 원하지 않는다 해도 그대는 그들의 뜻을 묵살하고 봉사해야만 한다. 그들이 진리를 원하든 원하지 않든 중요하지 않다. 그대는 자신이 진리라고 믿고 있는 것을 그들의 목구멍에 강제로 우겨 넣어야 한다.

그것이 바로 지금까지 종교인들이 해온 일이다. 사람들은 칼에 의해 이 종교에서 저 종교로 개종당했다. 그들의 의지에 관계없이! 그들은 천국에 가는 것을 원치 않는다. 최소한 그대의 천국에는 가기를 원치 않는다. 하지만 그대는 강제로라도 그들을 천국에 보내야 한다. 그대는 그 목적을 달성하기 위해 그들을 죽이거나 또는 죽음을 당할 만큼 자비롭다!

선교사가 학교에서 아이들을 가르치고 있었다. 그는 모든 기독교인 어린이들은 최소한 일주일에 한 가지의 봉사를 해야 한다고 말했다.
한 아이가 말했다.
"어떤 일을 해야 하는지 예를 들어 주세요."
선교사가 말했다.
"가령, 어떤 할머니가 복잡한 길을 건널 때 팔을 잡고 도와드리는 것도 선행이라고 할 수 있지. 그리고……."
그렇게 선교사는 몇 개의 예를 들었다.
다음주 일요일 선교사가 물었다.
"지난주에 사회에 도움이 되는 봉사를 한 사람이 있어요?"
반에서 가장 힘이 크고 덩치가 큰 세 명의 소년이 일어섰다.
그들이 말했다.
"선생님, 우리는 한 가지씩 착한 일을 했어요."
선교사는 흐뭇했다. 그가 첫 번째 소년에게 물었다.
"너는 무슨 봉사를 했지?"
소년이 말했다.
"저는 아주 나이 많은 할머니가 길을 건너는 것을 도와드렸어요."

선교사가 소년의 등을 다독거리며 칭찬했다.
"아주 착한 어린이군요. 앞으로도 계속 착한 일을 하도록 하세요."
선교사가 두 번째 아이에게 물었다.
"너는 무슨 일을 했지?"
아이가 말했다.
"예, 저도 아주 나이 많은 할머니가 길을 건너도록 도와드렸어요."
선교사는 두 어린이가 모두 두 명의 할머니를 발견했다는 사실에 약간 당황했지만 별로 문제삼지 않았다. 세상에는 나이 많은 할머니가 수없이 많으니까 얼마든지 가능한 일이었다. 선교사는 두 번째 야이 또한 칭찬해 주었다. 하지만 약간 심드렁했다.
선교사는 약간 미심쩍은 눈초리로 아이를 보며 말했다.
"좋아요. 앞으로도 계속 착한 일을 하세요."
선교사가 세 번째 아이에게 물었다.
"너는 무슨 일을 했지?"
세 번째 아이가 말했다.
"저 역시 나이 많은 할머니가 길을 건너도록 도와드렸어요."
이건 정말 너무했다! 세 명의 어린이가 모두 길을 건너고 싶어하는 할머니를 발견했다는 것은 우연이라 치더라도 거의 불가능한 일이었다.
선교사가 물었다.
"언제? 어디서?"
세 아이는 모두 똑같은 날, 똑같은 장소를 말했다!
선교사가 말했다.
"너희들은 어떻게 똑같은 날, 똑같은 장소에서 세 명의 할머니를 발견했는지 설명해야겠다!"

아이들이 말했다.

"세 명이 아니라 한 명의 할머니예요. 우리는 모두 같은 할머니를 도와드렸어요."

선교사가 말했다.

"그래? 그것도 착한 일이긴 하다만 할머니를 도와드리는 데 세 명이나 필요할까?"

아이들이 말했다.

"우리가 도와드리려고 하자 그 할머니는 나이답지 않게 야단법석을 피웠어요. 왜냐하면 그 할머니는 결코 길을 건너고 싶지 않았기 때문이지요! 하지만 우리는 잘 해냈어요. 할머니는 고래고래 소리를 지르고 욕설을 퍼붓고 경찰을 불렀지만 우리는 끄덕없이 임무를 완수했어요!"

붓다에 관한 한, 그대가 무엇을 하든간에 그것은 모두 해악이다. 왜냐하면 그대의 행동은 모두 무의식에서 나온 것이기 때문이다. 붓다는 '무의식적으로 행해지는 모든 행동'을 해악으로 정의한다. 그리고 의식적으로 행해지는 행위라면 어떤 행위라도 모두 미덕이다.

그대의 삶은 악순환의 연속이다. 하나의 해악은 다른 해악을 야기하고, 그 다른 해악은 또 다른 해악을 야기한다. 해악에서는 오직 해악만이 나온다. 그렇게 그대는 악순환을 되풀이한다. 그대는 그밖에 무엇을 해야 할지 모른다. 그대는 선한 행위를 한다고 생각하지만 선은 결코 일어나지 않는다. 그렇지 않았다면 세상은 선으로 가득 찼을 것이다.

수많은 사람들이 선한 행위를 하고 있다. 부모들은 아이들에게 선한 행위를 한다. 그런데 선한 아이들은 다 어디로 갔는가? 남편은 아내에게 선한 행위를 하고, 아내는 남편을 성자처럼 만들려고 노력한다. 그러나 그런 남편과 부인, 아이들은 모두 어디로 갔는가? 모든 사람이 자신의 관념에 따라 선하다고 생각되는 행위를 한다. 그들 모두가 어둠 속에 살아간다.

'나는 선한 일을 한다'는 생각은 에고를 강화시킨다. 그렇게 그대는 똑같은 악순환을 되풀이한다. 독창적이고 새로운 일을 하기 위해서는 지성이 필요하다. 그대는 몇 가지 재주를 알고 있을 뿐이다. 그리고 나이를 먹을수록 새로운 것을 배우기가 더 힘들어진다. '늙은 개에게는 새로운 재주를 가르칠 수 없다'는 속담처럼 말이다.

그대는 날마다 똑같은 일을 반복한다. 똑같은 분노, 욕심, 싸움, 말, 이유, 동기……모든 게 똑같다. 이것이 성장의 방식인가? 이것이 의식적으로 될 수 있는 길인가? 이것이 그대의 본래 면목을 알 수 있는 방법이란 말인가? 그대는 이렇게 로보트처럼 기계적으로 똑같은 궤도를 달리면서도 지복을 얻게 되기를 기대하는가?

그런 희망은 아예 꿈도 꾸지 말라!

그대는 악순환을 되풀이할 뿐만 아니라 다른 사람들과 그들의 어리석음을 모방한다. 그대는 끊임없이 똑같은 일을 되풀이하고, 누가 어떤 일을 하는지 사방을 두리번거린다. 그대는 내면에서 우러나오는 삶을 살지 못한다. 그대는 모방하기에 급급하다! 그대의 모든 관심은 자신을 전시하는 데 있다. 어떻게 하면 남들보다 더 훌륭하고 부유하게 보이느냐? 어떻게 하면 남들보다 더 지적으로 보이느냐 하는 것이 그대의 관심사이다. 사실, 비지성적인 사람만이 자신과 타인을 비교한다. 진정으로 지성적인 사람은 결코 비교하지 않는다. 왜냐하면 모든 개인은 저마다 독창적인 존재이므로 비교가 불가능하기 때문이다.

사람들은 단지 남에게 인상을 주기 위해 살아간다. 그들의 내면은 매우 빈곤하다. 열등감에 시달리는 사람만이 타인에게 깊은 인상을 남기려 하기 때문이다. 진실로 탁월한 사람은 결코 자신을 타인과 비교하지 않는다. 그는 자신이 비교할 수 없는 존재임을 안다. 그뿐만 아니라 타인들 또한 자신처럼 비교할 수 없는 존재임을 안다. 그는 우월하지도 열등하지도 않다.

이런 혁명의 비밀을 푸는 열쇠는 오직 더 주의 깊게 깨어 있는 것뿐이다. 더 주의 깊을수록 똑같은 궤도를 반복하는 횟수가 줄어든다. 더 주의 깊을 때 그대는 새로운 방식의 행동과 새로운 스타일의 삶을 발견한다. 더 주의 깊을수록 그대는 더 창조적이 된다. 그리고 오직 창조적인 사람만이 무엇이 행복인지 안다. 무엇을 창조하느냐는 중요하지 않다. 창조적이 되라! 그것은 시, 음악, 조각품 등 아무 것이나 될 수 있다. 무엇을 창조하든간에 창조의 과정은 그대를 신과 만나는 지점으로 안내한다.

세상의 모든 종교는 신을 창조라고 말한다. 만일 그 말이 사실이라면 그대 또한 창조자가 되는 것이 신을 만나는 유일한 방법이다. 물론 그대가 신과 같은 창조자가 될 수는 없다. 하지만 그대만의 고유한 방식으로 작은 창조자가 될 수는 있다. 시인이 시를 쓰고 화가가 그림을 그릴 때, 그 창조의 순간에 그들은 신과 하나가 된다. 그 순간에 그들은 신이 무엇인지 안다. 하지만 시인과 화가, 조각가는 그런 순간에 오래 머물지 못한다. 그들이 자신의 풍요함을 아는 것은 순간에 불과하다.

　신비주의자, 붓다, 스승은 하루 이십사 시간 내내 그런 경지에 산다. 그의 창조는 눈에 보이지 않을 만큼 미묘하기 때문이다. 그는 의식을 창조한다. 먼저 그는 자신 안에 의식을 창조하고, 그 다음에는 타인들 안에 의식을 창조한다.

　그것이 스승과 제자가 함께 있는 이유이다. 그것이 붓다필드(Buddhafield)가 창조되는 방식이다. 수천 명의 구도자들이 한 명의 붓다 주변에 모여드는 이유가 그것이다. 붓다는 눈으로 볼 수 없고 오직 느낄 수만 있는 어떤 것을 창조한다. 붓다는 그대의 내면을 뚫고 들어가 잠자고 있는 무엇인가를 휘저어 활성화시킨다. 그렇게 붓다에 의해 침범당한 사람만이 붓다의 창조를 느낄 수 있다. 붓다는 먼저 자신 안에 의식을 창조한다. 그리고 그 다음에는 신뢰와 복종의 자세가 갖춰진 사람들 안에 의식을 창조한다.

　　해악으로 보낸 백 년보다
　　명상(contemplation)으로 보낸 하루가 낫다.

　여기서 'contemplation'은 옳은 단어가 아니다. 동양의 통찰을 서양의 언어로 바꾸는 것, 이것이 문제이다. 'contemplation'은 하나의 주제에 대해 집중적으로 생각하는 것을 의미한다. 그것은 붓다가 '드야나(dhyana)'라는 단어에 의해 의미하는 바가 아니다. 'dhyana'는 무념무상(無念無想)을 의미한다. 그것은 'contemplation'이 될 수 없다. 'contemplation'은 'dhyana'에 옮기기에 적당한 단어가 아니다. 그러나 나는 번역자의 어려움을 이해한다. 달리 마땅한 단어가 없다. 'dhyana'는 번역될 수 없는 단어 중의 하나이다.

'드야나(dhyana)', 다른 말로 옮기지 않고 그대로 놔둔 중국의 번역자들은 매우 지성적인 사람들이었다. 'dhyana'는 중국어로 'chan'이 되었다. 그들은 'dhyana'를 번역하지 않았다. 다만 약간 형태를 달리했을 뿐이다. 'dhyana'는 산스크리트어이기 때문이다. 붓다는 산스크리트어가 아니라 비하르(Bihar)의 지방언어인 팔리어를 사용했다. 팔리어로 'dhyana'는 'jhan'이다. 그리고 중국어로는 'chan'이 되었다. 중국의 번역자들은 그 단어가 번역될 수 없다는 것을 알고 있었다. 그들은 그 단어를 번역하는 것보다는 생생하게 그대로 전달하는 것이 더 낫다고 생각했다. 일본에서도 똑같은 일이 일어났다. 일본에서 'chan'은 'Zen'이 되었다. 'jhan'은 'chan'이 되고 그 다음에는 'Zen'이 되었다. 어쨌든 'jhan'은 번역되지 않았다.

몇 개의 단어는 서양의 언어로도 번역하지 말고 그대로 두는 것이 최상책일 것이다. 서양의 언어에는 그에 합당한 언어가 없기 때문이다. 서양의 언어에는 서양인의 개념이 들어 있다.

'dhyana'는 'contemplation'이 아니다. 'contemplation'은 순수한 형태의 사유를 의미한다. 그러나 'dhyana'는 모든 사유를 초월한다. 순수한 사유마저 넘어서 모든 사유가 멈춘 상태가 '드야나'이다. '드야나'에 들었을 때 그대는 철저하게 의식적이다. 하지만 그대의 의식에는 아무 내용도 없다.

붓다는 말한다.

해악으로 보낸 백 년보다

명상(contemplation)으로 보낸 하루가 낫다.

단 하루만으로도 충분하다. 24시간 동안만 드야나의 상태를 유지할 수 있다면 붓다가 되기에 충분하다. 그러나 24시간 동안 드야나를 유지하는 것은 대단히 어렵다.

마하비라는 48분간 무심(無心)의 상태를 지속할 수 있다면 깨달음을 얻기에 충분하다고 말했다. ─내가 계산한 바도 그와 정확하게 일치한다.

그러나 보통의 마음은 단 몇 초도 비어 있을 수 없다. 그러니 몇 십 분이야 말해서 무엇하랴! 한번 시도해 보라. 눈을 감고 앉아서 조용히 관찰해 보라. 그러면 단 몇 초도 아무 생각없이 있을 수 없다는 것을 알고 깜짝 놀랄 것이다. 간혹 찰나지간에 사념이 존재하지 않는 순간이 있다. 그 순간에 그대는 "아하! 생각이 사라졌다"고 말한다. 그러나 그렇게 말하는 순간에 마음이 속임수를 쓴다. 마음은 뒷문으로 슬그머니 들어온다. 조용히 귀기울이면 마음의 통쾌한 웃음 소리가 들릴 것이다. 마음은 그대를 속이는 데 성공했다! 무념(無念)에 대한 생각 또한 하나의 생각이다.

무지로 보낸 백 년보다
비춤(reflection)으로 보낸 하루가 더 낫다.

붓다는 '무지(ignorance)'라는 말에 의해 지식의 결여를 의미하지 않는다. 유식한 사람은 목표가 아니다. 그러므로 이 '무지'를 새로운 방식으로 이해해야 한다. 붓다의 의미대로, 붓다의 색깔과 향기로 이해해야 한다. 우리는 교육받지 못한 사람을 무지하다고 부른다. ㅡ 그는 읽을 줄도 쓸 줄도 모른다. 그는 아무런 정보도 없으며 매우 단순하다. 그럴 때 우리는 그를 무지하다고 부른다.

그러나 붓다가 '무지하다'고 말할 때, 그는 자기 자신에 대해 모르는 사람을 의미한다. 그것은 얼마나 많은 정보를 갖고 있느냐, 또는 교육을 받았으냐 못 받았느냐의 문제가 아니다. 까비르(Kabir)는 교육을 받은 바 없지만 무지하지 않다. 까비르는 이렇게 말했다.

"Masi kagad chhuo nahin ㅡ 나는 종이나 잉크를 만져본 적이 없다."

그것은 사실이다. 그는 종이나 잉크를 손에 댄 적이 없다. 그는 읽을 줄도 쓸 줄도 몰랐다.

어떤 사람이 까비르에게 물었다.

"당신은 읽을 줄 모릅니다. 당신은 베다, 우파니샤드, 기타를 읽지 못했습니다. 그런데 그것은 모두 훌륭한 경전이 아닙니까?"

까비르가 웃으며 말했다.

"Likha likhi ki hai nahin ㅡ 진리는 경전과 아무 상관도 없다. 진리는 글로 쓰여진 적이 없으며 쓰여질 수도 없다. 진리는 표현 불가능하다. 그러니 경전을 읽는 것이 무슨 소용이란 말인가? 경전 자체에 '나는 진리가 표현될 수 없다는 말을 들었다.'는 말이 나와 있지 않은가? 그렇다면 경전이 무슨 소용이란 말인가?"

까비르는 무지하지 않다. 고탐 붓다는 까비르를 붓다로 인정할 것이다. 까비르는 붓다이다. 파리드(Farid), 라이다스(Raidas), 모하메드, 그리스도 또한 붓다이다. 그리스도는 전혀 교육받지 못했다. 모하메드 역시 마찬가지이다.

그렇다면 무지는 전혀 다른 의미를 갖게 된다. 무지는 소위 지식이라고 불리는 것의 부재가 아니라 자신에 대한 앎이 없는 것이다. 자기 자신을 모르는 자는 무지하다. 무지하다면 모든 것을 알아도, 걸어다니는 백과사전이 되어도 아무 소용 없을 것이다. 그러나 자기 자신을 안다면 그대는 지혜로운 자이다.

무지로 보낸 백 년보다
비춤(reflection)으로 보낸 하루가 더 낫다.

여기서 '비춤(reflection)'이라는 말은 문자 그대로 이해되어야 한다. 영어에서 'reflection'이라는 단어는 심사숙고와 반성의 의미를 갖는다. 그러나 붓다는 호수에 달이 비치듯이, 거울에 그의 얼굴이 비치듯이 문자 그대로의 비춤을 의미한다. 잔물결 하나없이 조용히 침묵하라. 그대의 의식을 고요한 호수로 만들어서 하늘 전체가 그대 안에 비치게 하라. 무심의 상태에서 그대는 거울이 된다. 그대는 모든 것을 있는 그대로 비추기 시작한다. 그것은 그대를 지혜롭게 하고 스승으로 만들 것이다. 그대를 깨달은 자로 만들 것이다.
그러나 사람들은 다른 사람들의 말을 믿을 뿐이다. 믿음은 도움이 되지 않을 것이다. 믿음은 독약과 같다. 믿음은 그대를 눈먼 상태로 유지시킨다. 믿음을 갖고 있으면 결코 그대 스스로 탐구하지 않을 것이기 때문이다. 게다가 그대의 믿음은 가짜이다. 그것은 진실한 신뢰가 아니다. 그대의 믿음은 표피적이다. 그대는 기타, 코란, 성경을 믿지만 깊은 곳에는 여전히 의심이 살아 있다. 의심의 뿌리를 뽑는 것은 그렇게 쉬운 일이 아니다.

의심을 뿌리 뽑으려면 그대 자신이 직접 알아야 한다. 예수가 안다고 그대의 의심이 사라지겠는가? 모하메드가 안다 해도 그대의 의심이 어떻게 뿌리 뽑히겠는가? 물론 그는 알 수도 있다. 그러나 그가 옳은지 그른지 누가 알겠는가? 그가 다른 사람들을 속이고 있지 않다는 근거가 어디에 있는가? 붓다가 옳다는 증거가 어디에 있는가? "나는 깨달음을 얻었다."는 붓다 자신의 말을 제외하곤 아무 증거도 없다. 그것이 우리가 알고 있는 유일한 증거이다. 하지만 어떻게 붓다의 말을 믿을 수 있겠는가?

그대의 깊은 곳에는 의심이 계속될 것이다. 그대의 믿음은 껍데기에 불과하다. 그것은 고름이 줄줄 흐르는 상처를 장미꽃으로 덮는 것과 같다. 장미꽃 아래에는 고름이 고이고 있다. 장미꽃은 상처를 아물게 하지 못할 것이다. 장미꽃은 잠시 동안 상처를 감출 수 있다. 그리고 장미의 향기는 상처에서 나는 악취를 다른 사람들이 눈치채지 못하도록 할지도 모른다. 그러나 그것이 얼마나 가겠는가? 곧 장미꽃 또한 썩기 시작할 것이다! 장미꽃이 그대의 상처를 변화시키는 게 아니라 그대의 상처가 장미꽃을 변화시킬 것이다. 그와 마찬가지로 믿음은 결코 그대의 의심을 제거하지 못한다. 오히려 그대의 의심이 믿음을 변화시킨다.

젊은 랍비가 설교를 하는데 어떤 사람이 자고 있었다. 그는 청중들 중에 가장 부유한 사람이었다. 랍비가 참다못해 결국 그 사람을 지적하며 물었다.

"설교 도중에 꼭 그렇게 잠을 자야겠습니까?"

부자가 말했다.

"내가 당신을 믿지 않았다면 왜 잠을 잤겠습니까?"

이것이 수많은 사람들에게 일어나고 있는 일이다. 그들은 깊은 잠에 빠져 있다. 왜냐하면 그들은 믿음이 있기 때문이다. 깨달을 필요가 없다. 붓다가 진리를 알고 있다. 그러니 그대가 깨달을 필요가 있겠는가? 예수가 진리를 안다. 그대는 기독교인이 되는 것으로 충분하다. 그리스도가 될 필요가 없다.

그러나 나는 그대에게 말한다. ―그대 자신이 그리스도가 되지 않는 한 아무 일도 일어나지 않을 것이다. 그대는 기독교인이 됨으로써 그대 자신과 다른 사람들을 기만하고 소중한 시간을 낭비하고 있을 뿐이다. 그 시간에 그대는 그리스도가 될 수도 있다. 기독교인, 불교인, 힌두교인, 자이나교인이 되는 것으로 만족하지 말라. 그대 스스로 붓다, 그리스도, 모하메드, 마하비라가 되라! 그렇게 되지 못한다면 아무것도 도움이 되지 않을 것이다.

그것은 '비춤(reflection)'을 통해 가능하다. 무심의 상태가 되면 그대를 둘러싸고 있는 모든 것이 그대 안에 비칠 것이다. 그대가 직접 알게 될 때, 오로지 그때에야 알게 될 것이다. 그 앎은 모든 의심을 걷어간다. 그리고 모든 의심이 사라지면, 어둠이 사라지고 빛으로 가득 차게 되면 그때에 삶은 생생하게 살아난다. 삶이 알려진다. 그것이 지복이다. 초월의 세계와 그대가 만난 것이다. 이젠 신이 그대 안에 있고, 그대가 신 안에 있다.

　　게으름으로 보낸 백 년보다
　　굳은 결의로 보낸 하루가 낫다.

다시 번역의 문제로 인해 오해의 가능성이 있다. 여기서 붓다가 말하는 '결의'는 영어 단어 'determination'의 의미가 아니다. 그는 의도적인 결정(determination)이 아니라, 결정하고 자시고 할 것도 없는 의연함(decisiveness)을 말한다. '결의'라는 말은 의지력이 개입된 느낌을 준다. '결의'는 마음을 통해 결단을 내린다는 관념을 준다. 그러나 '의연함'은 전혀 다른 현상이다. 의연함은 가슴에 속한다. 마음을 통해 결정하는 것이 아니라 그대의 가슴이 일종의 몰입을 느끼는 것이다. 그것은 사랑의 체험이다.

사랑할 때, 그대는 결정하지 않는다. 그대는 연인에게 "나는 당신을 사랑하기로 결정했습니다."라고 말하지 않는다. 만일 그대가 어떤 여자에게 "나는 노심초사한 결과 당신을 사랑하기로 결심했습니다."라고 말한다면 그녀는 두 번 다시 그대를 보려고 하지 않을 것이다. 사랑하기로 결심했다는 것은 그 사랑이 가짜라는 것을 의미하기 때문이다. 사랑은 분명한 의연함과 몰입, 전적인 위탁이다. 사랑은 결정사항이 아니다. 사랑에는 인위적인 의지가 개입되지 않는다. 설령 그대가 그 몰입의 감정에 반대되는 결정을 내리기 원한다 해도 그것은 불가능하다. 사랑은 광적인 몰입이다.

종교 또한 마찬가지이다. 종교는 결의의 문제가 아니다. 종교는 이 아름다운 우주, 이 신비한 세상과 사랑에 빠지는 것이다.

하루를 살더라도
온갖 것이 어떻게 생기고 사라지는지
경이감으로 사는 것이 더 낫다.

경이감을 느낄 수 있다면 그대는 사랑에 빠질 것이다. 모든 아이는 경이감을 갖고 태어난다. 그런데 우리는 곧 그의 경이감을 파괴한다. 아이가 네 살쯤 될 무렵이면 우리는 그의 경이감을 완전히 죽여버린다. 그리고 우리가 아이의 경이감을 죽이는 데 사용하는 방법은 그에게 온갖 정보를 주입시키는 것이다.

금세기에 훌륭한 통찰력을 지녔던 위대한 인물 중의 하나인 로렌스(D. H. Lawrence)가 어린아이와 함께 정원을 걷고 있었다. 아이가 물었다.

"아저씨, 나무는 왜 파랗지요?"

이런 질문은 오직 어린아이나 신비주의자, 또는 붓다만이 물을 수 있다. 무슨 질문이 이런가? 그대는 아무 대답도 할 수 없을 것이다. 나무가 왜 파랗냐고 묻는 것 자체가 매우 어리석게 보인다. 사실, 그대는 나무가 파란 이유를 이미 알고 있다. 나무가 파란 것은 엽록소 때문이다.

로렌스 또한 엽록소에 대해 알고 있었다. 그는 아이에게 엽록소 때문이라고 대답할 수도 있었다……. 그리고 아이들은 쉽게 믿는다. 그대가 "그것은 이러저러하기 때문이야." 하고 말하면 아이는 "아, 그렇구나." 하고 말할 것이다. 사실, 아이들은 대답에 관심이 없다. 그대가 대답할 때쯤이면 아이의 관심은 이미 다른 데로 가 있다. 아이는 나비, 꽃, 하늘 위에 떠가는 구름 등 다른 것에 호기심을 느끼고 있다. 아이는 이미 의문을 지나쳤다.

아이가 질문을 할 때에는 대답을 요구하고 있지 않다는 것을 명심하라. 질문을 할 때 아이는 단지 자기 자신에게 큰 소리로 말하고 있는 것이다. 그는 큰 소리로 생각하고 큰 소리로 경탄하고 있는 것이다. 그것이 전부이다. '나무는 왜 파랗지요?' 하고 말할 때 그는 속으로 생각하는 것이 아니라 소리내어 생각하는 중이다. 그것은 질문이 아니다. 아이는 어떤 신비에 의해 호기심이 발동하고 경이감을 느낀다. 아이는 대답을 기다리고 있지 않다. 그것은 순수한 경이감일 뿐이다.

로렌스는 훌륭한 시인이며 노벨상 수상자이다. 그는 거의 신비주의자의 경계선까지 도달한 인물이었다. 만일 그가 인도에 태어났다면, 동양에 태어났다면 그는 붓다가 되었을 것이다. 만일 동양에 태어났다면 붓다가 되었을 것이라고 내가 확신하는 두 사람이 있다. 그들은 니체와 로렌스이다. 이 두 사람에 대해 나는 절대적으로 확신한다. 그들은 거의 경계선까지 간 사람들이었다. 단 한걸음만 더 나아갔다면…….

아이의 질문을 받고 로렌스는 나무를 쳐다보았다. 그는 잠깐 동안 눈을 감고 서 있다가 말했다.

"나무가 파란 것은 파랗기 때문이야."

아이는 이 대답에 만족했다. 하지만 로렌스는 계속 생각했다.

"무슨 대답이 이런가? 나무가 파란 것은 파랗기 때문이다? 이것은 동어 반복이며 비논리적이다!"

그러나 여기에는 엄청난 의미가 담겨 있다. 삶이란 살아야 할 신비이며 경험해야 할 실체이지, 대답될 질문이거나 해결되어야 할 문제가 아니라고 로렌스는 말한다. 붓다 또한 제자들에게 그런 식으로 말하곤 했다. 붓다는 '타트하타(tathata)', 즉 '여여(如如)'라는 말을 사용했다. 만일 붓다에게 똑같은 질문을 했다면 붓다는 이렇게 말했을 것이다.

"그것이 진상이다. 나무는 푸르다……그것은 그렇다."

더 이상 말할 게 없다. 더 많이 말해질수록, 그대가 더 많은 정보와 지식을 가질수록 '앎'의 가능성은 줄어든다. "그것은 그렇다."—이 말은 문을 닫는 것이 아니라 신비의 문을 여는 것이다.

붓다는 말한다.

하루를 살더라도
온갖 것이 어떻게 생기고 사라지는지
경이감으로 사는 것이 더 낫다.

어린 시절의 경이감을 회복할 수 있다면 그대는 나의 산야신이 될 것이다. 나는 그대가 더 많이 알도록 돕기 위해 여기에 있는 것이 아니다. 내가 여기에 있는 것은 그대로 하여금 더 많은 경이감을 갖도록 도우려는 것이다. 그리고 더 많은 경이를 느낄 수 있는 유일한 길은 그대의 모든 지식을 제거하는 것이다. 지식은 경이감을 가로막는 장애물이다. 지식은 그대가 경이감을 느끼도록 허용하지 않는다. 그대가 경이감을 느끼기도 전에 지식은 재빨리 해답을 제시한다. 인간이 경이감이라는 소중한 특성을 상실한 이유는 과학적 지식 때문이다. 경이감은 인간이 상실한 가장 큰 보물이다. 인간 외에 어떤 동물도 경이감을 느끼지 않는다. 오직 인간에게만 경이감이라는 선물이 주어졌다.

진정한 종교는 경이감에 뿌리를 둔다. 진정한 종교는 그대로 하여금 더 많은 경이감을 느끼도록 돕는다. 신비주의자의 삶에는 오직 경이감으로 충만한 순간들이 있다. 아주 사소한 일도 그를 엄청난 경이감으로 채운다……. 해변가의 조약돌 하나, 조개껍질, 멀리서 들려오는 뻐꾸기 소리, 저녁 하늘에 외롭게 떠 있는 별 하나……. 어린아이의 깔깔대는 웃음 소리, 기쁨의 눈물을 흘리며 우는 여인, 아주 사소한 일들을 포함해 무엇이든지……소나무 가지 사이로 지나가는 바람 소리, 물 흐르는 소리……어떤 상황에 있든 그는 경이감으로 충만하다. 신이 경이감으로 그에게 온다. 신이 신비로써 그를 찾아온다.

신비주의자의 옆에 앉을 때에는 그로부터 더 많은 것을 배우려 하지 마라. 모든 지식을 버리기 위해 앉아라. 그의 경이감으로 가득 채워지기 위해, 다시 어린아이가 되기 위해 그의 곁에 앉아라. 예수는 "다시 태어나지 않는 한 그대는 신의 왕국에 들어갈 수 없다."고 말했다. 또한 "어린아이처럼 되지 않는 한 신의 왕국에 들어갈 수 없다."고도 말했다. 그는 어린아이와 똑같은 경이감에 대해 말하고 있는 것이다.

단 한 시간이라도
길 저편의 삶을 아는 것,
그것이 더 귀한 삶이다.

한 시간으로 충분하다. 수많은 생이 필요없다. 얼마나 오래 사느냐는 문제가 아니다. 서양은 수명의 길이에 지나친 관심을 갖는다. 그들은 수명을 연장하기 위해 노력한다. 100년, 150년, 200년, 300년……그것은 가능한 일이다. 그렇게 오래 사는 사람들이 있다.

캐쉬미르의 계곡에는 작은 부족이 있는데, 그들은 거뜬히 150살을 산다. 러시아에는 150살이 넘은 사람들이 많다. 180살을 넘은 사람들도 있으며 그중의 한 명은 200살이나 먹었다. 과학자들은 그 비결이 무엇인지 연구를 계속하고 있다. -이 사람들이 그토록 오래 사는 이유는 무엇일까? 그들은 무엇을 먹고 무엇을 마시는가? 그들의 생활 방식은 어떤가?

멀지 않아 과학자들은 그 비결을 발견할 것이다. 그리고 인간은 300살, 400살, 또는 500살까지 살게 될 것이다. 그대는 행운아이다. 왜냐하면 과학자들은 아직 그 비밀을 발견하지 못했기 때문이다! 그대가 300년을 산다고 생각해 보라. 그것은 끔찍한 일이다. 삶에 싫증을 느끼게 만드는 데에는 70년으로도 충분하다!

그리고 세계 어느 곳에서도 아직 자살이 허용되지 않는다. 자살은 가장 큰 범죄로 여겨진다. 만일 그대가 죽기 전에 체포된다면 말이다. 물론 자살이 성공하면 그것으로 끝이다! 그때엔 아무도 그대를 체포할 수 없다. 그대의 유령을 처벌할 수는 없는 일이다! 그대가 700년을 산다고 상상해 보라. 70년만 살아도 모든 게 끝난다. 삶은 그토록 허무하다. 그런데 700년을 산다는 것은 끔찍한 고문이 될 것이다. 그리고 사회는 그대가 죽도록 허락하지도 않을 것이다.

삶과 죽음의 사이에 매달려 있는 사람들이 있다. 특히 미국과 유럽에 그런 사람들이 많은데 미국에 더 많다. 그들은 살아 있는 것이 아니다. 그들은 움직일 수 없으며 아무것도 할 수 없다. 그들은 생각할 수도 없고, 먹을 수도 없다. 모든 것이 다른 사람에 의해 행해진다. 그들은 산소 마스크를 쓰고 침대에 누워 있을 뿐이다. 그들은 본래의 심장이 없을 수도 있다. 아마 플라스틱 심장이 작동하고 있을 것이다. 또한 신장이 없을지도 모른다. 기계가 신장의 역할을 대신하고 있을

백 년을 사는 것보다는

것이다.

지금 이 사람들은 살아 있다고 말해진다! 그러나 그들은 살아 있는 것도 죽은 것도 아니다. 둘 중의 하나를 선택하는 것이 더 낫다. 중간에 매달려 있는 것은 일종의 림보(limbo)에 있는 것이다.

서양은 수명의 연장에 지대한 관심을 갖고 있다. 그러나 진정으로 '아는 자'는 생명의 길이에 관심이 없다. 그는 삶을 강렬하게 만드는 것, 더 정열적이고 전체적인 삶을 사는 것에 관심이 있다.

그것이 붓다가 다음과 같이 말하는 이유이다.

해악으로 보낸 백 년보다
'드야나(dhyana)'로 보낸 하루가 낫다.

무지로 보낸 백 년보다
'거울같은 비춤(reflection)'으로 보낸 하루가 더 낫다.

하루를 살더라도
온갖 것이 어떻게 생기고 사라지는지
경이감으로 사는 것이 더 낫다.

단 한 시간이라도
길 저편의 삶을 아는 것,
그것이 더 귀한 삶이다.

경이감이 일어나도록 허용한다면 곧 그 경이감으로부터 새로운 눈이 성장할 것이다. 객관적 대상만을 보는 이 두 눈이 아니라 비가시적인 것을 볼 수 있는 눈, 초월적인 삶을 볼 수 있는 눈이 경이감으로부터 성장할 것이다. 그 초월적인 삶을 신성한 삶이라 부르든 영원한 삶이라 부르든 그것은 그대의 자유이다.

단 한 순간을 살더라도……

붓다는 계속해서 시간을 더욱더 짧게 만든다. 백 년에서 한 순간까지…….

단 한 순간을 살더라도
길 저편의 길 위에 사는 것,
그것이 귀한 삶이다.

과거도 미래도 없이 완전히 지금 이 순간에 산다면 단 한 순간으로도 충분하다. 단 한 순간이라도 그대의 모든 에너지를 지금 이 순간에 쏟아붓는다면 그것으로 신과 진리를 맛보기에 충분하다. 진리는 길 위에 있으면서도 길 너머에 있다. 아이스 담모 사난따노……이것이 영원한 법이다. 경이감으로 살 수 있다면, 순간 속에 전체적으로 존재할 수 있다면 그대는 집에 도달한 것이다. 그때 지복이 내려와 그대를 덮친다. 그대는 지복과 은총으로 충만해진다. 그것은 그대가 창조한 것이 아니다. 그것은 저 너머의 세계에서 오는 선물이다.

선을 행할 때에는 재빨리 하라

선을 행할 때에는 재빨리 하라.
늦장을 부리면
해악을 즐기는 마음이
그대를 붙잡을 것이다.

악행을 멀리하라.
다시 또다시 멀리하라,
슬픔이 닥치기 전에.

그대의 가슴에 선행을 새겨라.
다시 또다시 새겨라.
그러면 기쁨이 그대를 가득 채우리니.

악의 열매가 그를 해치기 전에는
어리석은 사람도 행복하고,
선의 꽃이 피기 전에는
선한 사람도 고통을 겪는다.

"그까짓 게 뭐 대수야?" 하면서
나쁜 행동을 가볍게 여기지 말라.
큰 항아리가 한 방울씩 채워지듯
어리석은 자는 우매함으로 넘치게 된다.

"그까짓 것 아무것도 아니야." 하면서
그대의 덕을 가볍게 여기지 말라.
큰 항아리가 한 방울씩 채워지듯
지혜로운 자는 마침내 덕으로 가득 넘친다.

한때 나는 바라나시(Varana-si)에 머문 적이 있는데, 힌두 대학의 교수가 나를 찾아왔다. 그가 내게 물었다.

"당신은 지옥을 믿는가?"

내가 말했다.

"나는 지옥을 믿을 필요가 없다. 왜냐하면 지옥은 분명히 존재하기 때문이다. 믿음은 어떤 것이 실존한다는 것을 알지 못할 때에만 필요한 것이다. 그런데 지옥은 확실하게 존재한다. 그러므로 믿을 필요가 없다."

그가 말했다.

"지옥이 어디에 있는가?"

내가 말했다.

"당신은 지금 지옥에 살고 있다! 당신은 지옥에서 태어났고 지옥에서 숨쉬고 있다. 그리고 지옥에서 벗어나려는 노력이 없다면 지옥에서 죽을 것이다."

인간은 분명히 지옥에 속해 있다. 지옥에 태어났기 때문이다. 어디를 가든 인간은 지옥에 의해 포위되어 있다. 물고기가 바다에 살듯이 인간은 지옥에 산다. 물고기는 우연히 또는 누군가에게 잡혀서 바다 밖으로 던져지기 전까지는 자신이 바다에 산다는 것을 알지 못한다. 물고기는 바다와 분리되어야만 자신이 오랫동안 바다에서 살아왔다는 것을 알게 된다.

인간도 마찬가지이다. 그대는 낙원에 대해 알기 전까지는 자신이 지옥에 살고 있다는 것을 전혀 알지 못할 것이다. 그대는 지옥에 살고 있을 뿐만 아니라 지옥을 창조한다. 지옥이 존재하도록 돕고 지옥을 더 강하게 만든다. 그대는 지옥의 창조자이다. 그리고 그대는 자신이 창조한 세계에 산다. 그 외에 다른 세계에는 살 수 없다. 스스로 자신의 주변에 창조한 세상이 그대가 살아갈 수 있는 유일한 장소이다. 그리고 그대가 자신의 주변에 창조한 세상은 먼저 그대 존재의 중심에 존재해야 한다. 그래야만 그 세상이 외부로 나타나게 된다.

지옥은 먼저 그대 존재의 중심에 존재한다. 그 다음에 세력을 넓혀서 주변의 환경을 이루게 된다. 지옥은 먼저 그대 안에 존재하고 그 다음에 그대와 관계된 모든 것, 그대의 세상이 된다.

지옥은 지리학적으로 존재하는 장소가 아니다. 지옥은 심리학적인 것이다. 지옥은 병든 마음의 다른 이름이다. 고통받는 마음, 혼란된 마음, 악몽에 시달리는 마음, 무의식 속에 살아가는 마음의 다른 이름이 지옥이다. 무의식적인 마음이 곧 지옥이다. 그리고 의식적인 마음은 지옥을 넘어간다.

지옥이 지리학적으로 어딘가에 있다는 이야기를 믿지 말라. 그것은 유치한 이야기이다. 그것은 또한 모든 것을 연기(延期)하려는 마음의 계략이기도 하다. 마음은 항상 연기한다. 마음은 연기하기 위해 수단 방법을 가리지 않는다. 마음은 이렇게 말한다.

"지옥은 땅속 깊은 곳에 멀리 떨어져 있다. 그러니 너는 걱정할 필요가 없다. 그것은 죽은 다음에나 일어나는 일이니까. 지금 당장은 그런 문제에 신경 쓸 필요가 없다. 죽음의 순간에 너는 어디로 갈 것인지 결정할 수 있다. 만일 그 순간에 신을 기억하고 있으면 천국으로 갈 것이고 신을 망각하면 지옥으로 갈 것이다."

그래서 그대는 지옥이 마치 다른 어딘가에 있는 것처럼 살아간다.

그러나 지금 여기가 지옥이다! 모든 것이 지금 여기에 존재한다. 천국과 지옥도 마찬가지이다.

붓다는 천국에 산다. 물론 그는 그대와 똑같은 지구에 살고 똑같은 육체를 지닌다. 그러나 그의 경험은 전혀 다르다. 그에게 있어서는 이 몸이 곧 붓다이며, 이 지구가 곧 연꽃의 낙원이다. 이것이 모든 붓다, 깨달은 자 모두의 경험이다.

그러나 그대에게 있어서 이런 경험은 꿈이고 환상이며 신화에 불과하다. 그대에게는 이 몸이 지옥이며 이 세상이 지옥불이다. 그대는 연꽃의 낙원을 보지 못한다. 그대는 그 낙원을 볼 수 있는 눈이 없다. 그 눈이 창조되어야 한다. 그 눈은 탄생에 의해 주어지는 것이 아니다. 다만 잠재성이 있을 뿐이다. 그대는 그 잠재성을 실현하기 위해 노력해야 한다. 씨앗은 있다. 하지만 그대는 알맞은 토양을 찾아야 한다.

천국과 지옥이 저 너머의 어딘가에 있다고 현혹하는 것, 그것이 마음의 기본적인 책략이다.

스승의 역할은 그대를 지금 여기로 데려오는 것이다. 마음은 계속해서 도망치려고 시도한다. 마음이 지금 여기에서 도망치는 방법에는 두 가지가 있다. 과거와 추억 속으로 달아나는 것, 라마(Rama)와 크리슈나의 황금기, 그 아름다운 시절로 도망치는 것이 하나의 방법이다. 또 하나의 방법은 미래로 달아나는 것이다. 마음은 모든 계급차별이 사라진 유토피아, 또는 구름 너머 저 멀리에 있는 천국으로 도망친다. 어쨌든 마음은 그대를 현재의 순간에서 멀리 데려간다. 그런데 현재의 순간이야말로 유일하게 존재하는 현실이다. 그 외에 다른 순간은 존재하지 않는다.

존재하는 것은 항상 현재이다. 과거는 더 이상 존재하지 않으며 미래는 아직 오지 않았다. 존재하는 것은 무엇이든지 현재에 존재한다. 그런데 마음은 온갖 수단 방법을 동원해 그대를 현재로부터 끌어낸다. 마음은 오직 과거나 미래 안에서만 존재할 수 있다. 마음은 결코 현재에 존재하지 못한다. 이 말을 가슴 깊이 새겨라. 마음은 현재에 존재할 수 없다. 그대가 철저하게 지금 여기에 존재하면 마음이 사라진다. 그와 동시에 지옥 또한 사라진다.

마음이 사라질 때 낙원이 나타난다. 마음없이 현재에 사는 것, 이것이 낙원의 문을 여는 열쇠이다. '마음없이'라고 말할 때, 나는 얼빠진 듯 흐리멍텅한 상태를 의미하지 않는다. 오히려 그 정반대이다! 마음없이 사는 것, 곧 의식적으로 사는 것이다. 생각은 없지만 '주의 깊음(alertness)'을 갖고 사는 것이 의식적인 삶이다. 그리고 주의 깊은 의식으로 살려면 생각이 없어야 가능하다. 생각에 소비되던 에너지가 해방되고 이용 가능해지기 때문이다. 그때, 그대는 에너지로 넘쳐흐른다. 엄청난 활력과 강렬함, 열정을 갖게 된다. 그때, 그대의 삶은 미적지근하지 않다. 그대의 삶은 단 한 순간만으로도 충분할 정도로 활활 타오르는 불꽃이 된다. 그렇게 강렬한 의식을 가진 한 순간은 영원보다 길다.

붓다의 이 경문은 아주 단순하지만 구도자에게 엄청난 도움을 준다.

선을 행할 때에는 재빨리 하라.

마음은 끊임없이 이렇게 말할 것이다.

"연기하라. 내일이 있지 않은가? 서두를 필요가 없다. 내일도 얼마든지 할 수 있다."

그러나 내일은 결코 오지 않는다. 선한 행위를 내일로 연기하는 사람은 그것을 영원히 연기하고 있는 것이다. 그는 영원히 그것을 할 수 없을 것이다. 만약 오늘 그것을 연기한다면 그대는 연기의 습관을 배우고 있는 중이다. 오늘 그대는 "내일 하지 뭐." 하고 말한다. 그때, 그대는 삶의 방식을 창조하고 있는 중이다. 내일은 다시 오늘이 되어 올 것이고 그대의 오래된 습관은 "내일 하지 뭐." 하고 말할 것이다.

여기 고대의 우화가 있다.

다년간 신을 숭배하던 사람이 있었다. 어느 날, 그 앞에 신이 나타났다. 그는 신에게 단 한 가지 요구를 했다.

"제가 지금까지 당신을 숭배해 온 것은 단 한 가지를 얻기 위해서입니다. 제 소원을 무엇이든지 들어주는 물건을 주십시오. 소원을 말하자마자 즉시 이루어지는 물건 말입니다."

신이 그에게 예쁜 조개 껍질을 주며 말했다.

"이 조개 껍질에 대고 아무 소원이나 빌어라. 그러면 즉시 이루어지리라."

그가 실험을 해보니 사실이었다. 그는 말할 수 없이 기뻤다. 궁전을 요구하자 궁전이 나타났다. 여자를 요구하면 여자가 나타났고, 음식을 요구하면 음식이 나타났다. 그날 이후 그는 극도로 사치스러운 나날을 보냈다.

그런데 어느 날, 모든 일이 수포로 돌아가는 사건이 발생했다. 방랑하는 수도승이 그의 집에 묵고 있었는데 어느 날 그 수도승이 말했다.

"나는 당신의 비밀에 대한 소문을 들었소. 하지만 그것은 아무것도 아니오. 나 또한 신을 숭배해 왔소. 아마 당신보다 훨씬 더 오래되었을 것이오. 게다가 당신은 일개 가장(家長)이지만 나는 수도승이오. 그러니 신이 나를 더 총애하는 것은 당연한 일이오. 그는 내게도 큰 조개 껍질을 주었소. 여기 이 조개 껍질을 보시오. 아마 당신 것보다 두 배는 더 클 것이오."

수도승의 말은 사실이었다. 수도승이 계속 말을 이었다.

"이 조개 껍질은 어떤 소원을 빌든지 꼭 두 배로 이루어 주오. 만일 당신이 궁전을 요구한다면 궁전 두 개가 나타날 것이오. 항상 두 배로 주니까 말이오."

집 주인은 욕심이 생겼다. 인간의 탐욕이란 그런 것이다. 조개 껍질 한 개로도 충분하다. 두 번 세 번 연거푸 빌면 되니까 말이다. 그러나 탐욕스러운 인간은 눈이 멀었다. 탐욕은 곧 눈이 멀었다는 증거이다. 집 주인은 수도승의 말에 정신이 홀렸다.

그가 수도승에게 말했다.

"당신은 세속을 포기한 수도승이오. 그러니 그 조개 껍질을 내게 주고 내 조개 껍질을 가지시오. 당신은 작은 조개 껍질로도 충분할 것이오. 하지만 나는 많은 식솔을 거느린 가장이 아니오?"

그래서 그들은 조개 껍질을 바꾸어 가졌다.

다음날 아침, 집 주인은 목욕을 하고 신에게 기도를 드린 다음 조개 껍질에게 10만 루피(rupee)를 달라고 부탁했다. 그러자 조개 껍질이 말했다.

"왜 10만 루피야? 나는 당신에게 20만 루피를 줄 수 있는데!"
그는 말할 수 없이 기뻤다.
"좋아, 그러면 20만 루피를 다오."
조개 껍질이 말했다.
"고작 20만 루피야? 나는 40만 루피를 줄 수도 있어."
그는 약간 미심쩍은 생각이 들고 당황했다.
"좋아, 그러면 40만 루피를 줘."
조개 껍질이 말했다.
"고작 40만 루피야? 나는 80만 루피를 줄 수도 있는데."
그렇게 계속 액수가 올라갔지만 조개 껍질은 아무것도 주지 않았다! 무엇을 요구하든지 조개 껍질은 두 배를 약속했다. 그러나 약속의 연속일 뿐……. 그는 수도승을 잡으러 달려갔다. 하지만 그는 이미 떠나고 없었다.

이것은 훌륭한 비유이다. 인간의 마음은 바로 이 조개 껍질처럼 작용한다. 마음은 계속해서 약속한다. 하지만 언제나 오늘이 아니라 내일이다. 그리고 내일은 결코 오지 않는다. 서서히 그대의 삶 자체가 희망과 기대로 이루어진다. 희망과 기다림……. 그러다가 죽음이 오고 아무것도 이루어지지 않는다.

인간은 선행을 두려워한다. 그 이유는 무엇인가? 두 가지 이유가 있다. 그중의 하나는 선행이 마음에 아무 자양분도 주지 않기 때문이다. 마음은 오직 악행에 의해서만 자양분을 얻는다. 예를 들어, 그대가 '노(no)'라고 말하면 마음은 강화된다. 그러나 '예스(yes)'라고 말하면 마음이 강화되지 않는다. 그러므로 마음은 어느 것에 대해서도 '예스'라고 말하는 데 관심이 없다. 부정이 마음의 기본적인 성향이다. 마음은 '노'라고 말하는 것을 즐긴다. '노'가 마음의 힘이다. 부정이 마음의 양식이다. 마음은 부정을 먹고 산다. 그리고 긍정은 마음의 죽음이다.

'노'라고 말하면 강력한 힘을 느끼기 시작한다. '노'라고 말할 수 있을 때마다 그대는 강력한 힘을 느낀다. 그러나 '예스'라고 말할 때마다 그대는 굴욕감을 느낀다. 마치 그대 자신에 반대되는 어떤 일이 행해지는 것처럼 말이다. 전체적으로 '예스'라고 말하는 것은 마음을 완전히 파괴하는 것이다. 그리고 철저하게 '노'라고 말하는 것은 에고에 갇히는 것이다.

에고는 마음을 가리키는 또 하나의 이름이다. 에고가 마음의 중심이다. 그리고 그대 존재의 중심은 무아(無我 : non-ego)이다. 존재의 중심에는 '나'라는 개념이 없다. 그러나 마음의 중심에는 나, 나, 나……오직 에고의 소음이 있을 뿐이다. '노'라고 말하면 말할수록 그대는 에고를 강하게 느낀다. '노'가 그대의 에고를 규정짓는다.

그대 자신을 관찰해 보라. 그러면 내 말의 사실성을 알게 될 것이다. 나는 심오한 이론을 말하는 게 아니다. 다만 명백한 사실을 있는 그대로 말하고 있을 뿐이다. 관찰해 보라. 그것은 믿고 안 믿고의 문제가 아니다. 관찰하면 알 수 있을 것이다. '예스'라 말하고 '예스'를 느껴보라. 그러면 돌연 에고가 존재하지 않는다.

가장 선한 행위는 존재계와 삶에 대해 '예스'라고 말하는 것이다. '예스'라고 말하는 것, 그것이 종교이다. 가장 큰 부정은 신과 삶, 존재계에 대해 '노'라고 말하는 것이다. 그것은 그대에게 큰 힘을 준다. 그러나 그 힘은 에고를 강화시킬 뿐이다.

실제로 에고는 어찌나 교활한지 종교적인 사람들조차 속아 넘어간다. 종교적인 사람들은 삶에 대해 계속 '노'라고 말한다. 그들은 신에 대해 '예스'라고 말하려 한다. 그런데 마음은 그들을 설득한다.

"삶을 부정하지 않으면 어떻게 신을 긍정할 수 있겠는가? 삶을 부정하라!"

여기서 포기(renunciation)의 개념이 떠오른다.

"부인, 남편, 아이들, 가정을 부정하라. 사회와 세상을 부정하라. 세상을 등지고 히말라야로 들어가라. 그래야만 신을 긍정할 수 있다."

교활한 마음은 종교적인 사람들조차 기만한다. 소위 성자라고 불리는 사람들은 에고의 수중에서 놀아나는 노리개 외에 아무것도 아니다. 에고는 매우 미묘하고 교활하다. 교활함이 곧 에고의 방식이다. 매우 지성적이지 않는 한 그대는 에고의 수중에서 벗어날 수 없다. 그대가 한쪽 면에서 벗어나면 에고는 다른 면에서 그대를 사로잡을 것이다. 그대가 에고를 앞문으로 내던지면 에고는 뒷문으로 슬그머니 들어올 것이다.

소위 성자라고 불려지는 사람들은 에고에 관한 한 큰 만족감을 느낀다. 그들은 신성한 성자이다. 그들의 얼굴에는 '나는 너보다 더 신성하다'고 씌어 있다. 어디를 가도 수도원에서 볼 수 있는 사람들보다 더 에고가 강한 사람을 찾을 수 없을 것이다. 교황, 상카라차리야, 성직자들은 강한 에고를 느낀다. 그들은 세상을 포기했다. 하지만 그대는 무엇을 했는가? 그들은 돈, 권력, 지위를 버렸다. 하지만 그것은 교활한 마음의 게임 외에 아무것도 아니다.

진정으로 종교적인 사람은 삶을 긍정한다. 삶은 신의 선물이기 때문이다. 그는 세상을 긍정한다. 세상은 천국의 일부이기 때문이다. 그는 육체를 긍정한다. 육체는 영혼이 거주하는 단 하나의 집이기 때문이다. 육체는 아름답고 훌륭한 집이며 충실한 하인이다. 진실로 종교적인 사람은 모든 것에 대해 '예스'라고 말하는 법을 안다. 그의 긍정은 초월과 무아(egolessness)를 가져온다. 그의 긍정은 무심(無心)을 가져온다.

다른 각도에서 살펴보자. 만일 그대가 '노'라고 말한다면 마음은 즉시 많은 일을 해야 한다. 그대는 자신의 '노'를 지지할 만한 논거를 발견해야 할 것이다. '노'는 주장과 논리를 의미한다. '노'라고 말하면 말할수록 그대는 더 많은 논리적 근거를 찾아야 할 것이다. 그러나 '예스'라고 말할 때에는 어떠한 논리적 근거도 필요없다. '예스' 자체가 결론이다. 하지만 '노'는 기나긴 논리적 과정의 시작일 뿐이다. '노'라고 말하는 사람은 더 많은 주장을 내세워야 한다. 반면에 삶, 사랑, 존재계에 대해 '예스'라고 말하는 법을 아는 사람은 점점 더 주장이 줄어든다.

그것은 곧 더욱더 조화롭게 되는 길이다. 논증할 것이 많을수록 그대는 더 많은 논쟁을 해야 하고 더 폭력적으로 된다. 논리적 주장은 그대의 마음이 부조화 속에 있음을 의미한다. 그리고 아무 주장도 없음은 마음이 깊은 조화를 얻었다는 사실을 암시한다. 깊은 조화에서 나오는 것은 무엇이든지 선이다. 그리고 부조화에서 나오는 것은 무엇이든지 악이다. 그대가 악을 행하는 것은 분열되어 있기 때문이다. 분열되어 있지 않으면 선이 그대를 통해 자연스럽게 일어난다. 그것은 그대의 행위가 아니라 저절로 일어나는 현상이다.

선을 행할 때에는 재빨리 하라

붓다는 말한다.

선을 행할 때에는 재빨리 하라.

즉시 실천에 옮겨라! 마음은 "기다려 봐, 내일이 있잖아. 우리 다시 한 번 차근차근 생각해 보는 게 어때?" 하고 말할 것이다. 그러나 생각은 결코 결론에 도달하지 못한다. 이것을 명심하라. 생각은 어떤 결론에도 이르지 못한다! 철학은 수많은 세월 동안 단 한 가지 결론에도 도달하지 못했다. 그들은 어떠한 진리에도 이르지 못했다. 그들은 여전히 똑같은 주장을 되풀이하고 있다. 단지 방법과 양상이 바뀌었을 뿐, 철학의 악순환은 계속되고 있다. 철학자는 아무것도 확정짓지 못한 상태에 있다. 그것은 그가 결코 살아 있는 게 아니라는 사실을 의미한다.

삶은 오로지 확실한 의연함과 적극적 실천, 그리고 몰입에 의해서만 가능하다. 그렇지 않으면 그대는 항상 방관자일 뿐이다. 그대는 아무것에도 참여하지 못한다. 그대의 생각이 옳다는 것을 논리적으로 증명하지 못하는 한 어떻게 참여할 수 있겠는가?

임마뉴엘 칸트(Immanuel Kant)에 대한 이야기가 있다. 어떤 여자가 그에게 청혼을 했다. 그녀가 이렇게 청혼하는 데에는 큰 용기가 필요했다. 칸트는 결코 로맨틱한 사람이 아니었기 때문이다. 그는 극도로 무미건조한 사람이었다. 그는 기계적인 삶의 표본이다. 그는 평생 동안 종교적이리만치 철저한 규칙에 따랐다.

밤 열시가 되면 그는 잠자리에 들 것이다. 단 일분도 오차가 있어서는 안 된다. 그의 시종은……그에게는 단 한 명의 시종이 있었다. 어느 누가 칸트 같은 사람과 살기를 원하겠는가? 그래서 단 한 명의 시종밖에 없었다. 그의 가족들마저 그를 버렸다. 그는 너무나 기계적이고 건조한 사람이어서 온 가족을 괴롭혔다. 그의 시종은 그에게 시간을 말하곤 했다. "이제 잠자리에 들 시간입니다." 하고 말했던 것이 아니다. 시종은 단지 칸트 곁에 와서 "열시입니다." 하고 말한다. 그러면 칸트는 즉시 잠자리로 뛰어들 것이다! 간혹 손님들이 있어도 그는 작별인사조차 하지 않을 것이다. 그는 벌떡 일어나 잠자리로 들어갈 것이고 시종이 손님들에게 이렇게 선언할 것이다.

"죄송하지만 이젠 모두 가주십시오. 주인님은 잠자리에 드셨습니다."

칸트는 정확하게 아침 다섯시에 침대에서 질질 끌려 나와야 했다. 때로는 날씨가 너무 춥거나 지쳐 있을 때도 있었다. 그러나 규칙은 어김없이 지켜져야 했다. 칸트는 "간혹 내가 의지가 허약해져서 조금 더 자기를 원해도 그 말을 들어서는 안 된다."고 명령했다. 그래서 칸트가 "싫어, 조금 더 자고 싶단 말이야!" 하고 말해도 하인은 그를 침대에서 끌어내야 했다. 간혹 그것은 말다툼이나 싸움으로 이어졌다. 하인은 칸트를 침대에서 끌어내기 위해 때려야 하는 경우도 있었다. 그것이 하인의 의무였다.

칸트에게 청혼한 여자는 매우 보기 드문 여자이다! 그러나 어디를 가도 항상 미친 사람이 있는 법이다. 칸트처럼 지독한 사람과 사랑에 빠진 여자는 미친 여자임에 틀림없다. 칸트는 인간이 아니라 기계였다. 여자의 청혼을 받고 나서 칸트가 어떻게 했는지 아는가? 그는 "생각해 보겠습니다." 하고 말했다. 그리고 삼 년 동안 생각했다! 그는 여자의 청혼에 대해 이모저모 꼼꼼히 따져보았다. 그는 결혼의 이점은 무엇이고 해로운 점은 무엇인지에 대해 긴 논문을 썼다. 결국 그는 결론에 도달했다. 하지만 그것은 결론이랄 것도 없을 정도로 매우 빈약한 결론이었다. 결혼을 찬성하는 쪽에 1점이 더 많았다. 그것은 결혼을 해봐야만 결혼이 좋은지 나쁜지 알 수 있다는 항목에 대해 주어진 점수였다. 그래서 찬성 쪽에 더 많은 점수가 주어졌다.

그는 여자의 집을 찾아가 문을 두드렸다. 여자의 아버지가 문을 열고 나왔다.

"무슨 일로 오셨소?"

칸트가 말했다.

"당신의 따님과 결혼하기 위해 왔습니다. 이모저모 따져본 결과 반대 쪽에 300점, 찬성 쪽에 301점이 나왔습니다. 그래서 나는 결혼하기로 결심을 굳혔습니다."

여자의 아버지가 웃으며 말했다.

"한 발 늦었구려. 딸아이는 이미 결혼했소. 게다가 벌써 아이까지 낳았소! 당신은 너무 늦었소."

철학자들은 이런 식으로 행동한다. 나는 칸트가 3년 만에 결론을 얻었다는 사실조차 의심스럽다. 철학자는 결코 어떠한 결론에도 도달하지 못한다. 아마 칸트가 결론에 도달한 순간은 매우 비철학적인 순간이었을 것이다.

철학은 아직 아무 결론에도 도달하지 못했다. 만년의 역사가 이를 증명한다. 철학은 오직 질문을 알 뿐, 대답하는 법을 모른다. 설령 대답이 주어진다 해도 대답 하나마다 열 개의 질문이 더 파생된다.

마음은 주장하고 생각할 때 매우 행복하다. 그리고 결론에 도달할 때에는 매우 불행하다. 일단 결론에 도달하면 마음이 필요없어지기 때문이다. 결론은 마음의 죽음을 의미한다. 만일 그대가 궁극적 진리에 대한 결론에 도달한다면 마음은 자살하는 수밖에 없다.

마음은 '예스'라고 말하는 것을 두려워한다. 마음은 선행을 두려워한다. 왜냐하면 선행은 오직 에고가 없는 상태에서만 행해질 수 있기 때문이다. 선(善)은 무심의 상태에서 나오는 부산물이다. 이것을 이해하도록 노력하라. 이 말은 이에 대해 깊이 생각하라는 뜻이 아니다. 나는 단지 가슴으로 들으라고 말하는 것이다.

이 경문들은 오직 가슴에 의해서만 이해될 수 있다. 경문 하나하나가 지구 상에 존재했던 가장 위대한 가슴에서 나온 말이다. 그러므로 이 경문은 오직 가슴에 의해서만 이해될 수 있다.

　선을 행할 때에는 재빨리 하라.

마음은 악을 행할 때 항상 재빠르다. 그대가 화를 내고 싶을 때 마음은 결코 "내일."이라고 말하지 않는다. 마음은 "지금 당장!"이라고 말한다. 그대가 기부하고 싶을 때, 가난한 사람에게 무엇인가 주기를 원할 때 마음은 이렇게 말한다.

"잠깐 기다려 봐! 먼저 그가 진짜로 가난한 사람인지 아니면 은행에 돈을 숨겨 놓고 있는 사람인지 알아보는 게 좋을 거야. 먼저 조사를 한 다음에……그는 아주 건강해 보이는데 왜 그를 도와야 하지?"

마음은 무엇이든지 나누어 주는 데 인색하다. 마음에게는 나누어 주는 것이 무척 어렵다. 마음은 항상 긁어모으고 저장한다. 서서히 마음은 고물창고가 된다. 마음은 아무것도 버리지 않는다. 쓸모있든 쓸모없든 가리지 않고 마음은 계속 긁어모은다. 오늘 쓸모없던 것이 내일은 유용한 것이 될지도 모르지 않는가?

선한 행위란 나주어 주고, 사랑하고, 봉사하고, 자비를 베푼다는 의미이다. 그런데 마음은 이런 일을 할 수 없다. 물론 마음은 "나는 그런 일을 하고 싶지 않아."라고 할 것이다. 그것은 외교적인 방법이 아니다. 외교적인 방법은 그것을 '내일'로 연기하는 것이다. 마음은 행정관료이다. 그것도 보통 관료가 아니라 러시아의 관료이다.

이런 이야기를 들었다.

제네바의 군축 회의에서 미국 대표가 책상 밑으로 다리를 뻗고 있다가 우연히 앞에 앉아 있는 러시아 통역관 여성의 무릎을 건드렸다. 미국 대표는 사과의 미소를 보냈다.

그러나 러시아 여성은 냉담하게 아무 반응이 없었다. 그녀는 옆에 앉은 러시아 외교관 쪽으로 몸을 돌리더니 뭐라고 물었다. 외교관은 또 옆에 앉은 러시아측 의장에게 귓속말을 건넸다. 러시아측 의장이 일어나 전화를 걸러 나갔다. 당연히 회의가 중지되었다.

두 시간 반 후 회의가 재개되었다. 러시아측 의장이 자리에 돌아와 옆에 앉은 외교관에게 뭐라고 귓속말을 했다. 이어서 외교관은 여성 통역관에게 귓속말을 건넸다. 여성 통역관은 귓속말을 나누다가 미국 대표를 똑바로 쳐다보며 말했다.

"당신 잘못인가요, 아니면 내 잘못인가요?"

이것이 크레믈린에서 내려온 명령이다! 이것이 관료들이 일하는 방식이며, 마음이 작용하는 방식이다. 마음은 "잠깐, 다시 한 번 곰

곰이 생각해 봐." 하고 말한다. 그렇게 끝도 없이 계속된다. 마음은 항상 "잠깐 기다려! 내일 하면 되잖아." 하고 말한다.

그러나 똑같은 마음이 뭔가 그릇된 일을 할 때에는 결코 연기하라고 말하지 않는다. 그대가 그릇된 일을 할 때 마음은 이렇게 말한다.

"빨리! 지금 당장 해! 내일은 어떻게 될지 모르잖아. 이놈은 너를 모욕했어. 그러니 당장 앙갚음을 해! 되로 받았으면 말로 갚으란 말이야!"

구제프[1]는 어린 시절의 일을 이렇게 회고한다. 그의 할아버지가 임종을 맞으면서 그를 불렀다. 그 당시 구제프는 아홉 살밖에 되지 않은 어린이였다. 할아버지는 구제프를 매우 사랑했으며 어린 손자에게 다음과 같은 유언을 남겼다.

"나는 세상을 떠나면서 네게 뭔가 주고 싶지만 별로 줄 만한 것이 없구나. 내가 줄 수 있는 것이라곤 한 가지 충고뿐이다. 네 증조 할아버지도 돌아가시면서 내게 똑같은 충고를 남겼다. 그 충고는 내게 많은 도움을 주었는데 이제 나도 그 충고를 네게 남기고 죽어야겠다. 너는 너무 어려서 지금 당장은 그 충고를 이해할 수 없을지도 모른다. 하지만 언젠가 이해할 날이 올 것이다. 네가 처한 상황이 그 충고를 따를 수 있다고 판단될 때면 언제나 그 충고를 따르도록 해라. 그러면 결코 불행해지지 않을 것이다. 너는 지옥 같은 삶을 피할 수 있을 것이다."

---

1) 구제프(Gurdjieff) : (1872-1949) 그리스계 아르메니아인. 티벳, 인도, 중동, 중국 등지를 여행하면서 동양의 종교와 신비를 탐구. 이를 서양인에 알맞게 개조하여 소개했다. 특히 이슬람 신비주의인 수피즘(Sufism)의 춤이 중심을 이룸. 그의 가르침을 계승하는 많은 신비단체들이 있으며 '서양의 붓다'로 알려짐.

선을 행할 때에는 재빨리 하라

그가 어떤 충고를 남겼는지 아는가? 말은 똑같지 않지만 이 경문과 흡사한 내용이다. 그는 구제프에게 이렇게 말했다.

"만일 네가 나쁜 일을 하고 싶으면 그것을 내일로 연기해라. 그리고 옳은 일을 하고 싶을 때에는 당장 실행에 옮겨라. 예를 들어, 어떤 사람이 너를 모욕해서 화가 치민다면 그에게 24시간 후에 보자고 말해라."

구제프는 다음과 같이 회고했다.

"그 충고는 나의 일생을 바꾸어 놓았다. 그 당시 나는 아홉 살밖에 안 된 어린아이였지만 호기심에서 할아버지의 충고를 따르려고 시험해 보았다. 만일 어떤 소년이 나를 때리고 욕하면 나는 그에게 이렇게 말했다.

'다음에 보자. 나는 할아버지에게 약속했어. 그러니까 24시간 후에 보자. 그때 대답해 줄게.'

그리고 나는 그가 옳다는 결론에 도달했다. 그가 아무리 험악한 말을 했다 할지라도 그것은 맞는 말이었다. 그는 나에게 '너는 도둑놈이야!' 하고 말했다. 그것은 사실이다. 나는 도둑놈이다. 그는 또 '너는 진실치 못해!' 하고 말했다. 맞는 말이다. 나는 진실치 못하다."

그래서 구제프는 그 소년에게 계속 감사했다.

"네가 나에 대해 지적한 사실은 모두 옳다. 너는 내가 미처 깨닫지 못했던 나의 진면목을 밝혀주었다. 너는 나로 하여금 나 자신에 대해 더 많이 알게 해주었다. 나는 너에 대해 말할 수 없을 만큼 감사함을 느낀다."

또는 24시간 생각한 끝에 그는 다음과 같은 결론에 도달할 때도 있었다.

"그가 틀렸어. 그의 말은 전혀 사실무근이야. 나와는 아무 관계도 없는 말이야."

그때엔 해명할 필요가 없다. 그는 그 소년에게 다시 가지 않았을 것이다. 만일 뭔가 전적으로 잘못되었다면 화를 낼 이유가 무엇인가? 이 세상은 넓다. 수많은 사람들이 살고 있다. 그들 모두에게 해명할 수는 없는 일이다. 만일 해명하려 든다면 평생을 낭비해야 할 것이다.

이것이 이야기의 반쪽 면이다. 나쁜 일을 내일로 연기할 수 있다면 그대는 착한 일을 즉시 할 수 있을 것이다. 그리고 그대는 결코 후회하지 않을 것이다. 만일 나쁜 일을 즉시 행하면 내일 후회하게 될 것이다. 그러나 오늘 선한 일을 하면 결코 후회하지 않을 것이다. 후회의 문제는 생기지 않는다. 이것이 그대가 지금 살고 있는 지옥을 연꽃의 낙원으로 바꾸는 간단한 비결이다.

선을 행할 때에는 재빨리 하라.
늦장을 부리면
해악을 즐기는 마음이
그대를 붙잡을 것이다.

늦장 부리지 말고 재빨리 행하라. 왜냐하면 마음은 매우 잽싸기 때문이다. 마음은 무엇보다도 더 빠르게 움직인다. 마음은 빛보다 더 빠르다! 물리학자들은 빛보다 더 빠른 것은 없다고 말한다. 물론 빛보다 더 빠르게 움직이는 것은 불가능해 보인다. 빛은 1초에 18만6천 마일의 속도로 움직인다. 그러나 물리학자들은 아직 마음에 대한 개념이 없다. 그들은 아직 마음의 속도를 측정할 만한 기구가 없다.

마음은 빛보다 더 빠르다. 그대는 매우 경계해야 한다. 그렇지 않으면 마음은 그대를 끌고 가 어딘가에 처박을 것이다. 그대가 경계하기도 전에 마음은 이미 그대를 먼 곳으로 데려갔을 것이다. 마음은 항상 이동한다. 마음은 오직 움직임을 통해서만 살아 있음을 느낀다.

명상은 아무것도 하지 않고 조용히 앉아 있는 것을 의미한다. 아무 생각없이……. 그때 마음이 사라진다. 그대는 이동하고 있지 않기 때문에 마음이 필요없다. 마음은 여행의 안내자이다. 만일 그대가 어디론가 가고 있으면 마음은 매우 흐뭇해 한다. 그대의 움직임 속에서 마음은 강해짐을 느낀다. 그러나 그대가 아무 데로도 가지 않고 조용히 앉아 있다면 마음은 큰 슬픔을 느낀다.

그래서 마음은 싫증을 창조하기 시작한다. 이것은 거의 모든 명상가에게 일어나는 일이다. 싫증이 마음의 책략이다. 마음은 이렇게 말한다.

"계속 가! 우리 함께 어디론가 가자구. 무엇인가 해야 한단 말이야. 너는 왜 앉아 있지? 아무것도 하지 않고 앉아 있으면 싫증나잖아!"

이것이 마음의 속임수이다! 그렇지 않다면 아무것도 하지 않고 가만히 앉아 있는 것은 그대를 더 신선하게 만들 것이다. 그것이 깨달은 자 모두의 경험이다. 그러나 그대의 경험은 아니다. 이것은 나의 경험이다. 방 안에 앉아 내가 무엇을 하고 있을까? 아무것도 하지 않고 조용히 앉아……봄이 오면 저절로 싹이 돋는다. 아무것도 행해지지 않는다. 초목은 스스로 자라난다. 삶은 제 스스로 흐른다. 그대는 강물을 떠밀 필요가 없다.

그러나 처음에 마음은 싫증을 만들 것이다. 싫증이 마음의 계략이다. 마음은 이렇게 말한다.

"나를 따라오지 않으면 너는 싫증을 느낄 거야. 너는 무의미함을 느낄 것이고 아무것도 즐길 수 없을 거야. 이리 와, 나와 함께 가자구. 너에게 아주 재미있는 오락거리를 줄 테니까."

마음은 항상 오락으로 그대를 매수한다. 라디오를 켜고, 텔레비전을 보고, 극장에 가고, 또는 클럽에 가서 잡담을 하고……. 마음은 항상 무엇인가 하게 만든다. 그대가 아무것도 하지 않을 때 마음은 싫증으로 그대를 처벌한다. 명상가에게 가장 큰 문제는 싫증이다.

그러나 싫증에 대해 철저하게 무관심한 상태로 앉아 있을 수 있다면―싫증이 거기에 있게 그냥 놔두라― 싫증에 의해 동요되지 않는다면 세 달에서 아홉 달 사이에 싫증이 자취를 감출 것이다. 그리고 싫증 대신에 이전에는 결코 알지 못했던 넘치는 기쁨과 신선함이 찾아올 것이다. 그것은 오락이 아니다. 그대는 철저한 진공 상태로 앉아 있기 때문이다. 그 진공 상태로부터 전혀 새로운 풍요와 만족감이 솟아난다.

> 선을 행할 때에는 재빨리 하라.
> 늦장을 부리면
> 해악을 즐기는 마음이
> 그대를 붙잡을 것이다.

마음은 해악을 즐긴다. 그것이 마음이 살아 남을 수 있는 유일한 길이기 때문이다. 진정으로 훌륭한 사람에 대해서는 아무 이야기도 쓸 수 없다는 말이 있다. 아무것도 쓸 것이 없기 때문이다. 오직 나쁜 사람에 대해서만 이야기를 쓸 수 있다.

붓다, 마하비라, 예수가 역사책에 단 한 번도 언급되지 않는 것은 우연이 아니다. 고대의 역사에는 그들에 대한 언급이 전혀 없다. 그 이유는 무엇인가? 언급할 것이 없기 때문이다! 그들은 아무도 죽이지 않았으며 어떠한 악도 행하지 않았다. 그들은 존재하지 않는 듯 존재했다. 그들은 너무나 선해서 마치 존재하지 않았던 것처럼 느껴진다!

붓다에게 붙혀진 이름 중의 하나는 '여래(如來 : tathagat)'이다. '여래'는 산들바람처럼 왔다가 산들바람처럼 사라진다는 의미이다. 아무것도 건들지 않고, 낙엽 하나 떨구지 않고 그렇게 왔다가 그렇게 사라지는 자가 '여래'이다. 여래는 아무 소리없이 왔다가 아무 소리없이 사라진다. 그것은 물 위에 선을 긋는 것과 같다. 물 위에 그은 선은 즉시 사라진다. 여래는 하늘을 날아가는 새들과 같다. 새들은 아무 자취도 남기지 않는다.

그러나 역사는 징기스칸, 타멀레인, 나디르샤, 알렉산더, 히틀러, 모택동 같은 인물로 가득 차 있다. 악한 짓을 더 많이 할수록 역사에 이름을 남길 확률이 더 높아진다. 역사에 이름을 남기고 싶다면 악한 짓을 하라.

정치가들은 역사에 이름을 남길 것이다. 그들은 가장 악한 자들이기 때문이다.

마음은 끊임없이 해악을 추구한다. 마음은 결코 기회를 놓치지 않는다. 기회가 없을 경우 마음은 제 스스로 기회를 만들 것이다.

사창가의 한 집에 초인종이 울렸다. 마담이 문을 열고 나가보니 팔과 다리가 없는 사내가 보였다.

마담이 물었다.

"당신 같은 사람이 이런 곳에서 무엇을 하고 있는 거예요?"
사내가 마담을 노려보며 말했다.
"내가 벨을 울렸소!"

그는 팔 다리가 없다. 그래도 여전히 사창가에 갈 준비가 되어 있다.

프랭크가 여자와 함께 누워 있었다. 그런데 예상 밖으로 여자의 남편이 일찍 돌아왔다. 프랭크가 얼른 옷장 속에 숨었다.
남편은 코트를 걸다가 프랭크의 방울을 보았다.
남편이 말했다.
"뭐 저런 물건이 다 있어?"
여자가 말했다.
"음……그건 크리스마스 때 쓸 방울이에요."
남편이 말했다.
"음, 그래? 그러면 소리 한번 들어보자구!"
남편이 주먹으로 방울을 사정없이 때렸다.
숨이 넘어가는 듯한 소리가 들렸다.
"딸랑 딸랑……이 개자식아!"

사람들의 삶을 살펴보라. 그대 자신과 다른 사람들을 관찰하라. 관찰자가 되라. 그러면 그대는 놀랄 것이다. 모든 사람이 기회를 노리고 있다. 만일 그들이 악한 짓을 하지 않는다면 그것은 그들이 선하기 때문이 아니다. 다만 기회가 없기 때문이다. 그것이 내가 관찰한 결과이다.

정치가는 권력을 잡지 못했을 때 매우 선하고 겸손하다. 그는 언제나 그대의 발 아래 엎드릴 준비가 되어 있으며 병원을 짓고 학교를 세우는 등 봉사활동을 편다. 그러나 일단 권력을 잡으면 그대를 알아보지도 못한다. 그리고 모든 사회봉사가 사라진다. 일단 권력을 잡으면 그는 기회가 생긴다. 이제 그는 항상 원했지만 할 수 없었던 일을 할 것이다.

인도에서는 이런 일들이 다른 나라에서 유례를 찾아볼 수 없을 정도로 적나라하게 일어났다. 이 나라의 골칫거리가 된 사람들도 독립 전까지는 사회에 봉사하는 훌륭한 일꾼이었으며 자유를 위해 싸운 투사였다. 그들은 이 나라의 자유를 위해 많은 것을 희생했으며 소박하고 가난한 삶을 살았다. 그들의 삶은 모든 이의 귀감이었다. 그들은 존경을 한 몸에 받았다.

그런데 그들이 권좌에 오르자 순식간에 모든 것이 변했다. 그들은 권력에 미쳐서 날뛰었다. 가면이 벗겨지고 얼굴이 변했다. 이제 그들은 기회를 잡은 것이다.

액턴(Acton)[2]경은 "권력은 부패한다(Power corrupts)."고 말했다. 나는 그의 말에 동의하는 동시에 동의하지 않는다. 표면적으로는 권력이 부패하는 것처럼 보인다. 그러나 깊이 분석해 보면 부패하는 것은 권력이 아니라. 항상 인간이 부패한다. 권력은 부패할 수 없다. 권력은 다만 기회를 준다. 그대가 부패했을 경우 권력은 그대가 항상 원했지만 할 수 없었던 일을 할 기회를 부여한다.

---

2) 액턴 : 영국의 사회학자.

사람들은 돈이 인간을 타락시킨다고 생각한다. 그러나 그렇지 않다. 돈은 다만 기회를 줄 뿐이다. 가난한 사람들은 일견 선량해 보인다. 하지만 사실은 다르다. 그들이 부자가 된 다음에 어떻게 변하는지 보라. 그들의 선량함은 모두 사라진다. 실제로 신흥부자들은 날 때부터 부자였던 사람들보다 더 위험하다. 왜냐하면 날 때부터 부자인 사람은 부(富)에 익숙하기 때문이다.

어느 왕의 국무대신이 불법적으로 많은 재산을 모았다. 그는 나라 안에서 제일가는 부자가 되었는데 급기야 왕이 그의 치부 사실을 알게 되었다. 왕이 그를 호출하여 말했다.
"그대는 나를 속여서 불법적으로 많은 치부를 했소. 그러나 그 동안 바친 충성과 공적을 고려해 처벌하지 않겠으니 관직을 내놓고 이 나라를 떠나시오!"
국무대신이 말했다.
"떠나기 전에 한 가지 제안을 하고 싶습니다. 이제 저는 필요한 모든 것을 가졌습니다. 사실, 필요한 것보다 더 많이 가졌습니다. 그러나 폐하께서 다른 사람을 국무대신으로 임명한다면 그는 다시 재산을 치부할 것입니다. 그는 폐하께 더 많은 해를 미칠 것입니다. 하지만 저는 필요한 것을 모두 가졌으니 폐하께 해를 가할 필요조차 없습니다."
왕은 핵심을 이해했다. 왕은 국무대신을 추방하지 않았다.
왕이 말했다.
"맞는 말이오! 그대는 이미 할 수 있는 일은 모두 했소. 그러니 내가 새로운 사람을 임명할 필요가 있겠소? 새로운 사람을 임명하면 그는 다시 그대가 했던 것과 똑같은 과정을 되풀이할 것이오. 당신의 말이 맞소."

가난한 사람이 부자가 된 다음에 무슨 일이 일어나는지 보라. 그의 소박함과 겸손함이 모두 사라진다.

어떤 사람에게 말하는 개가 있었다. 어느 날 그는 개를 데리고 술집에 갔다. 그는 바텐더에게 만일 개가 말을 하면 맥주를 공짜로 주겠느냐고 내기를 걸었다. 바텐더가 동의했다. 바텐더는 말하는 개는 있을 수 없다고 자신했다. 바텐더가 장난삼아 개에게 물었다.
"네 주인이 좋아하는 술이 뭐냐?"
개가 대답했다.
"버드와이저!"
기절초풍할 듯이 놀란 바텐더가 맥주를 제공했다.
개와 개 주인, 그리고 바텐더는 신나게 대화를 나누었다. 주인이 맥주를 마시는 동안 개는 땅콩을 집어먹었다. 그렇게 한참 이야기를 나누다가 바텐더가 머리가 아픈데 아스피린이 다 떨어졌다고 말했다.
"당신 개에게 심부름시키면 안 될까요?"
"얼마든지 시키시오."
그래서 바텐더는 개에게 5달러를 주며 아스피린을 사오라고 시켰다.
개가 밖으로 달려 나갔다. 그런데 아무리 기다려도 돌아오질 않았다. 결국 주인이 개를 찾으러 나갔다. 그는 시내를 돌아다니다가 어두운 골목길에서 다른 개의 등허리에 올라타 있는 개를 발견했다.

주인이 소리쳤다.
"맙소사! 이게 무슨 짓이야! 전에는 한 번도 이런 일이 없었잖아?"
개가 여전히 다른 개의 등허리에 올라탄 채로 헐떡거리며 말했다.
"나는 항상 하고 싶었어요. 하지만 전에는 돈이 없었단 말예요!"

부패하는 것은 권력이 아니다. 권력은 그대의 부패한 무의식을 표면으로 끌어올린다. 권력은 그대의 내면에 숨어 있던 악을 행동으로 옮기게 한다. 권력은 그대를 노출시킬 뿐, 부패시키지 않는다. 사람들을 노출시킨다는 점에서 권력은 좋은 면이 있다. 권력은 엑스 레이 사진처럼 그대의 실체를 벌거벗긴다.

 해악을 즐기는 마음이
 그대를 붙잡을 것이다.

마음은 매우 재빠르다는 것을 명심하라. 선(善)에 대한 생각이 떠오르는 순간 즉시 실행에 옮기지 않으면 마음은 그대를 속여서 엉뚱한 길로 데려갈 것이다. 마음은 뭔가 다른 일을 하라고 설득할 것이다.

미국으로 이민간 페인골드가 열심히 일하여 많은 재산을 모았다. 이제 그는 임종을 맞아 재산의 처분 문제에 대해 유언을 남기기 시작했다. 그가 침대 옆에 서 있는 부인에게 말했다.
"캐딜락 자동차는 나의 아들 샘에게 주시오."
부인이 말했다.

"캐딜락은 죠에게 남기는 게 좋을 거예요. 죠가 운전솜씨가 더 낫거든요."

페인골드가 힘없는 목소리로 말했다.

"그게 좋겠군. 그러면 롤스로이스는 내 딸 린다에게 주시오."

부인이 말했다.

"롤스로이스는 당신 조카 윌리에게 주는 게 더 좋겠어요. 그는 아주 점잖게 운전하거든요."

"좋소. 롤스로이스는 윌리에게 주시오. 그리고 12기통짜리 재규어는 나의 질녀 샐리에게 주시오."

다시 부인이 참견했다.

"내 생각으론 쥬디가 좋을 것 같아요."

페인골드가 머리를 치켜들고 소리를 꽥 질렀다.

"도대체 누가 죽는 것이오? 나요, 당신이요?"

그대가 망설이고 있으면 마음은 "이렇게 하라, 저렇게 하라."고 제안할 것이다. 선한 일은 즉시 실행하라. 왜 망설이는가? 다음 순간은 오지 않을 수도 있다. 이 순간이 마지막일지도 모른다. 마치 이 순간이 마지막인 것처럼 행동하라! 긴박감을 갖고 행동하라. 언제 죽음이 닥칠지 모른다. 마음의 소리에 귀기울이지 마라. 마음은 끊임없이 연기한다. 그리고 마음이 그대에게 어떤 일을 하라고 허락하기 전에 죽음이 그대를 쓰러뜨릴지도 모른다. 즉시 선한 일을 하라. 그것은 기쁨을 가져다 준다.

악행을 멀리 하라.

다시 또다시 멀리 하라,
슬픔이 닥치기 전에.

악한 일을 하면 슬픔이 그림자처럼 따라올 것이다. 신이 어딘가에 앉아서 그대의 악행을 처벌하는 게 아니다. 악행 자체가 처벌이다. 악행 자체에 원래부터 처벌이 담겨 있다.

이것이 까르마(業 : karma) 이론의 배경을 이루는 관념이다. 심판하고, 처벌하고, 보상할 신이 존재할 필요가 없다. 생각해 보라. 모든 사람의 모든 행위를 심판하고, 그에 따라 어떤 사람은 처벌하고 어떤 사람에겐 보상을 내리는 신이 있었다면 그는 오래전에 미치고 말았을 것이다!

보상하고 처벌하는 신은 없다. 그런 생각은 유치하다. 신이 아니라 법이 존재한다. 중력의 법칙과 같은 법이 존재한다. 만일 술에 취해서 제대로 걷지 못한다면 그대는 당연히 어딘가에 걸려 넘어질 것이다. 신이 '넘어져라!' 하고 명령하는 게 아니다. 중력의 법칙만으로도 충분하다. 똑바로 걷지 않으면 당연히 쓰러진다. 중력의 법칙이 그것을 관장한다. 그러나 의식을 갖고 주의 깊게 걷는다면 그대는 결코 넘어지지 않는다.

그와 마찬가지로 까르마는 과학적인 법칙이다. 그대의 행위에는 그 자체내에 처벌과 보상이 들어 있다. 화를 내면 다음 생에 고통받을 것이라는 말은 사실이 아니다. 화를 낼 때, 그대는 화를 내는 동안 이미 고통받는다. 처벌을 위해 다른 삶이 있어야 할 필요가 없다. 그대는 화를 내는 동안 이미 불길에 싸여 있다. 그대는 자신의 육체와 모든 시스템을 중독시킨다. 분노는 독이다. 분노는 다른 사람에게 상처를 줄 수도 있고 아닐 수도 있다. 그것은 상대방의 반응 여부에 달렸다. 하지만 분노가 그대에게 상처를 준다는 것은 분명한 사실이다.

만일 붓다를 모욕한다면 그것은 그에게 상처를 주지 못할 것이다. 붓다를 모욕하기 전에 먼저 그대가 내면의 혼란을 겪어야 할 것이다.

어떤 사람이 붓다의 얼굴에 침을 뱉었다. 붓다는 얼굴에 묻은 침을 닦아내더니 물었다.
"더 이상 할 일이 남았는가, 이게 전부인가?"
붓다의 제자인 아난다는 당연히 격노했다. 붓다는 그에게 아무 짓도 하지 않았다. 그런데 그는 난데없이 찾아와서 스승님의 얼굴에 침을 뱉었다. 이것은 도저히 참을 수 없는 일이다! 아난다가 붓다에게 말했다.
"스승님, 이 사람을 혼내줄 수 있도록 허락해 주십시오. 이런 사람은 벌받아 마땅합니다!"
붓다가 말했다.
"아난다, 너는 구도자이다. 그런데 그것을 자꾸 잊고 있구나. 그 불쌍한 사내는 이미 충분히 고통받았다. 그의 눈을 봐라. 핏발이 서 있지 않느냐. 그의 몸을 봐라. 그는 부들부들 떨고 있다. 너는 그가 내 얼굴에 침을 뱉기 전에 춤추고 노래하며 즐거워하고 있었다고 생각하느냐? 그는 밤새도록 한숨도 자지 못했다. 밤새도록 미칠 것 같은 상태에 있었다. 내 얼굴에 침을 뱉은 것은 그런 광기의 결과일 뿐이다. 이 불쌍한 사람에게 자비심을 가져라. 더 이상 무슨 벌이 필요하겠느냐? 이것으로 충분하지 않은가? 그리고 이 사람이 내게 어떤 해를 가했단 말이냐? 나는 얼굴의 침을 닦아내면 그만이다. 그것은 간단한 일이다. 그러니 너는 흥분하지 말아라. 그렇지 않으면 너는 어리석게 행동하는 것이다. 그의 잘못 때문에 너는 너 자신을 벌하고 있다. 그것은 어리석은 짓이다!"

이 말을 이해하라. 여기엔 말할 수 없이 중요한 의미가 담겨 있다. 붓다는 이렇게 말한다.

"잘못을 저지른 것은 그 사람이다. 그런데 너는 왜 너 자신을 벌하고 있느냐? 나는 네가 부글부글 끓고 있는 것을 볼 수 있다. 만일 내가 이 자리에서 너를 막지 않는다면 너는 이 사람을 죽이고 말 것이다! 이 사람이 미쳤던 것과 마찬가지로 너도 지금 미치광이 상태이다."

붓다의 얼굴에 침을 뱉은 사내는 이 대화를 듣고 당황했다. 그는 붓다가 이런 식으로 나오리라곤 전혀 예측하지 못했었다. 그는 붓다가 격노할 것이라고 생각했었다. 그것이 그가 원했던 바이다. 그런데 상황이 엉뚱하게 돌아가자 그는 수치심을 느꼈다. 붓다가 보여준 자비심과 사랑은 전혀 예상 밖의 일이었다.

붓다가 그에게 말했다.

"집에 가서 편안히 쉬시오. 그대는 아주 피곤해 보이는구려. 그대는 이미 자신을 충분히 벌했소. 침을 뱉은 사실에 대해서는 잊으시오. 그것은 내게 아무 해도 미치지 못했소. 그것이 어떻게 내게 해를 미칠 수 있겠소? 이 몸은 먼지로 만들어졌으니 멀지 않아 먼지가 되어 스러질 것이오. 사람들이 그 위를 밟고 걸어다닐 것이며 침을 뱉을 것이오. 이 몸 위에 온갖 일이 일어날 것이오. 사람들이 똥을 누고 오줌을 싸고……그대가 한 짓은 별 게 아니오. 그러니 집에 돌아가 편히 쉬시오."

사내가 집으로 돌아갔다. 그는 극도로 혼란스러웠다. 붓다의 반응은 너무나 예상 밖이었다. 그는 도무지 이해할 수 없었다. 그는 눈물을 흘리며 엉엉 울었다. 저녁때가 되었을 때 그는 붓다를 다시 찾아갔다. 그가 붓다의 발 아래 꿇어 엎드려 용서를 빌었다.
"죽을 죄를 졌습니다. 저를 용서하십시오."
붓다가 말했다.
"내게는 그대를 용서하는 문제가 남아 있지 않다. 나는 화가 나지 않았기 때문이다. 그러니 내가 어떻게 그대를 용서할 수 있겠는가? 그러나 이것은 좋은 일이다. 그대의 얼굴이 더 침착하고 편안해 보이니 나는 참 기쁘다. 그대가 다시 평온을 되찾은 것을 보니 흐뭇하구나. 자, 이제 기쁜 마음으로 가라. 그리고 다시는 그런 식으로 행동하지 말도록 하라. 그것은 그대 스스로 지옥을 만드는 방식이기 때문이다."

악행을 멀리 하라.
다시 또다시 멀리 하라,
슬픔이 닥치기 전에.

마음은 계속해서 "이렇게 하라. 저렇게 하라."고 제안할 것이다. 그리고 그대는 붓다가 말했던 것을, 그리고 지금 내가 말하고 있는 것을 자꾸 잊을 것이다. 그러므로 그대는 다시 또다시 명심해야 할 것이다. 그러면 서서히 그 기억이 확고해지고 그대 존재 안의 빛이 될 것이다. 그때엔 기억하려고 노력할 필요조차 없을 것이다. 그대의 가슴에 새겨진 기억이 광선처럼 길을 비추어 줄 것이다. 그것은 함정에 빠지지 않도록 많은 도움을 줄 것이다. 그리고 일단 그대의 내면에 기억이 확고하게 자리잡으면 악행이 불가능해진다. 그리고 선행이 자연스럽게 일어난다. 그대는 연꽃의 낙원에 든 것이다.

낙원은 어딘가 다른 곳에 있지 않다. 여기가 낙원이다. 그것은 그대의 태도와 시각이 바뀌는 문제이다. 세상의 모든 것이 변함없이 그대로이다. 하지만 그대는 더 이상 같은 사람이 아니다. 그대가 다른 세상으로 들어가는 게 아니다. 똑같은 세상이 계속 이어진다. 그러나 그대의 시각이 바뀌었다. 그대는 똑같은 사물일지라도 전혀 다른 시각으로 본다. 새로운 방법, 새로운 스타일로 본다. 그것이 바로 산야스(sannyas)이다.

> 그대의 가슴에 선행을 새겨라.
> 다시 또다시 새겨라.
> 그러면 기쁨이 그대를 가득 채우리니.

그대의 의식을 머리에서 가슴으로 옮겨라. 마음은 악행을 원한다. 마음은 악행에 의해 살아간다. 그러나 가슴은 선행을 원한다. 가슴은 선행에 의해 살고, 선행에 의해 자양분을 얻는다.

> 그대의 가슴에 선행을 새겨라.

붓다는 '마음'에 선행을 새기라고 말하지 않는다. 마음은 선행을 새길 수 없다. 마음을 통해서 행위한다면 아무리 선행을 하려고 노력해도 그대는 악행을 행할 것이다. 선행은 마음의 능력 밖이다.

세계 도처에서 그런 일이 일어나고 있음을 알 수 있다. 과학자들은 선행을 원한다. 그것이 수년간 연구를 거듭하여 원자 에너지를 발견한 이유였다. 알버트 아인슈타인은 선행을 원했다. 그는 미국의 루즈벨트 대통령에게 편지를 썼다.

"이제 원자 에너지를 이용하여 원자폭탄을 만들 수 있게 되었습니다. 원자폭탄을 만드는 것만으로도 미국은 싸움이 필요없을 만큼 강력해질 것입니다. 힘을 갖는 것만으로 충분합니다. 적들은 두려움에 질려서 히틀러, 히로이토, 무솔리니가 제 스스로 항복할 것입니다."

논리적인 마음은 이렇게 생각한다. 그러나 삶은 논리를 따르지 않는다. 삶은 마음대로 되지 않는다. 알버트 아인슈타인은 평생을 후회했다. 히로시마와 나가사키의 참사에 대해 깊은 책임감을 느꼈기 때문이다. 아인슈타인은 정치가에게 편지를 쓴 장본인이었으며 정치가들은 즉시 발명에 뛰어들었다. 그리고 일단 그 엄청난 힘이 정치가들의 수중에 들어가자 그들은 아인슈타인의 말에 귀기울이지 않았다. 그들은 아인슈타인이 뭐라고 떠들건 관심조차 없었다. 왜 관심을 갖겠는가? 이젠 엄청난 힘이 그들의 수중에 들어갔다.

그리고 전쟁문제 전문가들은 나가사키 히로시마의 참변이 전혀 불필요했다고 말한다. 원자폭탄이 없었어도 일본은 일주일 안에 항복해야 할 처지였다. 일주일만 더 있으면 끝나는 문제였다. 그리고 수년 동안 전쟁을 겪어왔다면 일주일을 더 못 참겠는가? 그렇게 서두를 이유가 어디에 있는가? 그러나 미국은 세계 만방에 힘을 과시하고 싶었다.

정치가들은 매우 유치하다. 실제로, 유치하지 않은 사람은 정치가가 되지도 않았을 것이다. 무엇인가 가졌을 때 그대는 그것을 전세계에 보여주고 싶어한다. 그렇지 않으면 그것을 갖고 있을 필요가 없지 않은가? 히로시마에서는 단 5초 만에 10만 명이 죽었다. 아무 이유도 없었다. 단지 미국이 원자폭탄을 가졌다는 사실을 전세계에 보여주려 했던 것 외에는.

아인슈타인은 뼈저리게 후회했다. 그가 임종을 맞고 있을 때, 어떤 사람이 물었다.

"만일 신이 다시 한 번 태어날 기회를 준다면 어떤 일을 하시겠습니까? 아직 이루지 못한 연구가 많으니 다시 과학자가 되시렵니까?"

아인슈타인이 눈을 뜨고 말했다.

"아니, 절대 아니오! 나는 물리학자가 되느니 막노동꾼이 되겠소. 물리학자의 삶은 한 번으로 충분하오."

과학은 마음의 노력이다. 따라서 과학은 커다란 힘을 창조했지만 그 힘은 인간 자신에 반대하는 힘으로 변하고 말았다. 과학은 생태계를 파괴했다. 이 혹성 전체를 파괴했다. 과학은 인간을 파괴하고 있다. 선(善)이라는 미명 하에! 그런데 과학자들은 인류에 봉사한다고 생각한다. 그들은 인류의 성장과 진화를 돕고 인류를 더 강하게 만든다고 생각한다. 그러나 그들은 다만 이 혹성을 거의 살기가 불가능한 곳으로 만들고 있다. 그들은 온 인류가 자살해야 하는 상황으로 몰아가고 있다. 그들은 이 지구 전체를 파괴할 수 있다. 왜냐하면 그들의 모든 노력이 마음에서 나온 것이기 때문이다.

우리는 마음이 아니라 가슴에 뿌리내린 과학이 필요하다. 우리에겐 집중이 아니라 명상에 뿌리를 둔 전혀 새로운 종류의 과학이 필요하다. 전혀 새로운 특성, 종교의 특성을 지닌 과학이 요구된다.

과학이 종교와 명상, 사랑의 특성을 갖지 않는 한, 가슴에서 비롯된 과학이 아닌 한, 과학은 인류에 대한 축복이 되지 못할 것이다. 과학은 인류에 대한 저주가 될 것이다. 과학자들이 자기들의 행위를 어떻게 생각하든지 간에! 그들은 인류에게 크게 공헌하는 훌륭한 일을 한다고 생각한다. 그들은 인류를 위해 희생한다고 생각한다. 지금 나는 그들이 진실치 못한 사람들이라고 말하는 게 아니다. 그들은 진실한 사람들이다. 하지만 지향점이 틀렸다.

붓다는 즉시 단어를 바꾼다. 처음에 그는 '마음'이라는 단어를 사용했다. 그런데 이제는 이렇게 말한다.

> 그대의 '가슴'에 선행을 새겨라.
> 다시 또다시 새겨라.
> 그러면 기쁨이 그대를 가득 채우리니.

슬픔이 부산물이듯 기쁨 또한 부산물이다. 그대가 잘못된 일을 할 때 슬픔이 그림자처럼 따르듯이, 훌륭한 일을 할 때에는 기쁨이 그림자처럼 따른다. 이것을 기준으로 삼으라. 만일 그대가 지금 불행하다면 그대는 뭔가 잘못된 일을 했음에 틀림없다. 이것을 명심하라.

그러나 인간의 마음은 매우 교활하다. 그대가 불행할 때 마음은 이렇게 말한다.

"다른 사람들이 너에게 나쁜 짓을 하고 있어. 그래서 지금 네가 불행한 거야."

그러나 그렇지 않다. 아무도 그대를 불행하게 만들지 못한다. 그대를 죽일 수는 있어도 불행하게 만들 수는 없다. 그대는 나를 죽일 수 있다. 그러나 불행하게 만들 수는 없다. 나는 살아 있을 때와 마찬가지로 똑같은 지복의 상태에서 죽을 것이다. 거기엔 아무 차이점도 없을 것이다. 그대는 나의 몸을 독에 중독시킬 수 있지만 나의 의식을 중독시킬 수는 없다. 나의 몸을 파괴할 수는 있어도 나를 파괴할 수는 없다. 나의 몸은 어떤 식으로든 곧 파괴될 것이다. 그러나 나는 파괴를 초월한다.

아무도 그대를 불행하게 만들 수 없으며 행복하게 만들 수도 없다. 그것은 전적으로 그대에게 달린 문제이다. 불행도 그대의 책임이며 행복도 그대의 책임이다. 이 책임을 인정하라. 이 책임을 전적으로 받아들여라. 그것이 곧 종교적인 사람이 되는 길이다. 그것이 내가 종교라고 부르는 것에 입문하는 길이다.

정치가는 항상 타인에게 책임을 전가한다. 그러나 종교적인 사람은 철저하게 스스로 책임진다.

　악의 열매가 그를 해치기 전에는
　어리석은 사람도 행복하고,
　선의 꽃이 피기 전에는
　선한 사람도 고통을 겪는다.

때때로 그대는 악한 사람도 매우 행복하며, 선한 사람이 불행한 것을 보게 될 것이다. 그러나 일시적인 현상에 현혹되지 말라.

　악의 열매가 그를 해치기 전에는
　어리석은 사람도 행복하다.

조금 시간이 걸린다. 씨앗을 뿌린 다음에는 꽃이 피고 열매가 맺힐 때까지 시간이 걸릴 것이다. 악도 처음에는 달콤할지 모른다. 그러나 마지막엔 쓰디쓴 고통이라는 것이 입증된다. 항상 그렇다. 그리고 선한 행위도 처음에는 별로 달콤하게 보이지 않을 수 있다. 씨앗에서 꽃이 피고 향기가 날리기까지는 시간이 걸리기 때문이다. 그러나 결국엔 달콤하다는 것이 증명된다. 항상 그렇다.

붓다는 말한다. ㅡ악한 사람이 행복한 것을 본다면 잠시만 더 기다려 보라. 곧 그 스스로 무덤을 파고 있다는 것을 알게 될 것이다. 그리고 선한 사람이 불행한 것을 본다 해도 걱정하지 말아라. 그것은 다만 약간 어려운 과제일 뿐이다. 언덕 위에 오르는 것은 힘들다. 땀이 흐르고 피곤하다. 그러나 일단 정상에 오른 후에는 편안히 쉴 수 있다.

어리석은 자들은 자신의 악으로 인해 행복해졌다고 생각한다. 사람들이 삶의 깊은 원인을 살피는 데 있어서 얼마나 비지성인지 안다면 그대는 놀람을 금치 못할 것이다.

아프리카의 어떤 원시 부족은 오늘날까지도 아기의 탄생과 섹스 사이에 아무 관계도 없다고 믿는다. 왜냐하면 아홉 달이라는 시간적인 격차가 있기 때문이다. 그들은 오랜 세월 동안 아기를 낳아왔다. 그러면서도 아직 원인과 결과를 연결지어 생각하지 못한다. 그들은 신의 은총, 또는 그들 대신 성직자들이 행한 의식 덕분에 아기가 태어난다고 믿는다. 온 세상이 다른 식으로 생각한다는 것을 처음으로 알았을 때 그들은 웃음을 터뜨렸다. 그들은 온 세상이 어리석다고 생각했다. ㅡ 섹스와 아기의 탄생이 무슨 관계가 있단 말인가? 만일 관계가 있다면 왜 섹스할 때마다 아기가 태어나지 않는가?

이것은 논리적으로 보인다! 그대가 오늘 섹스를 했다면 아기는 아홉 달 후에 태어난다. 그런데 그 원시 부족은 아직 달력이나 시계가 없다. 그들은 시간을 계산할 줄 모른다. 따라서 그들에게 있어서 아홉 달이라는 시간은 계산이 전혀 불가능하다. 그들은 얼마나 많은 시간이 지나갔는지 모른다. 그러므로 그들은 원인과 결과를 연결시킬 수 없다.

악과 그에 필연적으로 따르는 슬픔에 대한 상황도 이런 식이다. 그대는 오늘 악을 행했을 수도 있다. 하지만 모든 것이 좋아 보인다. 그 행위로 인해 비롯되는 재앙은 보이지 않는다. 그대는 모든 붓다들이 틀렸다고 생각한다. 도대체 까르마(karma)의 법칙 따위가 어디있단 말인가?

많은 사람들이 내게 와서 말한다.

"우리는 악한 사람들이 아무 탈없이 잘 사는 것을 봅니다. 그리고 선한 사람들이 고통을 겪고 있는 것도 봅니다. 왜 그렇습니까? 그것은 신도 없고 까르마의 법칙도 없다는 증거입니다. 그것은 누구든지 힘을 가진 자가 옳다는 증거입니다."

그러나 그렇지 않다. 조금 더 인내심을 갖고 기다려 보라. 그런데 어리석은 자들은 그들만의 고유한 논리가 있다. 어리석음은 그 자체의 논리가 있음을 명심하라.

아일랜드인, 이탈리아인, 유태인이 모여서 그들이 위대한 사람으로 오인받았던 경험에 대해 이야기하고 있었다.

먼저 아일랜드인이 말했다.

"거리를 걸어가고 있는데 어떤 사내가 '헬로우, 성패트릭(St. Patrick)!' 하고 고함을 치는 거야."

이탈리아인이 말했다.
"그건 아무것도 아냐. 나는 길모퉁이에 서 있는데 어떤 남자가 지나가다가 '헬로우 무솔리니!' 하고 인사를 하더라구."
유태인이 말했다.
"그건 아무것도 아냐. 오늘 아침에 공원을 산책하고 있는데 경찰관이 나를 보더니 고함을 치더라구. '지저스 크라이스트! 잔디밭에서 나와!' 하고 말야."

어리석은 자는 자기만의 논리가 있다. 사실, 어리석은 자가 지혜로운 사람보다 더 논리적이다. 적어도 겉으로 보기에는 그렇다. 지혜로운 사람은 역설적이기 때문이다.
붓다는 말한다. ㅡ씨앗이 자라서 나무가 될 때까지는 시간이 걸린다는 것을 명심하라. 봄이 오기를 기다려라. 그러면 꽃이 필 것이다.

　악의 열매가 그를 해치기 전에는
　어리석은 사람도 행복하다.

악행은 항상 어리석은 자를 해치는 결과를 낳는다. 반드시 그렇다. 그것은 피할 수 없는 자연의 법칙이다.

일본으로 출장여행을 간 짐머맨이 도쿄의 한 식당에서 일본인 친구와 점심을 먹고 있었다.
일본인 친구가 말했다.
"당신네 미국인들은 사랑을 나누는 법을 모른다. 일본인들은 부인과 함께 잠자리에 들어서 일을 시작하고 5분 뒤에 중단한 후 뜨거운 차를 마신다. 그 다음에 다시 잠자리로 가서 십 분 동안 사랑을 나눈다. 십 분 뒤에 일어나 쌀밥을 먹은 다음 다시 일을 시작한다. 그 다음에 다시 일어나 함께 목욕을 한 다음 마지막 일격을 가한다."

2주일 후 브룩클린으로 돌아온 짐머맨이 아내와 함께 침대에 누워 사랑을 나누기 시작했다. 그는 열심히 일을 하다가 갑자기 중단하고 말했다.

"여보, 우리 차 한잔 마십시다."

부인이 말했다.

"무슨 뚱딴지 같은 소리예요?"

"빨리 차를 마시자구."

짐머맨이 고집을 피웠다. 그들은 차를 마신 다음 다시 침대에 누웠다. 잠시 후 짐머맨이 행동을 멈추더니 말했다.

"이젠 샌드위치를 먹읍시다."

부인이 어이없다는 듯이 소리쳤다.

"당신 미쳤어요?"

그들은 샌드위치를 먹은 다음 다시 침대로 돌아왔다.

몇 분 후, 짐머맨이 동작을 중단하고 말했다.

"이젠 함께 가서 목욕을 합시다."

그들은 목욕을 한 다음 침대로 돌아와 마지막 끝내기를 했다.

짐머맨이 물었다.

"어땠소?"

부인이 말했다.

"좋았어요. 그런데 카운터 펀치 없이 잽만 날리는 기술은 어디서

배웠어요?"

그대는 자신이 매우 현명하다고 믿는다. 하지만 바보는 바보이다. 그대의 믿음은 삶 자체에 의해 곧 파괴될 것이다. 삶은 예외를 모른다. 이것이 가장 기본적인 법칙 중의 하나이다. 에싸 담모 사난따노……이것이 영원한 법이다. 악한 자는 곧 고통받게 될 것이다. 그리고 선한 자는 존재계의 은총에 의해 축복받을 것이다.

"그까짓 게 뭐 대수야?" 하면서
나쁜 행동을 가볍게 여기지 말라.
큰 항아리가 한 방울씩 채워지듯
어리석은 자는 우매함으로 넘치게 된다.

그대의 잘못을 가볍게 여기지 말라. "이까짓 것은 사소한 일이야. 이렇게 사소한 일이 무슨 큰 결과를 낳는단 말이야?" 하고 말하지 말라. 한 방울 한 방울이 모여 바다를 이룬다! 바다는 물방울들이 모인 것이다. 그러므로 그대는 행동 하나하나에 경계를 게을리하지 말아야 한다. 그대 삶의 아주 자잘한 구석까지 주의 깊게 깨어 있어야 한다.

"그까짓 것 아무것도 아니야." 하면서
그대의 덕을 가볍게 여기지 말라.
큰 항아리가 한 방울씩 채워지듯
지혜로운 자는 마침내 덕으로 가득 넘친다.

삶은 아주 작은 것들로 구성된다. 거대한 것은 없다. 작은 것이 모여 큰 것을 이룬다. 하나의 행동은 악으로나 선으로나 별로 중요하지 않은 것처럼 보일지도 모른다. 한 번의 웃음은 별로 의미가 없는 것처럼 보일지도 모른다. 그러나 한 번의 웃음은 긴 과정의 일부분이다. 분명히 한송이 꽃은 화환이 아니다. 그러나 꽃 한송이 한송이가 모이지 않으면 화환이 될 수 없다.

그대의 잘못, 그대의 선행을 가볍게 여기지 말라. 행동 하나하나가 중요하다. 악한 행동을 하면 고통받을 것이고, 선한 행동을 하면 삶을 즐기게 될 것이다. 그리고 삶을 즐기는 것이 신을 아는 유일한 길이다. 오직 지복의 상태에 있을 때만 신이 존재한다는 것을 알 수 있다.

신이 존재한다는 논리적 증거는 없다. 그러나 그대가 기쁨으로 넘쳐흐를 때, 즐거움으로 춤출 때, 그 춤 속에 감사한 마음이 저절로 솟아난다. 감사의 기도가 생겨나고 그 기도 속에 그대는 다시 태어난다. 그 기도 안에서 그대가 다시 태어날 뿐만 아니라 신 또한 태어난다.

삶은 작은 것들로 구성된다. 그대는 각성과 주의 깊음, 깨어 있음을 통해 사소한 것 하나하나를 아름다운 행동으로 변형시켜야 한다. 그때엔 일상적인 것도 비범해질 것이다.

바람을 향해 던진 먼지처럼

몇 명의 시종을 거느린
돈 많은 상인이 위험한 길을 피하듯
삶을 사랑하는 사람이 독약을 피하듯
어리석음과 악의 위험을 경계하라.

상처없는 손이 독약을 다루듯
순진무구한 사람은
아무 해도 입지 않는다.

어리석은 자가
순수하고 해없는 사람을 부당하게 대하면
그 해악은 바람을 향해 던진 먼지처럼 되돌아온다.

어떤 이는 지옥에 다시 태어나고
어떤 이는 이 세상에 다시 태어나고
선한 사람은 천국에 다시 태어난다.
그러나 순수한 자는 다시 태어나지 않는다.

어디에도 감출 수 없다!
하늘,
바다 한가운데,
깊은 산속 어디에도,
그대가 지은 죄업을 감출 수 없다.

하늘,
바다 한가운데,
깊은 산속 어디에 숨어도,
그대의 죽음을 피할 수 없다.

삶은 기성품으로 주어지지 않는다. 최소한 인간에게는 그렇다. 그것이 인간의 존엄성이며 또한 어려움이기도 하다. 다른 동물들은 모두 기성품으로 태어난다. 그들의 삶은 이미 프로그램되어 있다. 그들의 삶은 이미 정해진 것을 펼쳐놓기만 하면 그뿐이다. 그들은 의식적으로 살 필요가 없다. 그들의 삶은 무의식적이고 기계적이다. 그 삶은 선해질 수도 악해질 수도 없다. 다만 그냥 그렇게 전개될 뿐이다. 나무는 성자도 죄인도 아니다. 호랑이를 착하다거나 사악하다고 부를 수는 없다. 인간 이하의 존재에 관한 그런 말은 무의미하다. 그런 말은 인간에 대해 언급될 때 중요한 의미를 갖게 된다.

인간은 특수한 상황에 처해 있다. 인간은 다른 동물과 마찬가지로 태어나지만 커다란 차이점이 있다. 그 차이점이 인간을 다른 동물과 구별짓는다. 그 차이점을 이해하는 것이 대단히 중요하다. 그것을 회피하는 것은 곧 진정한 삶을 회피하는 것과 같다. 그 차이점에 대해 아무것도 모르는 상태에 남을 가능성이 얼마든지 있다. 왜냐하면 차라리 모르는 상태에 있는 것이 더 편안하고 안락해 보이기 때문이다. 인간만의 차이점을 상기한다는 것은 커다란 도전을 의미한다. 그것은 미지의 세계로 뛰어드는 모험이다.

신은 확정된 존재가 아니다. 신은 무한하게 열려진 가능성이다. 신은 발생할 수도 있고 발생하지 않을 수도 있다. 그것은 전적으로 그대가 할 나름이다. 어떻게 사느냐, 얼마나 의식적으로 사느냐, 얼마나 기계적인 삶에서 탈피하느냐에 따라 신이 발생할 수도 있고 없을 수도 있다.

수많은 사람들이 이런 차원에 대해 결코 상기하고 싶어하지 않는다. 그래서 그들은 붓다, 그리스도, 소크라테스를 적대시한다. 왜냐하면 이 사람들은 그대를 자극하기 때문이다. 그들은 그대가 편안히 잠자도록 놔두지 않는다. 그들은 이 삶이 옳은 길을 따르지 않다는 것을 각성시키기 위해 계속해서 그대를 찌른다. 그대가 살고 있는 이 삶은 인간의 삶이 아니다. 이 삶은 동물의 삶이다.

때로는 그대가 동물 이하의 수준으로 전락할 가능성도 있다. 어떤 동물도 징기스칸, 히틀러, 스탈린이 될 수 없다. 동물은 선택권이 없기 때문이다. 동물은 붓다가 될 수 없지만 동시에 징기스칸이 될 수도 없다. 그들은 그냥 그 상태 그대로 머물뿐이다. 그들은 아무 데로도 갈 수 없다. 그들의 삶은 이미 정해졌다. 단지 정해진 코스를 따라가기만 하면 된다.

동물의 삶은 영화 필름과 같다. 어떤 영화를 처음으로 볼 때, 그대는 굉장한 흥미를 느끼고 다음 순간에 어떤 일이 일어날지 궁금해 한다. 그러나 실제로는 아무 일도 일어나지 않는다. 필름은 이미 정해졌다. 같은 영화를 두 번째로 보면 별로 흥미를 느끼지 못한다. 이미 무슨 일이 일어날지 훤히 알고 있기 때문이다. 세 번째로 보면 싫증을 느낄 것이고, 네 번째에 또 보도록 강요당하면 그대는 저항할 것이다. 그리고 다섯 번째로 또 보아야 한다면 그대는 미칠지도 모른다. 똑같은 필름……그대는 필름 안에 들어 있는 모든 것을 안다. 필름은 정해진 코스를 계속 되풀이할 뿐이다.

동물들은 영화 필름과 같다. 이미 만들어진 필름을 상영하기만 하면 된다.

그러나 인간은 선택의 세계에 산다. 따라서 인간은 자신이 원하는 삶을 결정해야 한다. 인간은 동물 이하로 전락할 수도 있고, 천사들보다 더 높은 곳에 오를 수도 있다. 아무렇게나 되는 대로 살 수도 있고 확고한 결단성을 갖고 살 수도 있다.

그 결단성을 통해 영혼이 태어난다. 물 위에 떠다니는 통나무처럼 표리부동(表裏不同)하게 존재한다면 그대는 영혼없이 사는 것이다. 그런 삶은 삶이라고도 할 수 없다. 그것은 가짜 삶이다. 그 가짜 삶에는 정열도 없고 빛도 없고 불꽃도 없이 미적지근하다. 표리부동하게 산다면 그대는 진리를 경험할 수 없다. 진리를 아는 것이 불가능하다. 인간은 매순간마다 모든 것을 내걸 정도로 결단성있고 의식적으로 참여하는 삶을 살아야 한다. 인간은 창조적이어야 한다. 정해진 것을 펼쳐놓는 데 그치는 것이 아니라 창조적이어야 한다.

이것이 인간의 특권이다. 또한 위험 요소이기도 하다. 적극적으로 선택하고 참여하는 삶을 사는 사람은 극소수이다. 그것은 위험한 일이기 때문이다. 바다는 지도에도 나와 있지 않다. 그런데 그대는 작은 배를 타고 폭풍 치는 바다에 뛰어들어야 한다. 저쪽 기슭이 있는지 없는지도 확실치 않다. 그러니 왜 이쪽 기슭의 편안한 거처를 떠나겠는가? 여기에 머무는 게 낫다.

수많은 사람들이 여기저기로 줄달음질 치면서 '이쪽' 기슭을 오르락내리락 한다. 겉모양으로는 마치 거창한 순례 여행을 떠나는 듯 위장하면서 말이다. 그러나 그것은 순례 여행이 아니다. 그것은 타인을 기만하고 그들 자신을 기만하는 어리석은 짓에 불과하다.

진정한 순례 여행은 이쪽 기슭을 떠날 때 시작된다. 이쪽 기슭의 안전과 편안함, 존경받는 지위, 권력, 특권을 버릴 때 진정한 여행이 시작된다. 그대는 폭풍 치는 바다에 몸을 맡기고 작은 배를 띄운다. 이쪽 기슭이 존재한다면 저쪽 기슭도 틀림없이 존재할 것이라는 신념을 갖고…….

이런 신념을 갖고 온갖 위험을 무릅쓴 채 저쪽 기슭을 향해 나아갈 때 진정한 삶이 시작된다. 그 진정한 삶은 종교적인 삶이다. 내가 말하는 산야스의 의미가 진정한 삶이다. 의식적으로 사는 삶이 유일한 삶이다. 무의식적으로 사는 삶은 단지 생존에 불과하다. 동물은 생존할 뿐 살지 못한다. 오직 인간만이 살 수 있다. 그러나 모든 인간이 사는 것은 아니다. 오직 극소수의 붓다, 극소수의 깨달은 자만이 살아간다.

그대는 지금 무엇을 하고 있는가? 뚜렷한 방향 감각을 갖고 한 발 한 발 신중하게 움직이고 있는가? 어디로 가는지, 왜 가는지 분명하게 알고 의식적으로 움직이고 있는가? 아니면 다른 사람들을 흉내내기에 급급한 것은 아닌가? 그들이 달리면 그대도 달린다. 그들이 돈을 추구하면 그대도 돈을 추구하고, 그들이 권력을 추구하면 그대도 권력을 추구한다. 그대는 흉내쟁이에 불과한가? 그대는 다른 사람들의 뒤를 쫓아가기에 급급한 것은 아닌가? 만일 그렇다면 그대의 삶은 복사판에 불과하다. 그대는 결코 자신의 진면목을 알지 못할 것이다.

그대의 진면목이란 곧 신의 얼굴이다. 그러나 그 진면목을 발견하려면 엄청난 노력이 있어야 한다. 그대 안에 하나의 씨앗으로 뿌려진 것, 하나의 잠재성으로 깃들여 있는 것을 실현하려면 위험을 감수해야 한다. 그때에 인간은 무한한 존재가 된다. 그렇지 않으면 아주 작고 추한 존재에 불과하다.

무의식적으로 사는 삶은 아름답지도 자유롭지도 못하다. 자유가 없다면 무슨 아름다움이 있을 수 있겠는가? 아름다움은 자유의 그림자이다. 무의식적으로 사는 삶은 세속적이고 천하며 표피적이 될 뿐이다. 오직 의식적인 삶만이 깊어지기 시작한다. 의식적인 삶은 새로운 차원, 즉 깊이의 차원을 획득한다. 그리고 깊이의 차원은 곧 신성의 차원이다.

신은 어딘가 다른 곳이 아니라 그대 자신의 심연, 궁극적인 심연에 존재한다. 진리는 어딘가 다른 곳에서 발견되는 것이 아니다. 진리는 내면에서 탐구되어야 한다. 진리는 마음에 관한 어떤 것이 아니다. 만일 그랬다면 누구든지 손쉽게 진리를 얻었을 것이다. 마음은 기계에 지나지 않는다.

서양 철학의 아버지인 아리스토텔레스는 인간을 '합리적 존재(rational being)'로 정의한다. 그러나 그의 정의는 수많은 사람들에게 적용되지 않는다. 심지어 그 자신에게도 적용되지 않는다. 그는 붓다가 아니기 때문이다. 그는 매우 똑똑하고 논리적인 사람이었을망정 깨어 있는 의식(consciousness)이 없었다. 그는 다른 사람들과 마찬가지로 무의식적인 삶을 살았다. 그에게는 두 명의 부인이 있었는데, 그는 책에서 여자는 남자보다 이빨 개수가 적다고 썼다. 그에게는 두 명의 부인이 있었으므로 언제라도 이빨 개수를 세어볼 수 있었다. 그런데 이것은 그 당시 그리스에 널리 퍼진 미신이었다. 남성우월주의에 물든 마음은 여자가 어떤 것이라도 남자와 동등하게 가지는 것을 허용할 수 없다. 심지어 이빨까지도! 그는 여자의 이빨 개수를 세어보지도 않았다. 이게 무슨 합리성인가?

사실, 의식적이지 않는 한 그대는 합리적일 수 없다. 합리적으로 산다는 것은 의식적으로 사는 것, 명상적으로 사는 것을 의미한다. 그리고 명상적으로 살 수 있을 때 그대는 단지 합리적인 차원에 머물지 않는다. 그대는 합리성을 초월하여 살 수 있다. 왜냐하면 삶은 이성

(reason)적인 차원에 그치는 것이 아니라 그 이상이기 때문이다. 이성은 삶의 다양한 차원 중 일부에 불과하다.

　삶에 의식을 더하면 그대는 붓다가 되기 시작한다. 생존에 의식을 더하면 그대는 삶을 획득하기 시작한다. 의식이 모든 변형의 연금술이다. 삶에 의식을 더하면 그대는 신의 사원에 들어선다. 그리고 생존에 의식을 더하면 삶의 사원에 들어선다. 그러나 아무 의식도 없이 산다면 그대에겐 삶도 신도 없다. 반면, 그대에게 삶이 있다면 그대는 오랫동안 신을 놓칠 수 없다. 왜냐하면 삶은 신의 첫번째 빛이기 때문이다.

　많은 사람들이 단지 생존의 차원에 그친다. 그들은 식물인간처럼 산다. 그들은 자신이 이미 살아 있다고 생각한다. 이런 믿음은 삶을 창조하는 데 걸림돌이 된다. 그대는 삶이 성장할 수 있는 하나의 기회, 하나의 공간으로 태어났다. 그러나 태어났다고 해서 반드시 삶이 성장하는 것은 아니다. 삶이 필연적이지 않다는 것은 좋은 일이다. 만일 삶이 필연적이었다면 인간은 다른 동물과 마찬가지로 하나의 기계가 되었을 것이다.

　존재계는 그대에게 하나의 커다란 선물을 주었다는 것을 기억하는 것이 매우 중요하다. 그 선물은 그대가 타불라 라사(tabula rasa)[1], 즉 아무것도 쓰여지지 않은 백지 상태로 태어났다는 것이다. 이제 그대는 그 위에 무엇인가 써야 한다. 그대는 그 위에 다른 사람들을 모방해서 쓸 수 있다. 베다, 기타, 코란, 바이블 등을 쓸 수 있다. 하지

---

[1] 타불라 라사(tabula rasa) : 라틴어에서 유래한 말로 아직 경험이나 인상이 새겨지지 않은 정신의 백지 상태를 말한다. 영국의 철학자 존 록크(John Locke)의 철학 용어로 쓰였다.

만 그대는 모든 것을 놓칠 것이다. 그대는 좋은 기회를 파괴했다.

그대는 그대 자신의 노래를 써야 한다. 크리슈나와 그리스도의 노래가 아니라 그대 자신의 노래를! 그대 자신의 가슴을 노래해야 한다. 오직 그럴 때에만 그대의 가능성이 성취될 것이다. 그러나 사람들은 앵무새처럼 반복할 뿐이다. 그렇게 해서 그들은 매우 유식해지지만 여전히 어리석고 무지한 상태에서 벗어나지 못한다.

성오거스틴(Saint Augustine)은 인간을 두 가지 범주로 나눈다. 그 범주는 의미심장하다. 첫 번째 범주를 그는 '유식한 무지(knowledgeable ignorance)'라고 부른다. 아주 많은 것을 알면서도 아무것도 모르는 사람들이 있다. 그들의 지식은 모두 남에게서 빌려 온 것이다. 그들 자신에게서 비롯된 것은 아무것도 없다. 그들은 다른 사람의 말을 되풀이하고 있을 뿐이다. 그들은 유능한 컴퓨터처럼 작동한다. 그들은 아직 인간이 아니다. 아직 인간이 태어나지 않았다. 그들의 지식은 아무것도 모른다. 다만 아는 체 허세를 부릴 뿐이다.

대학은 이런 사람들로 가득 차 있다. 그런데 그들은 대단한 존경을 받는다. 지식은 힘이기 때문이다. 그들은 알기 때문에 강력하다는 관념이 널리 퍼져 있다. 어떤 의미에서 그런 관념은 진실이다. 물리학을 아는 자는 모르는 자보다 더 강하다. 그러나 자신의 삶에 관한 한 그는 다른 사람들과 마찬가지로 무지하다. 자신에 대한 앎(self-knowing)에 관한 한 대학교수와 시골 사람 사이에 아무 차이도 없다. 그런데 자신에 대한 앎은 진짜 소중한 보물이다.

성오거스틴은 아무것도 모르는 지식이 있는가 하면 또한 '아는 무지'가 있다고 말한다. 그가 말하는 '아는 무지'는 무엇인가? 순진무구함이 그것이다. 순진무구한 사람은 빌려온 지식을 깨끗이 청소한다.

명상은 마음을 청소하는 방편 외에 다른 것이 아니다. 그대의 마음 속에 쌓인 먼지와 지식을 깨끗이 씻어내어 그대를 신선하고 젊게 만드는 것, 이것이 명상이다. 이것이 예수가 "다시 태어나지 않는 자는 신의 왕국에 들어갈 수 없다."고 말한 의미이다.

　이것을 동양에서는 '드위자(dwija)', 즉 두 번째 탄생이라고 불렀다. 브라민(Brahmin) 모두가 '드위자'는 아니다. 하지만 모든 '드위자'는 브라민이다. 두 번 태어난 사람은 모두 브라민이다. 그리스도도 브라민이고 모하메드도 브라민이다. 브라민은 브라흐마(Brahma)[2]를 아는 자, 궁극적 삶을 아는 자이다. 그러나 그 비밀을 알기 위해서는 다시 태어나야 할 것이다.

　다시 태어난다는 것은 무슨 의미인가? 그것은 기계적으로 모방한 지식을 버리고 처음 태어날 때와 같은 순진무구함으로 돌아가는 것을 의미한다. 그러나 첫 번째 유년시절은 잃을 수밖에 없다. 아무도 그 시절을 보존할 수 없다. 그것은 자연스러운 일이다. 그러나 두 번째 유년시절을 얻을 수 있다. 그리고 두 번째 유년시절과 더불어 삶이 시작된다. 그 전에는 단지 생존하는 것에 지나지 않았다. 두 번째 탄생과 더불어 그대는 진정한 신비의 세계로 들어간다.

　다시 한 번 말하겠다. 삶을 당연한 것으로 여기지 말라. 삶은 창조되어야 하는 것이다. 그리고 오직 그대 스스로 선택함에 의해서만 삶이 창조될 수 있다. 물론 길을 잃고 오류를 범할 가능성이 있다. 그러나 걱정할 게 없다. 실수와 오류, 그리고 탈선은 성장의 일부이다. 인

---

2) 브라흐마(Brahma) : 힌두교에서 말하는 절대 지고의 신.

간은 실수를 통해 배운다. 옳은 길로 들어서려면 탈선을 해보아야 한다.

결코 탈선하지 않는 사람은 무능함에서 벗어나지 못한다. 실수를 두려워하는 사람은 아무것도 할 수 없다. 그러나 아무것도 하지 않는다면 어떻게 성장할 수 있겠는가? 그대는 빈 껍데기만 남을 것이다. 영혼을 가질 수 없을 것이다. 그대는 시체가 될 것이다. 걷고, 숨쉬고, 말하는 시체가 될 것이다. 왜냐하면 영원한 삶의 맛을 모를 것이기 때문이다.

가장 먼저 명심해야 할 사실은 우리가 아직 태어나지 않았다는 사실이다. 첫 번째 탄생은 부모를 통해 이루어진다. 그리고 두 번째 탄생은 붓다, 깨달은 스승과의 친밀한 관계 속에서 이루어진다. 붓다필드(Buddhafield) 안에서 두 번째 탄생이 이루어진다. 붓다는 자궁이 된다. 스승은 제자를 위한 자궁이다. 제자는 스승의 자궁 안으로 들어가 사라진다. 그리고 다시 태어난다.

이 새로운 탄생을 통해 그대는 의식적으로 되기 시작한다. 그대는 이미 자신이 의식적이라고 믿는다. 왜냐하면 그대는 매일 저녁 직장에서 집으로 돌아올 수 있기 때문이다. 그대는 어떤 일을 할 수 있기 때문에 자신이 의식적이라고 생각한다. 그러나 그대가 하고 있는 모든 일은 로봇이나 기계도 할 수 있다.

곧 조종사 없이 나는 비행기, 기관사 없이 달리는 기차가 모습을 드러낼 것이다. 그런 기계가 이미 존재한다. 다만 사용되지 않고 있을 뿐이다. 멀지 않아 사용될 날이 올 것이다. 지금은 이론적으로 가능한 기계들이 멀지 않아 실용화될 것이다. 그렇게 되면 그대는 깜짝 놀랄 것이다. 그대는 어떤 일을 할 수 있다는 이유로 자신을 의식적인 존재로 생각했었다. 그런데 그 일을 기계가 대신 할 것이다! 특정한 일을 함에 의해서 의식적인 존재가 되지는 못한다.

의식은 전혀 다른 차원에서 일한다. 자신이 무엇을 하고 있는지 아는 것, 그것을 관찰하는 목격자로서 일하는 것, 그것이 의식이며 '다시 태어남'이다.

아일랜드인이 조그마한 물고기를 잡았다. 그런데 그 물고기가 갑자기 말을 하기 시작했다.

"나는 물고기의 요정입니다. 만일 나를 놓아주신다면 당신과 당신 부인의 소원 세 가지를 들어주겠다고 약속하겠습니다."

그래서 아일랜드인은 물고기를 놓아주고 집으로 달려가 부인에게 자초지종을 이야기했다. 부부는 마음이 들떠서 빨리 시내에 나가 원하는 물건을 찾아보고 싶었다. 그래서 부인은 통조림 깡통으로 대충 저녁을 때우기로 했다. 그런데 깡통따개를 찾을 수 없었다.

부인이 말했다.

"깡통따개가 어디 갔지?"

그러자 눈 깜짝할 사이에 깡통따개가 나타났다.

남편이 말했다.

"이런 제기랄, 깡통따개 때문에 소원 하나 써먹었어. 아! 그따위 깡통따개는 당신 똥구멍에나 쳐박으라구!"

이 이야기의 가장 슬픈 사실은 그들이 깡통따개를 빼는 데 마지막 소원을 써먹어야 했다는 것이다!

이것이 그대가 살아가는 방식이다. 모든 인류가 이런 식으로 살아간다. 무슨 말을 하는지, 무슨 일을 하는지도 모르면서 되는 대로 뒹굴고 허우적대고……처음부터 끝까지 이런 일이 계속된다.

번스타인이 임종을 맞고 있었다. 온 가족이 둘레에 모여 앉았다. 번스타인이 힘없는 목소리로 물었다.
"쏠이 여기에 있나?"
"예, 아버지. 저 여기에 있습니다."
장남이 대답했다.
"레스터는 어디에 갔느냐?"
"저도 여기에 있습니다."
"엘리는?"
"여기 있어요."
그러자 번스타인이 눈을 번쩍 뜨면서 말했다.
"이놈들아! 너희들이 다 여기에 있으면 가게는 누가 보냐?"

그는 지금 최후의 순간을 맞고 있다. 그런데 그는 가게를 누가 보는지 걱정한다!
처음부터 끝까지 그대는 빛도 없는 어둠 속에서 헤매며 살아간다. 그런데 그대는 빛을 창조할 수도 있었다. 그 빛은 경전에서 찾을 수 없다. 아무도 그대에게 빛을 건네줄 수 없다. 그것은 사고 파는 물건이 아니다. 그것은 양도가 불가능하다. 하지만 그대가 창조할 수는 있다. 그대의 모든 에너지를 모아 그 빛을 창조하는 것이 가능하다.
그대는 지금 이 순간부터 의식적으로 살 수 있다. 예를 들어, 그대는 지금 내 말을 듣고 있다. 하지만 그대는 잠결에 든다. 내가 몇 개의 단어를 말하면 그대는 고막을 통해 그 소리를 듣는다. 그러나 그것은 '청취(hearing)'이지 '귀기울임(listenning)'이 아니다.

'귀기울임'은 빈틈없이 주의 깊게 듣는 것을 의미한다. 마음의 왜곡이나 내면의 소음없이 완벽한 침묵 속에서 깨어 있는 것이 '귀기울임'이다. 마치 집에 불이 난 것처럼, 언제 어느때 모든 것이 사라질지 모른다는 기분으로……. 그렇다면 지금은 잠잘 때가 아니다. 집에 불이 났는데 어떻게 잠잘 수 있겠는가? 그것은 불가능하다. 그대는 예민하게 깨어 있어야 한다.

붓다가 궁전을 떠난 후 처음으로 한 말은 이런 것이었다.

"내 집이 불타고 있으니 더 이상 무의식적으로 살 수 없다."

그 곳엔 그의 마부 외엔 아무도 없었다. 늙은 마부는 왕궁을 바라보았다. 하지만 불길이 보이지 않았다. 궁전이 불타는 낌새는 전혀 없었다. 마부는 속으로 '왕자님은 미쳤다!'고 생각했다. 그는 붓다의 아버지뻘 되는 나이로 붓다가 처음 태어난 날부터 곁에서 시중을 들었다. 붓다는 그 노인을 존중했다.

노인이 말했다.

"지금 무슨 말씀을 하시는 겁니까? 제가 비록 나이를 먹어 눈이 어둡지만 아무리 보아도 불길은 보이지 않습니다. 궁전은 멀쩡합니다!"

붓다가 말했다.

"아니, 그대는 보지 못하겠지만 내 눈에는 내 집이 불타고 있는 것이 보이오. 언제라도 죽음이 닥칠 수 있으니 말이오. 이제 나는 더 이상 잠든 상태에 머물 수 없소."

마부가 말했다.

"마마는 지금 정상이 아닌 것 같습니다."

붓다를 숲 속에 남겨두고 작별할 때 마부는 눈물을 흘리고 있었다. 마부가 말했다.

"마마, 제 말을 들으십시오. 저는 마마의 아버지나 마찬가지입니다. 도대체 어디로 가시는 겁니까? 제발 정신을 차리십시오. 그토록 아름다운 궁전과 부인, 그렇게 호화스런 생활을 버리고 어디로 가시는 겁니까?"

붓다가 말했다.

"나는 의식(consciousness)를 추구하러 가오."

붓다는 "나는 신을 추구하러 간다."고 말하지 않았다. 의식조차 없는데 어떻게 신에 대해 말할 수 있겠는가? 진정한 구도자는 신이 아니라 의식을 추구한다. 만일 신을 추구한다면 그것은 무의식적인 추구가 될 것이다. 왜냐하면 그대는 성직자들이 신에 대해 말하는 것을 들었으므로 마음속에 신에 대한 욕심이 솟을 것이기 때문이다.

진정한 구도자, 진정한 산야신은 신과 무관하다. 그의 모든 노력, 그가 전심전력으로 기울이는 단 하나의 노력은 더 의식적으로 되는 것이다. 어떻게 하면 빛으로 가득 차느냐, 어떻게 하면 마음 전체를 밝게 타오르는 불꽃으로 만드느냐, 어떻게 하면 그렇게 강렬한 의식의 불을 밝히느냐 하는 것이 그가 기울이는 단 하나의 노력이다. 그 불빛 안에서 그대는 자연히 신을 알게 된다.

탐구해야 할 것은 신이 아니라 의식이다. 무의식적인 사람들은 신을 믿는다. 그러나 신에 대한 그들의 믿음은 돈에 대한 믿음과 다르게 없다. 그들은 신을 믿고, 돈을 믿고, 석상을 믿고, 경전을 믿는다. 그들은 오직 믿을 뿐이다. 그러나 무의식적인 사람만이 믿음을 갖는다.

의식적인 사람은 직접 알고 느끼고 체험한다. 그는 신을 믿는 것이 아니라 신 안에서 산다. 그는 신을 들이마시고 신 안에서 고동친다. 그것은 믿음의 문제가 아니다.

태양이 떠오르는 것을 볼 때 그대는 태양을 믿지 않는다. 그대는 사람들에게 "당신은 태양을 믿는가?" 하고 묻지 않는다. 만일 그렇게 물으면 비웃음만 살 것이다. 보름달이 떠오르는 것을 보면서 그대는 달을 믿지 않는다. 아무에게도 묻지 않는다. 달을 믿는 사람도 믿지 않는 사람도 없다. 달은 그대의 체험이다. 믿을 필요도 불신할 필요도 없다.

이와 마찬가지로, 의식 안에서 그대는 신을 보는 눈을 갖는다. 그대는 존재계의 진리를 보는 눈을 갖는다. 그때에 그것은 더 이상 믿음의 문제가 아니다. 그것은 구체적인 경험이다. 의식적인 사람은 안다. 그리고 무의식적인 사람은 믿는다.

그대는 왜 기독교인, 힌두교인, 자이나교인, 모하메드교인인가? 모두 믿음이다! 성직자는 그대의 무의식을 먹고 산다. 그들은 계속해서 더 많은 믿음을 준다. 도덕적인 믿음, 이렇게 하면 벌받을 것이고 저렇게 하면 상받을 것이라는 믿음, 지옥에 대한 믿음, 천국에 대한 믿음……. 그들은 계속해서 산처럼 많은 믿음을 쌓아간다. 그리고 그대는 압사 직전이다! 그대의 믿음은 히말라야처럼 가슴을 누른다. 그 수많은 믿음은 그대에게 살도록 허용하지 않는다.

의식을 향한 첫걸음은 모든 믿음을 제거하는 것이다. 힌두교인이 되지 말라, 기독교인이 되지 말라……. 나는 그대에게 그리스도(Christ)가 되는 길을 말한다. 그리스도가 될 수 있는데 왜 크리스천(Christian)이 되는가? 나는 붓다가 되는 길을 말한다. 그런데 그대는 왜 불교도로 만족하는가? 진짜 꽃이 될 수 있는데 왜 플라스틱 꽃이 되는가? 그대는 시장에서 몇 개의 플라스틱꽃을 사고 그 꽃들을 계속 숭배한다. 그대는 그 꽃들을 기독교인, 모하메드교인, 힌두교인이라고 부른다. 어떤 이름으로 불러도 플라스틱꽃은 진짜 꽃이 아니다. 빌려온 꽃은 모두 플라스틱이다. 진짜 꽃은 그대의 내면에서 성장한다. 그 곳에서 진짜 꽃이 활짝 피어나야 한다.

'아는 자'들은 그대의 의식이 만개하면 그것은 천 개의 꽃잎을 가진 황금의 연꽃이 된다고 말한다. 내가 그들의 말을 보증한다. 내가 증인이다. 천 개의 꽃잎을 가진 황금의 연꽃, 그것이 궁극적인 기적이다. 그 꽃을 얻지 못하는 한 멈추지 말라. 한 순간이라도 잃으면 커다란 손실이다.

경전은 말한다.

    몇 명의 시종을 거느린
    돈 많은 상인이 위험한 길을 피하듯
    삶을 사랑하는 사람이 독약을 피하듯
    어리석음과 악의 위험을 경계하라.

붓다는 말한다. ㅡ그대가 여기저기 돌아다니며 오랜 장사 끝에 많은 보물을 갖고 집으로 돌아가는 부유한 상인이라면, 그리고 몇 명의 짐꾼밖에 없다면 마땅히 위험한 길을 피할 것이다. 강도가 출몰하여 그대가 목숨을 잃고 보물을 약탈당할 수도 있는 위험한 길을 피할 것이다.

인간은 오랜 순례의 길을 걸어왔다. 그대는 이 세상에 처음 태어난 것이 아니다. 그대는 아주 고대의 순례자이다. 그리고 수많은 생 동안 그대는 많은 보물을 모았다. 그러나 그대는 그것을 알지 못한다. 그대는 의식적이지 않다. 그대는 자신이 무슨 보물을 지니고 있는지 모른다. 그대는 무의식적이기 때문에 강도를 만나 약탈당할 수도 있는 위험한 길을 걸어간다. 그대는 이미 약탈당한 곳, 매일마다 약탈당하는 곳을 계속 지나다닌다. 깨어 있지 못한 자, 잠들어 있는 자는 쉽게 약탈할 수 있다. 그는 대항조차 않을 것이다.

그리고 강도는 외부에 있지 않다. 강도는 바로 그대의 내면에 있다. 분노, 증오, 탐욕, 질투, 소유욕……이들이 강도이다. 무의식적인 마음 안에서 그들은 계속 그대를 약탈한다. 분노가 얼마나 많은 약탈을 일삼았던가? 돌이켜보라! 그대의 분노가 얼마나 많은 것을 파괴했는가? 그런데 그대는 계산조차 하지 않는다. 그대는 자신에게 무슨 짓을 했는지 돌이켜보지도 않는다. 탐욕이 그대를 얼마나 많이 착취했던가? 그런데 그대는 똑같은 짓을 되풀이하고 있다! 그대는 분노가 독약이라는 것을 경험했다. 그대는 분노가 파괴적일 뿐이라는 것을 잘 알고 있으며, 분노를 터뜨린 다음에는 매번 후회한다. 그러면서도 똑같은 분노를 터뜨리고 있다! 그대는 다시는 분노에 휩싸이지 않기로 수없이 맹세하지만 매번 자신에게 한 약속을 잊는다.

어떤 사람이 친구에게 말하고 있었다.

"지난밤에 유태인들의 포르노 영화를 보러 갔는데 아주 대단한 경험이었어."

"어땠는데 그래?"

"그 영화는 딱 십 분짜리였는데, 일 분 동안 섹스하고 구 분 동안 죄책감에 시달리더군."

그대의 삶을 관찰해 보라. 그러면 알게 될 것이다. 1분 동안 화를 낸 다음에 얼마나 많은 시간을 후회했던가? 1분 동안의 욕정 때문에 얼마나 많은 시간을 후회했던가?

브로츠키가 사업차 푸에르토리코에 출장을 갔다. 어느 날 밤, 호텔 프론트에서 아름다운 창녀가 유혹했다.
"이봐요, 미국인 아저씨. 내가 파는 것을 사지 않을래요?"
브로츠키는 그녀가 파는 물건을 샀다. 열흘 후 미국의 집으로 돌아온 그는 임질에 걸린 것을 알았다.
1년 후, 그는 또 푸에르토리코에 갔다가 호텔에서 1년 전의 그 여자와 만났다. 여자가 말했다.
"이봐요, 미국인 아저씨. 내가 파는 것을 사지 않을래요?"
브로츠키가 말했다.
"암 사고말고. 그런데 이번엔 뭐 팔지? 암인가?"

그대의 삶을 관찰해 보면 원을 그리며 움직이고 있음을 알 것이다. 그대는 똑같은 어리석음을 수없이 되풀이한다. 언제나 정신을 차리고 깨어날 것인가? 그대는 계속해서 똑같은 그물에 걸린다. 그대의 삶에는 새로운 것이 거의 없다.

3개월만 그대의 삶을 관찰해 보라. 그러면 깜짝 놀랄 것이다. 그대의 모든 행동은 지금까지 끊임없이 되풀이해 온 것이다! 의식의 각성을 이루지 못하는 한 평생 동안 같은 행동을 되풀이할 것이다. 이번 생뿐만 아니라 앞으로 다가올 수많은 생 동안 되풀이할 것이다.

그대의 삶은 끝없는 반복의 연속이다. 그대의 실수조차 새롭지 않다! 좀더 창조적이 되라. 실수하는 데 관심이 있다면 최소한 새로운 실수를 하라. 만일 "나는 반드시 새로운 실수만 할 것이다!" 하고 결심한다면 곧 실수가 사라질 것이다. 새로운 실수가 얼마나 되겠는가? 어느 날엔가 그대는 더 이상 새로운 실수가 남아 있지 않다는 것을 발견할 것이다. 그리고 똑같은 실수를 반복하지 않기로 결심했기 때문에 어떤 실수도 저지를 수 없을 것이다.

한 번 실수로 족해야 마땅하다. 그런데 왜 그렇게 되지 않는가? 그 이유는 실수를 하는 동안 그대가 거기에 없기 때문이다. 그대는 실수조차 무의식적으로 한다. 만일 의식적으로 실수할 수 있다면, 철저한 현존과 주의 깊은 의식으로 실수한다면 다시는 같은 실수를 되풀이하지 않을 것이다.

지성적인 사람은 실수하기 마련이다. 하지만 단 한 번으로 끝난다. 그는 자신의 행위를 알고 이해했다.

그러나 사람들은 아직 성숙하지 못했다.

두 명의 꼬마가 길거리에서 만났다.
한 꼬마가 말했다.
"난 다섯 살인데 너는 몇 살이니?"
"몰라."
"너 여자에 대해 생각해 본 적 있어?"
"아니."

"그럼 넌 네 살이야!"

이것이 나이와 성숙도를 측정하는 방법이다.
성숙(maturity)은 더 의식적으로 되는 것을 의미한다. 그 외에 다른 성숙의 방법은 없다. 나는 실수를 저지르지 말라고 말하지 않는다. 그것은 도움이 되지 않을 것이기 때문이다. 나는 실수를 피하라고 말하지 않는다. 나는 그대가 원하는 일은 무엇이든지 하되 의식적으로 하라고 말한다. 그래서 일단 한 번 해보면 그것이 다시 되풀이할 가치가 있는 일인지, 아니면 전혀 쓸모없는 일인지 결정할 수 있도록 말이다. 한 번만 해보면 그것이 다이아몬드인지 아니면 그냥 돌멩이인지 알 수 있도록 의식적으로 행동하라.
만일 그것이 다이아몬드라면 더 깊이 파고들어라. 그대는 보물에 가까이 있을지도 모른다. 그러나 그것이 단지 돌멩이에 불과하다면 그것에 대해서는 깡그리 잊어라. 돌멩이를 갖고 다니며 쓸데없이 무게를 늘이지 마라. 그것은 그대의 여행을 더 어렵게 만든다. 위로 올라가기를 원할 때에는 무게를 더는 것이 필요하다. 그런데 의식을 향한 여행은 위로 올라가는 여행이다.

> 몇 명의 시종을 거느린
> 돈 많은 상인이 위험한 길을 피하듯
> 삶을 사랑하는 사람이 독약을 피하듯
> 어리석음과 악의 위험을 경계하라.

어리석음과 악은 똑같은 동전의 양면이다. 어리석음은 무의식을 뜻한다. 그리고 무의식에서는 다만 악이 태어날 뿐이다.

　　상처없는 손이 독약을 다루듯
　　순진무구한 사람은
　　아무 해도 입지 않는다.

어리석음과 악을 경계하면……명심하라, 붓다는 피하라고 말하지 않는다. 그는 경계하라고 말한다.
노자는 이렇게 말했다.
"지혜로운 사람은 한걸음마다 위험이 있듯이 걷는다. 그는 추운 겨울날 얼어붙은 강을 건너듯이 걷는다."
그렇다! 지혜로운 자는 주의 깊게 걷는다. 한걸음마다 위험이 도사리고 있다. 언제라도 마음이 목소리를 높일 수 있기 때문이다.
그대의 마음은 아주 오래 묵었다. 그래서 마음의 습관은 깊이 뿌리박혔다. 조금만 경계를 소홀히 하면 마음은 순식간에 그대를 사로잡아 어떤 악으로 끌고 들어갈 것이다. 마음은 악을 먹고 산다. 마음은 반드시 나중에 후회하게 될 일로 그대를 끌고 갈 것이다. 그러나 후회는 도움이 되지 않는다. 그것은 순전히 시간낭비이다. 먼저 그대는 실수를 하는 데 시간을 낭비하고 그 다음에는 후회하면서 시간을 낭비한다.

한 번은 어떤 사람이 나를 찾아왔다. 그는 아주 부유한 사람이었는데, 사소한 일에도 화를 내는 고질적인 습관이 있었다. 그는 조금만 자극이 가해져도 화를 냈다. 만일 자극이 없으면 그는 자극을 만들어내고 상상할 것이다. 이런 습관으로 인해 그는 많은 고통을 겪어야 했다. 부인과 아이들이 그를 떠났으며 하인들도 그와 오래 머물지 않았다. 그는 고립된 삶을 살고 있었다. 그는 모자라는 것 없이 많은 재산을 가졌지만 어떤 면에서 보면 매우 불쌍한 사람이었다. 아무도 그를 사랑하지 않았으며, 그의 사랑을 받아줄 사람도 없었기 때문이다.

그가 나에게 물었다.

"어떻게 해야 분노를 없앨 수 있을까요? 다시는 화를 내지 않기로 여러 차례 결심하고 맹세도 해보았지만 실제 상황에 닥치면 까맣게 잊고 맙니다. 마치 홍수처럼 분노가 밀려와서 나는 완전히 사로잡히고 맙니다. 어떻게 해야 합니까? 그래서 당신을 찾아온 것입니다. 분노를 없앨 수 있도록 도와주십시오."

내가 말했다.

"이렇게 하라. 먼저 할 일은 후회하지 말라는 것이다. 그리고 두 번째로 할 일은, 화를 내지 않기로 맹세하지 말아라."

그가 말했다.

"그게 무슨 말입니까? 그렇게 되면 내 삶은 엉망진창이 될 것입니다!"

내가 말했다.

"그대는 지금까지 맹세도 해보고 후회도 해봤다. 그런데 그게 도움이 되든가?"

그는 전혀 도움이 되지 않았다고 고백해야 했다. 그래서 내가 말했다.

"그렇다면 내 말대로 해보지 않을 이유가 무엇인가? 나의 이해에 따르면, 후회는 분노에 반대하지 않는다. 사실, 후회는 그대를 원래 위치로 되돌려놓기 위해 에고가 술수를 부리는 것이다."

그대가 화를 내게 되면 에고는 "나는 또 어리석은 짓을 했다."고 상처받는다. 이제 이 상처받은 에고는 치료되기를 원한다. 그대의 상처받은 에고는 이렇게 말한다.

"사원이나 성자를 찾아가라. 가서 '다시는 그런 짓을 하지 않겠습니다.' 하고 맹세하라."

맹세를 하면 에고는 뿌듯함을 느낀다.

"봐라, 내가 얼마나 종교적인 사람인지!"

성자와 청중들 앞에서 맹세를 하면 그대는 "봐라, 나는 결심했다!"는 에고 안에서 매우 강해지는 것을 느낀다. 그로 인해 상처가 다시 치료된다.

그대는 다시 원래 위치로 돌아간다. 다시 에고가 왕좌에 오른다. 곧 그대는 똑같은 실수를 범할 것이다. 그리고 이제 그대는 상처를 치료하는 법을 배웠다. 후회와 맹세가 그 방법이다.

그래서 나는 그에게 이렇게 말했다.

"후회하지 말라! 그것은 시간낭비이다. 지나간 것은 지나간 것이다. 그것은 끝났다. 그러니 걱정할 필요가 없다. 그러니 집에 가서 화를 내라. 의식을 갖고 화를 내라. 화를 내는 동안 무엇을 하고 있는지, 무슨 물건을 내던지고 어떤 욕설을 내뱉는지 주의 깊게 경계하라!"

다음날 그가 와서 말했다.

"그것은 불가능합니다! 나는 경계하거나 화를 내거나 둘 중의 하나를 할 수 있을 뿐입니다. 화를 내면 경계할 수 없고, 경계하면 화를 낼 수 없습니다. 당신은 내게 불가능한 과제를 맡겼습니다!"

내가 말했다.

"이제 그것은 그대의 결정에 달렸다. 화를 내고 싶다면 경계에 대해서는 잊어라. 그리고 화를 내고 싶지 않다면 그때엔 경계하라. 후회도 맹세도 하지 마라. 간단한 방법이다!"

모든 깨달은 자는 항상 간단한 방법을 가르친다.

어떤 사람이 마하비라에게 물었다.
"어떤 사람이 진정한 성자이고 어떤 사람이 죄인입니까?"
아마 질문자는 경전에 나와 있는 정해진 대답을 원했을 것이다. 그러나 마하비라 같은 사람은 자신의 존재로부터 말한다. 그의 대답은 매우 아름답다. 그가 내린 정의는 인류 역사를 통털어 유례를 찾아볼 수 없을 정도로 독창적이다. 그는 이렇게 대답했다.
"아수타 무니(asutta muni) — 깨어 있는 자가 성자이다. 그리고 수타 아무니(sutta amuni) — 잠자는 자가 죄인이다."

간단하면서도 심오한 대답이다! 깨어 있음이 유일한 성스러움이며 잠과 무의식이 유일한 죄악이다. 그밖의 다른 죄악은 모두 이 무의식에서 비롯된다. 뿌리를 잘라라! 가지치기를 하지 마라.

상처없는 손이 독약을 다룬다……

그때에 그대는 주의 깊고 깨어 있다. 그때엔 아무 문제도 없다. 그대는 상처없는 손과 같다. 그대는 독약을 다룰 수 있다. 이것은 무슨 의미인가?

예수의 생애에 일어났던 사건을 상기해 보자. 그는 채찍을 들고 예루살렘의 큰 사원에 들어갔다. 채찍을 든 예수라고?……이것이 '상처없는 손은 독약을 다룰 수 있다'는 붓다의 말이 의미하는 바이다. 예수는 손에 채찍을 들 수 있다. 아무 문제도 없다. 채찍은 그를 지배하지 못한다. 그는 여전히 주의 깊은 의식을 유지한다.

예루살렘의 사원은 강도들의 거점이 되어 있었다. 매우 교묘한 약탈이 자행되고 있었다. 사원 안에는 환전상들이 진을 치고 있었으며 그들은 착취를 일삼고 있었다. 예수는 혼자 사원 안에 들어가 그들의 탁자를 엎어버렸다. 예수는 그들의 돈을 집어던지고 난동을 피웠다. 그래서 환전상들은 사원 밖으로 쫓겨났다. 그들은 숫자가 많았으며 예수는 혼자였지만 감히 대적할 수 없었다. 그러나 예수는 노기가 충천해 있었다. 그는 분노의 불길이었다!

이제 이 사건은 기독교인들에게 문제를 안겨 주었다. 그 상황을 어떻게 설명할 것인가? 왜냐하면 기독교인들은 예수가 평화의 상징인 비둘기처럼 온유한 사람이었다는 것을 증명하려고 애쓰기 때문이다. 그런 그가 어떻게 손에 채찍을 들 수 있겠는가? 평화의 상징인 예수가 노발대발하며 환전상들의 탁자를 뒤집어 엎고 사원 밖으로 쫓아내다니? 게다가 그는 분노의 불길로 활활 타오르고 있었다. 그렇지 않았다면 그는 혼자였으므로 환전상들에게 사로잡혔을 것이다. 그는 폭풍처럼 사나운 에너지를 내뿜고 있었다. 사람들은 그를 대적할 수 없었다. 사제들과 장사꾼, 환전상들은 모두 "저 사람은 미쳤다!"고 소리치며 도망쳤다.

기독교인들은 이 이야기를 피한다. 그러나 붓다의 이 경문을 이해한다면 회피할 필요가 없다.

상처없는 손이 독약을 다루듯
순진무구한 사람은
아무 해도 입지 않는다.

예수는 너무나 순진무구하다! 예수는 화를 낸 것이 아니다. 그것은 그의 자비이다. 그는 폭력적이지도 파괴적이지도 않다. 그것은 그의 사랑이다. 그의 손에 들린 채찍은 사랑과 자비의 채찍이다.

이것이 크리슈나가 싸움을 하지 않겠다고 약속했음에도 불구하고 전쟁에서 싸웠던 이유이다. 그는 자신의 약속을 까맣게 잊었다. 사람들은 그가 매우 외교적이고 정치적이라고 생각한다. 그러나 그렇지 않다. 그 약속은 특정한 상황에서 나온 것이며 이제 그 순간은 더 이상 적용되지 않는다. 상황이 바뀌었다. 그는 결코 기회주의자가 아니다. 그는 현존하는 상황에 대해 매우 정직하고 진실하게 책임질 줄 아는 사람이다. 그가 전쟁에 개입하지 않겠다고 약속했던 상황은 더 이상 적용되지 않는다. 상황이 바뀌었다. 그는 망설임없이 전쟁에 개입했다. 그리고 결코 후회하지 않았다. 후회할 필요가 없었다.

깨어 있는 사람은 그의 각성된 의식에서 행동한다. 그러므로 후회가 없다. 그의 행동은 전체적이다. 전체적인 행동의 아름다움은 그 행동이 까르마(karma)를 창조하지 않는다는 것이다. 전체적인 행동은 그대 위에 아무 흔적도 남기지 않는다. 그것은 물 위에 글씨를 쓰는 것과 같다. 쓰는 순간 사라진다. 그것은 모래 위에 글씨를 쓰는 것마저 아니다. 모래 위에 쓰여진 글씨는 얼마 동안 남아 있다. 그러나 전체적인 행동은 물 위에 글씨를 쓰는 것과 같다.

힌두 사원에 가보면 활과 화살을 들고 있는 라마(Rama)를 발견할 것이다. 소위 간디의 추종자로 불리는 사람들은 그것을 어떻게 설명할지 난감한 문제에 봉착했다. 마하트마 간디에게도 그것이 문제였다. 만일 라마가 수레바퀴를 손에 들고 있었다면 아무 문제도 없었을 것이다. 그런데 활과 화살이라니? 간디는 그에 대한 이야기를 회피했다. 그는 날마다 라마의 이름을 되뇌었다. 그는 총에 맞아 죽을 때에도 라마의 이름을 부르며 죽었다. 그러나 그는 활과 화살에 대해 어떻게 설명했는가? 그는 정직하고 진실하게 문제에 대처하지 않았다. 왜냐하면 라마는 전쟁에서 싸웠으므로 많은 사람을 죽였을 것이기 때문이다. 분명히 그는 라바나(Ravana)를 죽였다. 이 폭력을 어떻게 설명할 것인가?

바로 이 경문이 설명해 줄 것이다.

상처없는 손이 독약을 다루듯
순진무구한 사람은
아무 해도 입지 않는다.

만일 전체적으로 깨어 있을 수 있다면 그때엔 아무 문제도 없다. 그대는 독을 다룰 수 있다. 그때에 독은 약이 될 것이다. 현명한 자의 손안에서 독은 약이 된다. 그리고 어리석은 자의 손안에서는 약과 감로수마저 독이 된다.

순진무구한 사람은
아무 해도 입지 않는다.

순진무구한 상태에서 행동한다면, 지식이 아니라 어린아이 같은 순진무구함을 지닌다면 그때엔 아무 해도 입지 않을 것이다. 왜냐하면 그대의 행동은 아무 흔적도 남기지 않기 때문이다. 그대는 자신의 행동으로부터 자유롭다. 그대는 전체적으로 살지만 아무 행동도 그대에게 짐이 되지 않는다.

어리석은 자가
순수하고 해없는 사람을 부당하게 대하면
그 해악은 바람을 향해 던진 먼지처럼 되돌아온다.

명심하라, 깨어 있지 못한 의식으로 행동한다면 그대의 평생은 바람을 향해 던진 먼지처럼 될 것이다. 그것은 그대의 눈으로 되돌아온다. 바람을 향해 던진 먼지는 허공중에 흩어졌다가 그대의 얼굴 위에 떨어진다.
그대가 고통받는 것은 타인들 때문이 아니라 바로 그대 자신의 어리석은 행동 때문이다. 그런데 어리석은 행동이란 무엇인가? 무의식에서 나온 행동이 어리석은 행동이다.

어리석은 자가
순수하고 해없는 사람을 부당하게 대하면
그 해악은 바람을 향해 던진 먼지처럼 되돌아온다.

어리석은 자가 순수하고 해없는 사람을 부당하게 대한다면 그 결과는 훨씬 더 위험하게 되어 되돌아간다. 만일 그대가 다른 어리석은 자와 싸운다면 그렇게 위험하지 않다. 그가 그대에게 침을 뱉으면 그대도 그에게 침을 뱉는다. 그대가 침을 뱉으면 그대의 얼굴에 침이 돌아오고, 그가 침을 뱉으면 그의 얼굴에 침이 돌아간다. 모든 게 공평하다. 그대는 그에게 해를 가하고 그는 그대에게 해를 가한다. 서로가 주고받는다.

그러나 순진무구한 사람에게 해를 가하면 그대는 진짜 심각한 문제에 봉착한다. 왜냐하면 그대의 해악은 수천 배 증가되어 돌아올 것이기 때문이다. 순진무구한 사람은 그대에게 어떤 해악도 가하지 않을 것이다. 그는 다만 메아리를 되돌려 보낼 것이다. 그는 거울처럼 모든 것을 비출 것이다. 그대가 추악하면 그대의 추함이 비춰질 것이다. 물론 거울이 순수할수록 그대의 추함이 더 뚜렷하게 드러날 것이다.

마음은 순진무구한 사람에게 해를 가하려는 커다란 욕망을 갖는다. 마음은 악한 사람에게 해를 가하는 것을 두려워한다. 악한 자는 몇 곱절로 복수를 할 것이기 때문이다. 그러나 순진무구한 자는 너무나 천진난만해 보여서 그대는 그에게 해를 가하고 싶은 충동을 느낀다. 순진무구한 자는 너무나 연약하고 가냘퍼 보여서 그대는 그에게 해를 가해도 아무 문제가 없다고 생각한다. 그대는 그에게 아무 짓이나 할 수 있다. 그는 대항하지 않을 것이다. 그래서 예수가 십자가에 못박히고 소크라테스가 독살당했으며 붓다가 돌에 맞았다.

그대에게는 순진무구한 자에게 해를 가하고 싶은 강한 충동이 있다는 것을 명심하라. 그대는 그가 보복하지 않으리라는 것을 잘 알고 있다. 그러나 문제는, 그가 보복하지 않을지라도 존재계 전체가 그를 대신해 보복한다는 것이다. 그는 보복하지 않을 것이기 때문에 존재계 전체가 그의 편에 선다. 존재계는 항상 깨어 있는 자의 편이다. 예수가 그대를 용서한다 해도 그대는 많은 고통을 당할 것이다. 예수는 마지막으로 이런 말을 남겼다.

"아버지, 이들을 용서하소서. 이들은 자신이 무엇을 하고 있는지도 모르나이다."

이것이 예수의 응답이다. 그러나 존재계는 그들을 용서하지 않는다.

존재계는 매우 정확한 법칙을 따른다. 해악은 반드시 그대에게 되돌아온다. 만일 다른 사람을 불행하게 하면 그 불행은 그대에게 되돌아온다. 그리고 온유하고 지혜로운 자, 붓다에게 해를 가한다면 그대는 수천 배의 고통을 겪을 것이다.

어떤 이는 지옥에 다시 태어나고
어떤 이는 이 세상에 다시 태어나고
선한 사람은 천국에 다시 태어난다.
그러나 순수한 자는 다시 태어나지 않는다.

천국과 지옥은 지리학적으로 존재하지 않는다. 그것은 인간의 심리 상태를 설명하기 위한 비유라는 것을 명심하라. 지옥은 깊은 불행에 빠진 마음의 상태이다. 물론 스스로의 행위에 의해 창조된 불행을 말한다. 바람을 향해 던진 먼지는 항상 그대에게 돌아온다. 그것이 지옥이다. 그대가 사람들에게 저지른 나쁜 행위는 그대에게 되돌아온다. 그대가 뿌린 씨앗은 그대가 수확해야 한다. 만일 그대가 독을 씨앗에 뿌렸다면 독을 수확할 것이다. 에사 담모 사난따노……이것이 영원한 법이다.

아무도 그 법칙에서 예외일 수 없다. 그런데 모든 사람이 "나는 예외일 거야. 그 법칙에서 빠져나가는 방법이 있을 거야." 하고 생각한다. 분명히 그대는 인간의 법에서 빠져나갈 수 있다. 인간이 만든 법은 어길 수 있다. 무사히 법망을 통과하는 지능적인 사람들을 얼마든지 발견할 수 있다. 그러나 영원한 법, 자연의 법은 파괴되지 않는다. 만일 그 법을 어기면 그대는 고통을 당해야 할 것이다. 그 고통이 지옥이다.

삶의 법칙을 어길 때마다 그대는 지옥에 빠진다. 그리고 삶의 법칙과 조화를 이룰 때마다 그대는 천국에 든다. 천국은 기쁨의 상태를 의미한다. 또한 이도 저도 아닌 중간 상태에 있다면 그대는 '이 세상'에 있는 것이다. 불교 경전에서는 이 세상을 '마드야로크(madhyalok)', 즉 천국과 지옥의 중간 상태로 부른다.

세상에는 이렇게 세 종류의 사람들이 있다. 극소수의 사람들이 천국에 있고, 많은 사람들이 중간에 있다. 그리고 더 많은 사람들이 지옥에 있다. 사실, 이들은 세 종류의 사람들이 아니다. 각 개인이 날마다 이 세 가지 상태를 통과하기 때문이다. 아침에 그대는 천국에 있다가 낮에는 중간에 있고 저녁때 집에 돌아오면 지옥에 있다. 그대는 계속해서 변화하고 이동한다. 이 세 가지는 심리적 상태를 말한다.

이 세 단계를 넘어서는 것이 니르바나(nirvana), 깨달음, 모크샤(moksha)로 불려진다. 만일 이 세 단계를 넘어설 수 있다면, 즉 마음의 모든 상태를 넘어설 수 있다면 그때에 그대는 영원한 법과 조화를 이룰 뿐만 아니라……법과 조화를 이루면 그대는 천국에 있다. 그리고 법에 맞서면 지옥에 있다. 또한 이도 저도 아닌 불확실한 상태라면 이 세상에 있다. 그러나 법과 하나가 되면 그대는 더 이상 분리되어 있지 않다. 그것은 조화라고도 말할 수 없다. 조화는 분리를 전제로 하기 때문이다. 법과 하나가 되면, 에고와 마음을 완전히 버리면, 그대의 이슬 방울이 사라져 바다가 되면, 그때에 그대는 더 이상 태어나지 않는다. 그때엔 탄생도 죽음도 없다. 생사의 수레바퀴가 멈춘다. 그때엔 그대가 우주가 하나이며 그대가 곧 신이다.

　이것이 인간이 도달해야 하는 궁극적 경지이다. 인간은 그럴 능력이 있다. 또한 놓칠 가능성도 있다. 훌륭한 지성과 재주로 많은 노력을 기울이지 않는 한 그 경지에 도달할 수 없을 것이다.

　　어디에도 감출 수 없다!
　　하늘,
　　바다 한가운데,
　　깊은 산속 어디에도,
　　그대가 지은 죄업을 감출 수 없다.

　명심하라. ―그대의 죄업을 감출 수 있는 방법은 없다. 그러니 뭔가 방법을 찾을 것이라고 그대 자신을 우롱하지 말라. 갠지스 강에 가서 한 번만 몸을 담그면 모든 죄가 깨끗이 씻겨져 나갈 것이라고 생각하지 말라. 그대 자신을 기만하지 말라. 갠지스 강은 그대의 죄를 씻어줄 수 없다!

　　어디에도 감출 수 없다!
　　하늘,
　　바다 한가운데,
　　깊은 산속 어디에도,

그대가 지은 죄업을 감출 수 없다.

그대가 지은 죄는 그림자처럼 그대를 따라다닐 것이다. 어디를 가든 그대를 쫓아다니며 괴롭힐 것이다. 가능한 한 죄를 짓지 않는 게 좋다. 하지만 의식적이 되어야만 죄를 피할 수 있다. 그렇지 않으면 죄를 피할 수 없다.

하늘,
바다 한가운데,
깊은 산속 어디에 숨어도,
그대의 죽음을 피할 수 없다.

악은 그 자체로 벌을 동반한다. 마치 탄생이 죽음을 동반하듯이 말이다. 태어난 자가 죽음을 피할 수 없듯이 그대는 자신이 저지른 행위의 결과를 피할 수 없다. 그러니 행여 피할 방법이 있을지 모른다고 생각하지 말라. 그것은 순전히 시간낭비이다. 모든 에너지를 더 의식적이고 더 명상적으로 되는 데 쏟아라. 그것이 도움을 줄 것이다.

라마 크리슈나(Ramakrishna)의 추종자인 어떤 사람이 갠지스 강에 갈 예정이었다. 그는 여행을 떠나기 전에 라마 크리슈나를 찾아 갔다. 그가 라마 크리슈나에게 말했다.
 "위대한 성취자여, 저는 갠지스 강에 갈 예정입니다. 저를 축복해 주십시오. 갠지스 강에 몸을 담그면 저의 모든 죄가 깨끗이 씻겨 나가겠지요?"

라마 크리슈나가 말했다.

"물론, 틀림없이 그렇게 되겠지. 갠지스 강은 너무나 순수하기 때문에 거기에 몸을 담그는 자는 누구든지 갠지스만큼 순수해진다네. 그런데 자네가 명심해야 될 문제가 있어."

그가 물었다.

"무슨 문제입니까? 말씀해 주시면 잊지 않고 기억하겠습니다."

라마 크리슈나가 말했다.

"자네는 갠지스 강 둑에 서 있는 커다란 나무들을 본 적이 있는가?"

그가 말했다.

"예, 본 적이 있습니다."

라마 크리슈나가 물었다.

"그러면 그 나무들이 거기에 서 있는 목적이 무엇인지 아는가?"

그가 말했다.

"그런 얘기는 금시초문입니다. 경전에서도 읽은 적이 없습니다. 그 나무들의 목적이 무엇입니까?"

라마 크리슈나가 말했다.

"자네가 갠지스 강에 몸을 담그러 들어갈 때 자네의 죄는 얼른 자네의 몸을 떠난다네. 갠지스 강의 영험이 겁나기 때문이지. 자네의 죄는 그 큰 나무들 위에 올라가 앉아 있다가 자네가 갠지스 강에서 나오면 다시 자네를 향해 뛰어내린다네! 그러니 갠지스 강에 몸을 담그는 것은 말짱 헛일이야. 물론, 자네가 원한다면 얼마든지 갠지스 강에 갈 수 있어. 하지만 한 가지 명심할 사실은 일단 갠지스 강에 몸을 담그면 다시는 밖으로 나오지 말게! 영원히 거기에 있어야 되네. 그렇지 않으면 죄를 떨쳐버릴 수 없을 것이네."

　종교적인 사람들, 소위 종교인이라고 불리는 사람들은 특정한 의식을 치루면 죄를 씻어낼 수 있다고 믿는다. 그리고 그들은 다시 죄를 지을 수 있는 자유를 얻는다! 일단 죄를 씻어낼 수 있는 방법을 알게 되면 왜 걱정하겠는가? 그대는 능력이 닿는 만큼 얼마든지 죄를 지을 수 있다. 갠지스 강이 항상 거기에 있으니 말이다. 그리고 이젠 갠지스 강에 갈 필요도 없다. 파이프를 연결해서 집까지 갠지스 강물을 끌어올 수 있다. 그래서 매일 아침, 또는 매일 저녁에 갠지스 강물로 목욕을 할 수도 있다. 아마 저녁때가 더 나을 것이다. 그래야 하루 종일 지은 죄가 깨끗이 씻겨 나가고 다시 연꽃처럼 순수해질 수 있으니 말이다.
　붓다는 아무것도 도움이 되지 않는다고 말한다. 어디에 숨어도 피할 수 없는 것이 두 가지 있다. 그것은 그대 행위의 결과와 죽음이다. 그것은 반드시 일어날 것이다.
　그렇다면 우리는 무엇을 해야 하는가? 의식적이 되라. 그러면 행위의 결과와 죽음이 둘 다 사라진다. 의식적으로 될 때 그대의 행동은 자동적으로 변화된다. 의식적인 인간은 잘못을 저지를 수 없다. 그는 다음과 같은 앎에 도달한다.
　"나의 의식에는 죽음이 없다. 육체가 죽고 마음이 죽을 것이지만 나의 내적인 존재는 영원하다. 암리타시야 푸트라(Amritasya putra)—나는 영원의 아들이다. 나는 영원한 존재계의 일부이다."
　의식은 두 가지 진리를 가져온다. 먼저, 의식은 그대의 행동을 변화시킴으로써 그대의 세상을 변화시킨다. 두 번째로, 의식은 그대가 영원하다는 것을 각성케 함으로써 그대의 내면을 변형시킨다. 그대가 영원하다는 것을 알 때, 그대는 항상 존재해 왔으며 앞으로도 항상 존재하리라는 것을 알 때, 그대의 가치관이 즉시 변화하기 시작한다. 그 때엔 어제에 중요했던 것이 중요성을 잃고, 전에는 중요하지 않았던 것이 중요하게 된다. 이제 그대는 시간의 개념이 아니라 영원의 개념에 의해 생각하기 때문이다.

시간의 개념에 의해 생각하는 것이 정치이다. 그리고 영원의 개념으로 생각하는 것이 종교이다.

그대 자신을 보라

모든 존재는 폭력 앞에 무서워한다.
모든 존재는 죽음 앞에 두려워서 벌벌 떤다.
모든 존재는 삶을 사랑한다.

다른 사람들 안에서 그대 자신을 보라.
그때엔 그대가 누구를 해칠 수 있겠는가?
무엇이 그대를 해칠 수 있겠는가?

행복을 추구하는 다른 사람들을 해치면서까지
행복을 추구하는 자는
결코 행복을 찾지 못하리라.

그대의 형제도
그대처럼 행복을 원한다.
그를 해치지 말아라.
그러면 이 삶을 떠날 때
그대 또한 행복을 얻을 것이다.

거친 말을 삼가라.
그 말들이 그대에게 돌아오리라.
성난 말로 상처를 주지 마라.
그 상처가 그대에게 돌아오리라.

깨져버린 징처럼 조용히 침묵하라.

더 이상 시비가 없는 곳에서
자유의 고요함을 알아라.

목동이 들판으로 소 떼를 몰고 가듯
늙음과 죽음이 그대를 몰고 가리라.

그러나 어리석은 자는
죄악 속에서 그것을 잊고
자기가 지른 불에
제 몸을 태운다.

결백한 이를 해치거나
순진무구한 이를 다치면
열 배의 과보를 받으리라,

고통, 허약함, 부상, 질병,
미침, 박해, 무서운 형벌,
가족간의 이별, 재산을 잃음으로써.

하늘에서 내린 불이
그의 집을 덮칠 것이다.
그리고 육체가 쓰러지면
그는 지옥에 떨어지리라.

존재계의 가장 큰 신비는 무엇인가? 그것은 삶도 아니고 사랑도 아니다. 그것은 죽음이다.

과학은 삶을 이해하려고 노력한다. 그래서 과학은 부분적인 한계를 벗어나지 못한다. 삶은 전체적인 신비의 한 부분, 아주 미소하고 표피적인 부분에 지나지 않는다. 삶에는 깊이가 없다. 그래서 과학은 피상적인 차원에 머문다. 과학은 아주 상세한 부분까지 많은 것을 알지만 그 앎은 모두 표피적이다. 마치 바다에 깊이 들어가 보지도 못한 채 파도만을 보고 바다를 아는 것처럼 말이다. 그때, 그대는 바다의 무한함을 모른다.

삶은 유한하고 일시적이다. 한 순간 있던 것이 다음 순간에는 덧없이 사라진다. 삶은 산들바람처럼 왔다가 사라진다.

그러므로 진리를 안다는 과학의 주장은 진실이 아니다. 과학은 오직 부분적 진리만을 안다. 그리고 부분을 전체로 주장하는 것은 과학의 가장 허무맹랑한 일면이다. 과학이 아는 것은 전체적인 진리가 아니다. 부분을 전체로 주장하는 순간 그대는 부분마저 왜곡한다.

사랑은 중간이다. 사랑은 정확하게 삶과 죽음의 중간에 위치한다. 사랑의 반은 삶이고 반은 죽음이다. 그것이 사람들이 사랑을 두려워하는 까닭이다. 죽을 각오가 되어 있지 않은 사람은 사랑을 알 수 없다. 죽음을 통해 그대는 더 생생하게 살아난다. 사랑은 죽음을 통해 계속 부활한다. 사라짐을 통해 사랑이 계속 모습을 드러낸다.

사랑은 삶보다 훨씬 더 신비하다. 왜냐하면 사랑에는 삶이 들어 있을 뿐만 아니라 삶보다 더한 어떤 것이 들어 있기 때문이다. 사랑은 삶 더하기 죽음이다. 사랑의 반은 삶이고 반은 죽음이다. 그러므로 죽을 준비가 된 사람들만이 사랑의 삶을 알 것이다. 죽음을 두려워하는 사람은 결코 사랑의 신비에 들어갈 수 없다.

　예술은 사랑의 세계를 탐험한다. 따라서 예술은 과학보다 훨씬 더 진실하고 깊이 들어 있다. 예술가의 안목은 과학적 지식이 담을 수 있는 것보다 더 많은 것을 담고 있다. 물론 예술의 방법은 과학의 방법과 전혀 다르지만 말이다. 그것은 당연히 다를 수밖에 없다. 과학은 표피적이기 때문에 객관적이다. 그러나 예술은 절대적으로 객관적이지만은 않다. 예술은 반은 객관적이고 반은 주관적이다. 예술은 객관적 사물을 관찰하는 관찰자 자신과 무관하지 않다.

　그러나 과학은 관찰자로부터 해방되려고 노력한다. 관찰자가 개입되어서는 안 된다. 그는 철저하게 중립을 지키는 방관자로 남아 있어야 한다. 이것이 과학의 입장이다.

　그러나 그대가 어떻게 '아는 자'를 피할 수 있겠는가? 진정으로 알기를 원한다면 아는 자가 개입되는 것은 당연한 일이다.

　이제 더 지각력이 예민한 과학자들은 절대적으로 공명정대하게 되는 것은 불가능하다는 현상에 주목하고 있다. 관찰된 대상에는 관찰자가 반영되는 것이 당연하다. 그는 순수하게 방관자의 위치에 머물 수 없다. 그는 해석하고 이론을 만들고 가설을 세울 것이다. 그리고 그 가설을 통해 나아갈 것이다. 그는 무수한 항목 중에 특정한 항목을 선택할 것이다. 그는 어느 특정한 항목에 초점을 맞출 것이다.

　어디에 초점을 맞출지, 무엇을 선택하고 무엇을 버릴지, 어느 방향으로 나아가야 할지 결정하는 자는 누구인가? 존재계는 다차원적이다. 그대는 동시에 모든 차원을 다룰 수 없다. 그대는 오직 한 가지 차원에서만 움직일 수 있다. 그러므로 대상을 관찰해 얻은 앎이 '관찰자'에 의해 영향받는 것은 당연한 일이다.

예술은 처음부터 이러한 이해를 바탕에 깔고 있다.

과학자는 꽃을 관찰할 때 단순히 관찰자의 입장을 고수하려고 노력한다. 그는 단순히 대상에 주목할 뿐, 거기에 자신의 꿈과 비전(vision)을 개입시키지 않는다. 그러나 시인이나 화가는 과학자보다 훨씬 더 자유롭다. 그는 꽃이라는 현상 안에 깊이 들어간다. 그는 꽃의 신비에 참여한다. 그는 꽃과 분리되어 있지 않다. 잠깐 동안 그는 꽃과 하나가 된다. 시인이 꽃이 되고, 관찰자가 관찰되는 순간들이 있다. 어느 순간, 시인은 꽃을 관찰하는 데 그치지 않고 꽃의 눈을 통해 본다. 당연히 그는 과학자보다 더 깊이 파고든다. 그는 더 큰 다이아몬드, 더 소중한 보석을 발견한다.

시, 그림, 조각, 음악은 실체에 더 가까이 접근한다. 그들은 기꺼이 참여할 준비가 되어 있기 때문이다. 그러나 반 정도만 참여하는 데 그친다.

종교는 기본적으로 죽음과 관계한다. 죽음은 모든 것을 포함한다. 죽음은 삶과 사랑을 포함한다. 그와 동시에 삶도 사랑도 담을 수 없는 어떤 것을 담고 있다.

죽음은 모든 것의 절정이다. 삶이 기반이며 죽음이 절정이다. 그리고 그 중간에 사랑이 있다.

종교적인 신비주의자는 죽음의 신비를 탐구한다. 그 탐구 안에서 그는 필연적으로 삶이 무엇인지, 사랑이 무엇인지 알게 된다. 그러나 삶과 죽음은 그의 목표가 아니다. 그의 목표는 죽음 안으로 파고드는 것이다. 죽음보다 더한 신비는 없는 것처럼 보이기 때문이다. 사랑이 신비를 갖는 것은 죽음이 있기 때문이다. 삶이 신비를 갖는 것도 죽음이 있기 때문이다.

만일 죽음이 사라진다면 삶에 아무 신비도 남지 않을 것이다. 그것이 죽어 있는 사물이 아무 신비도 갖지 못하는 이유이다. 왜냐하면 그것은 더 이상 죽을 수 없기 때문이다. 시체에는 신비가 없다. 그대는 그 이유가 삶이 사라졌기 때문이라고 생각하는가? 아니다. 시체에 신비가 없는 이유는 그것이 더 이상 죽을 수 없기 때문이다. 죽음이 사라지면 삶 또한 자동적으로 사라진다. 삶은 죽음의 표현 양상 중에 하나일 뿐이다.

시체에 신비가 없는 것은 죽음의 사라짐과 더불어 사랑이 가버렸기 때문이다. 바로 조금 전만 해도 거대한 신비가 있었는 데 이제 아무것도 남지 않았다. 다만 불타고 있는 시체가 보일 뿐이다. 모든 것이 종착역에 이르렀다. 과정이 중단되었다.

과정을 계속 이어지게 만드는 것은 죽음이다. 죽음은 그대로 하여금 신비하고 기적적이며 마술적인 어떤 것을 인식하도록 유지시킨다.

종교는 죽음의 탐구 안에서 발견된다. 죽음을 이해하는 것은 곧 모든 것을 이해하는 것이다. 죽음을 경험하는 것은 모든 것을 경험하는 것이다. 죽음의 경험 안에서 그대는 삶의 최종점과 사랑의 가장 깊은 심연을 경험하는 데 그치지 않는다. 그대는 신성의 차원으로 들어간다. 죽음은 신성으로 들어가는 문이다. 죽음은 신의 사원으로 들어가는 문의 이름이다. 그래서 명상가는 자발적으로 죽는다.

세상에는 두 종류의 죽음이 있다. 하나는 일반적인 죽음이다. 모든 사람이 그런 죽음을 맞는다. 그러나 그것은 신비주의자의 죽음이 아니다. 일반적인 죽음은 그대의 의지를 거슬러서 일어난다. 그대는 마지못해 어쩔 수없이 죽음 안으로 끌려 들어간다. 그대는 죽음 안으로 들어가기를 원하지 않는다. 삶에 집착이 강하다. 그대는 문을 활짝 열고 죽음을 맞지 못한다. 그래서 그대는 계속 핵심을 놓친다.

그대는 수없이 많은 죽음을 거쳐왔다. 그러나 매번 죽을 때마다 삶에 너무 집착한 나머지 죽음이 무엇인지 알지 못했다. 그대의 눈은 삶에 초점을 맞추고 있었다. 죽음은 순식간에 그대를 이 세상에서 데려갔다. 그리고 그대를 데려가는 유일한 방법은 무의식에 빠뜨리는 것이다. 그것은 의사가 수술할 때 마취제를 사용하여 환자를 무의식에 빠뜨리는 것과 같다.

그것이 죽음이 영원부터 해온 일이다. 그대가 즐겁게 춤추면서 죽음 안으로 들어가지 못한다면 그곳엔 이미 마취제가 준비되어 있다. 사람들은 죽기 전에 무의식에 빠진다. 그것이 전생을 기억하지 못하는 이유이다. 그대는 죽기 전에 너무 깊은 무의식에 빠진 나머지 책장이 완전히 닫혀 버렸다.

의식적으로 죽는 사람은 전생을 기억할 것이다. 그런 경험을 통해 인도인들은 삶이 한 번으로 끝나지 않는다는 사실을 발견했다. 그대는 지금까지 수많은 생을 살았다. 그대는 지금 처음으로 세상에 태어난 것이 아니다. 그대는 아주 고대로부터 순례의 길을 걸어온 여행자이다. 그러나 매번 그대는 무의식적으로 죽었다. 그래서 모든 기억을 상실했다.

신비주의자는 자발적으로 죽는다. 그는 현실적인 죽음이 일어나기 전에 죽는다. 그는 명상 안에서 죽음을 경험한다. 사랑하는 자는 죽음에 대해 어느 정도 안다. 사랑의 반은 죽음이기 때문이다. 그것이 사랑이 명상과 매우 근접한 이유이다. 사랑하는 자는 명상의 어떤 것을 안다. 우연히 그것과 마주치는 것을 인식하지 못한다 할지라도 말이다. 그는 침묵과 정적을 안다. 시간을 초월한 경지에 대해 안다. 하지만 우연히 그런 경험과 마주칠 뿐이지 그것은 그들의 기본적인 탐구가 아니다.

　신비주의자는 매우 의식적이고 신중하게 죽음 안으로 들어간다. 명상은 전체적인 죽음, 자발적인 죽음이다. 신비주의자는 죽음이 오기 전에 죽는다. 그는 매일 죽는다. 그는 명상할 때마다 죽음 안에 들어간다. 서서히 명상이 자연스럽게 되면 그는 죽음을 살기 시작한다. 그때엔 삶의 매순간이 죽음의 순간이다. 그는 매순간 과거를 죽이고 신선함을 유지한다. 과거를 죽이는 순간, 그대는 현재에 살게 된다.

　그는 끊임없이 죽음으로써 아침 햇살에 빛나는 이슬 방울처럼 신선함을 유지한다. 그의 신선함과 젊음, 그의 영원성은 죽음의 기술에 달려 있다. 그때엔 실제로 죽음이 닥쳐와도 아무 두려움이 없다. 그는 이 죽음을 수천 번이나 경험했기 때문이다. 그는 전율을 느끼며 매혹된다. 그는 즐거움에 겨워 춤춘다! 그는 기꺼이 죽기를 원한다. 죽음은 그에게 두려움을 심어주지 못한다. 오히려 엄청난 매혹과 이끌림이 일어난다.

　그는 무의식에 빠지지 않고 즐겁게 죽기 때문에 죽음의 모든 비밀을 알게 된다. 그 비밀을 앎으로써 그는 모든 문을 열 수 있는 만능 열쇠를 얻는다. 그는 신의 문을 연다.

　이제 그는 자신이 분리된 개인이 아니라는 것을 안다. 분리라는 개념 자체가 어리석었다. 분리의 개념이 존재했던 이유는 그가 죽음을 알지 못했기 때문이었다. 그대가 자신을 분리된 '에고'로 생각하는 것은 죽음이 무엇인지 모르기 때문이다. 죽음을 알면 에고가 증발할 것이다. 그리고 에고가 증발하는 순간 그대는 존재계 전체를 느끼기 시작한다.

이것이 붓다가 비폭력을 가르친 이유이다. 그것은 마하트마 간디의 가르침처럼 도덕적인 가르침이 아니다. 마하트마 간디의 가르침은 모두 도덕적이고 사회적이며 정치적이다. 그것은 평범한 가르침이다. 그 안에는 신비가 없다.

붓다의 비폭력은 전혀 다르다. 질적으로 틀리다. 비폭력을 가르칠 때 붓다는 어느 누구도 그대와 다르지 않다는 것을 의미한다. 다른 사람에게 해를 가하는 것은 곧 그대 자신에게 해를 가하는 것이다. 무엇인가 파괴하는 것은 그대 자신을 파괴하는 것이다. 다른 사람과 불화하고 적대하는 것은 그대 자신과 맞서는 것이다. 모든 것에 충만해 있는 것은 오직 하나의 존재이기 때문이다.

붓다는 결코 '신'이라는 단어를 사용하지 않았다. 그러나 아주 미묘한 방식으로 계속 힌트를 준다. 이것이 그의 암시하는 방법이다. 그는 신을 너무나 존경하는 나머지 '신'이라는 단어의 사용조차 죄로 느낀다. 그것이 붓다에 대한 나의 이해이다. 그가 '신'이라는 단어를 사용하지 않은 것은 신에 대한 깊은 존경과 외경심 때문이다. 그런데 붓다는 오해되었다. 항상 그런 일이 일어난다. 모든 붓다가 오해된다. 왜냐하면 붓다를 이해하려고 애쓰는 사람들은 통찰력이 없기 때문이다. 그들은 눈이 멀고 귀가 멀었다.

붓다는 무신론자로 여겨져왔다. 그러나 이보다 사실과 동떨어진 경우도 찾아보기 힘들다. 붓다는 신에 반대한 것으로 생각된다. 이것은 전혀 사실 무근이다. 붓다는 '신'이라는 단어를 입에 올리지 않을 정도로 신을 존경했다. '신'이라는 단어를 입에 올리면 마치 신과 그대가 분리된 것 같은 연상 작용을 불러일으킨다. 그러나 '신'이라는 단어를 발설하는 것이 불가능할 정도로 그대와 신은 완전히 하나이다.

고대의 이스라엘에는 신의 이름을 입에 올리지 않는 전통이 있었다. 예루살렘의 큰 사원에서는 최고 성직자들만이 신의 이름을 입에 올릴 수 있었다. 그것도 일 년에 단 한 번뿐이었으며, 완전히 혼자여야 했다. 일 년에 단 한 번, 모든 유태인 가운데 가장 높고 경건한 자만이 사원의 중심부에 들어갈 수 있었다. 모든 문이 닫혀질 것이다. 최고 성직자가 신의 이름을 입에 올리는 동안에는 수천 명의 사람들이 단지 그자리에 있으려는 목적으로 사원 주변에 모여들었다. 아무도 그 소리를 듣지 못할 것이다. 성직자는 속삭이듯 낮은 목소리로 신의 이름을 부를 것이다.

신의 이름을 큰 소리로 부르는 것은 허용되지 않았다. 다만 침묵 속에서 작은 목소리로 속삭이듯 부를 수 있을 뿐이다. 그것도 일 년에 단 한 번……그것은 아름다운 전통이었다. 그것은 신에 대한 존경심을 보여준다. 그렇지 않았다면 '신'이라는 아름다운 단어는 추하게 오염되었을 것이다.

지금까지도 유태인들은 'god'이라는 단어를 쓸 때 전혀 다른 철자법을 사용한다. 그들은 'g-d'만 쓰고 'o'는 빼버린다. 그것은 "우리는 신의 이름 전부를 발설할 자격이 없다."는 것을 보여주기 위해서이다. 본질적인 부분, 핵심적인 부분은 빠져 있다. 그 'o'는 아름답다. 'o'는 또한 제로(zero)의 상징이기 때문이다. 제로가 신의 가장 깊은 곳에 있는 핵심이다.

붓다는 그것을 '수냐타(shunyata)', 즉 공(空)이라고 불렀다. 'g'와 'd'는 표피에 불과하다. 그것은 아무 문제도 없다. 누구든지 'g'와 'd'를 쓸 수 있다. 그러나 가장 깊은 핵심은 표현되지 않고 남아야 한다. 그것은 신에 대한, 존재계에 대한 지극한 존경심 때문이다. 붓다는 결코 구체적인 단어를 사용하지 않았다. 그러나 힌트가 있다. 지각 능력이 뛰어나고 예민한 사람을 위해 무한한 힌트가 있다. 한 문장마다 힌트가 들어 있다.

그대가 명상 안에서 의식적으로 죽는 순간 신이 태어난다. 에고로서의 그대가 사라지면 그 다음엔 무엇이 남겠는가? 무한한 잠재성을 지닌 정적, 우주 전체를 잉태한 침묵이 있을 뿐이다. 그대가 사라지면 경계(境界)가 사라진다. 그대는 다른 사람 모두와 하나로 녹아든다.

시인은 간혹 꽃, 석양, 비상하는 새들과 하나가 된다. 그러나 가끔씩 그럴 뿐이다. 신비주의자는 영원히 존재계와 하나가 된다. 그는 꽃이고 구름이고 태양이며 달이고 별이다. 그는 다차원적으로 살기 시작한다. 모든 삶이 그의 것이기 때문이다. 그는 푸름이 되어 나무 안에 살고, 빨강이 되어 장미 안에 산다. 그는 날아오르는 새이고 사자의 포효이며 바다의 물결이다. 그는 삼라 만상 모두이다……. 어떻게 그가 폭력적일 수 있겠는가? 그가 어떻게 파괴적일 수 있겠는가? 그의 삶 전체가 창조적이 된다. 신비주의자는 절대적으로 창조적이다.

    모든 존재는 폭력 앞에 무서워한다.
    모든 존재는 죽음 앞에 두려워서 벌벌 떤다.
    모든 존재는 삶을 사랑한다.

간단한 문장이지만 깊은 의미가 담겨 있다.

모든 존재는 폭력 앞에 무서워한다.

무의식적인 동물들조차 폭력 앞에서는 무서워 벌벌 떤다. 그대가 직접적인 위해를 가하지 않아도 한 마리 양의 죽음 앞에 모든 동물이 무서워 벌벌 떤다. 과학자들은 나무에 대해서도 똑같은 사실이 적용된다는 것을 발견했다. 벌목꾼이 숲에 들어서면 나무들이 두려움에 질려 떨기 시작한다.

나무의 떨림을 기록할 수 있는 정교한 장치가 개발되었다. 심장박동 계수를 측정하듯이 나무의 내면에 일어나는 일을 그래프로 나타낼 수 있는 기계가 있다. 벌목꾼이 숲 속에 들어가기만 해도……. 그는 아직 아무 말도 하지 않았으며 나뭇가지 하나 자르지 않았다. 그런데 나무를 경계하게 만드는 직관적인 본능이 있기라도 하는 듯이 나무는 전율하기 시작한다.

그런데 과학자들은 기적적인 사실을 발견했다. 똑같은 벌목꾼이 도끼를 어깨에 메고 숲에 들어간다 해도 나무를 자르지 않고 그냥 다른 곳으로 이동하는 중이라면 나무들은 떨지 않는다. 마치 나무들에게 전달되는 것은 나뭇꾼의 행동이 아니라 의도인 것처럼 보인다.

그들은 한 가지 더 이상한 사실을 관찰했다. 나무를 자르지 않았는데도 사냥꾼이 와서 호랑이를 죽이면 그 주변의 모든 나무들이 떨기 시작한다. 호랑이의 죽음은 나무들을 슬픔과 두려움에 잠기게 한다. 과학자들은 최근에 들어서야 그런 사실을 발견했다. 그러나 신비주의자들은 수천 년 전부터 그것을 알고 있었다.

붓다는 말한다.

모든 존재는 폭력 앞에 무서워한다.

폭력은 자연에 어긋난다. 종교적인 사람은 폭력적일 수 없다. 그가 비폭력을 훈련한다는 말이 아니다. 만일 비폭력을 훈련한다면 그는 간디의 추종자가 될 것이다. 간디의 추종자는 종교적인 사람이 아니다. 그는 비폭력을 훈련한다. 그는 비폭력적으로 되려고 노력할 뿐, 비폭력에 대한 이해가 없다. 그는 인격을 연마한다. 그러나 그의 깊은 곳에는 그 인격의 중심으로 작용하는 의식이 없다.

신비주의자는 먼저 의식을 창조한다. 그 다음에 인격은 저절로 따라온다. 반면, 도덕주의자는 인격을 창조한다. 그런데 의식은 인격의 뒤를 따르지 않는다. 인격은 매우 표피적이다. 인도에는 비폭력을 연마하는 사람들이 수없이 많다. 특히 자이나교인들이 그렇다.

불교인들은 붓다가 말했던 모든 것을 전부 잊었다. 불교가 인도를 떠나던 날, 그 비폭력 또한 인도를 떠났다. 이제 중국인, 일본인, 한국인 등 불교도들은 모두 고기를 먹는다. 물론 그들은 그것을 합리화시킨다. 그들은 "우리는 자연사한 동물의 고기만 먹는다."고 변명한다. 그대는 중국과 일본 등 불교국가에서 '저희 가게는 자연사한 동물의 고기만 취급합니다'고 쓰여진 상점 간판을 발견할 것이다.

자연사하는 동물은 아시아 전체에 공급할 수 있을 만큼 많지 않다. 그런데 충분할 정도로 고기가 공급된다……. 인간은 교활하기 짝이 없다.

인도에는 아직도 비폭력을 연마하는 자이나교인들이 있다. 그러나 그들의 비폭력은 훈련된 것이므로 거짓이다. 그것은 위선에 가깝다. 그것은 그들의 존재를 변형시키지 못한다. 그들에게 우아함과 아름다움을 부여하지 못한다. 그들은 일상 생활에서 다른 사람들과 마찬가지로 야망과 분노로 가득 차 있다. 오히려 보통 사람들보다 더 심하다. 거기엔 이유가 있다.

그들은 비폭력이 되도록 스스로를 강요한다. 이제 그들의 폭력성이 어디로 갈 것인가? 그들의 폭력은 뭔가 새로운 출구를 발견할 것이다. 그들의 스승인 마하비라는 "비폭력에 의해 생기는 의식을 창조하라."고 말했다……. 붓다 역시 똑같은 식으로 말했으며 불교인들은 똑같은 식으로 오해했다. 그들은 교묘하게 벗어날 수 있는 합법적인 방법을 발견했다.

붓다는 "살생하지 말라!"고 말했다. 그러자 불교인들은 "우리는 살생하지 않는다. 우리는 자연사한 동물의 고기만 먹는다."고 말한다. 이것은 교묘하게 빠져나가기 위한 합법적 방법이다.

자이나교인들은 마하비라의 가르침에 대한 이해없이 정해진 규칙만 따른다. 그것은 마하비라가 "동물을 죽이지 말라. 나무를 자르지 말라."고 말했기 때문이다. 그들은 마하비라의 가르침이 전하는 심오함과 의미를 이해하지 못하고 죽은 문자만 따른다. 그들은 특정한 문구를 따른다. 그래서 그들은 농사를 포기해야 했다. 농사를 지으려면 나무를 자르고 풀을 뽑아야 하기 때문이다. 그들은 전사가 되는 것도 포기했다. 마하비라는 전사의 부족에서 태어났다. 스물네 명의 티르탕카라(tirthankara)[1]는 모두 전사였다.

물론 자이나의 티르탕카라에 관심을 갖게 된 사람들의 대부분이 크샤트리야(kshatriya), 즉 인도의 무사 계급 출신이라는 것은 확실하다. 그러나 그들은 더 이상 전사로 남아 있을 수 없었다. 그들은 칼을 버려야 했다. 그들은 전사가 될 수도 없었으며 농부가 될 수도 없었다. 그리고 브라민 계급은 그들이 브라민으로 되는 것을 허락하지 않

---

1) 티르탕카라 : 자이나교의 전법자(傳法者)들. 마하비라 이전에 스물세 명의 지나(Jina)가 있었다고 한다.

왔다. 사실, 그들 자신이 브라민이 되는 것에 관심이 없었다. 왜냐하면 브라민들의 경전은 폭력으로 가득 찼기 때문이다.

그들의 경전에서는 동물을 바치는 희생의식이 허용된다. 동물뿐만 아니라 인신 공양까지 허용된다. 그것은 신의 제단 위에 산 사람을 제물로 바칠 수 있다는 뜻이다. 인도에서는 이십 세기인 오늘날까지도 간혹 인신공양이 자행된다!

자이나교인들은 브라민이 될 수도 없었고, 크샤트리아로 남아 있을 수도 없었다. 그렇다고 수드라(sudra)[2]가 될 수도 없었다. 신발을 고치거나 청소를 하는 것은 그들의 에고에 어긋나는 것이었다. 그래서 그들에게 남은 단 하나의 길은 사업가가 되는 길뿐이었다. 그들의 억눌린 폭력성은 야망과 탐욕이 되었다.

자이나교는 인도에서 작은 집단에 불과하지만 그들이 국가에서 차지하는 부의 비중은 가장 크다. 그들은 가장 부유한 집단이다. 그들의 폭력성은 모두 한 가지 방향으로 흘러 들었다. 그것은 바로 돈이었다.

그대는 눈에 보이는 방법을 쓰지 않고도 교묘하게 사람들에게 해를 가할 수 있다. 그것은 부자가 됨으로써 가능하다. 그대는 사람들을 착취할 수 있다. 그들을 죽일 필요도, 피를 빨아먹을 필요도 없다. 하지만 한 방울의 피도 남지 않을 정도로 그들을 착취할 수 있다. 그것이 바로 자이나교인들이 하고 있는 일이다.

만일 그대가 표면적으로 행동하려고 노력한다면 항상 그런 일이 일어날 것이다. 그것은 마치 그대를 저녁 식사에 초청하고 싶을 때 그대

---

2) 수드라 : 카스트 제도의 최하층민.

의 그림자를 초청하는 것처럼 어리석은 짓이다. 그림자는 그대와 함께 온다. 만일 그림자를 초청한다면 그림자는 오지 않을 것이다. 어떻게 그림자가 그대와 떨어져 올 수 있겠는가? 그리고 그대도 오지 않을 것이다. 초청받은 적이 없기 때문이다.

인격은 그림자와 같은 현상이다. 의식이 중심이다. 인격은 단지 의식을 반영할 뿐이다. 따라서 이 경문은 도덕적인 가르침이 아니라 영적인 통찰로 이해되어야 한다.

모든 생명체는 폭력 앞에 무서워 떤다.

모든 생명체는 나무, 새, 동물, 인간 등을 의미한다.

우리는 어찌나 교활한지 인간이 만물의 주인이라는 소리를 계속 떠들고 있다. 우리는 동물이나 나무는 인간을 즐겁게 하기 위해 창조된 것이라고 말한다. 그 뿐만 아니라 우리는 인간과 다른 동물을 구별하고, 또한 같은 인간들 간에도 차이점을 만들었다. 예를 들어, 히틀러는 게르만인, 노르딕(Nordic) 계통의 순수한 게르만인은 세상을 지배하도록 신에 의해 창조되었다고 생각했다. 순수한 아리안족 이외의 다른 인종은 더 열등하다. 그러므로 그들이 양보하고 굴복하지 않는다면 그들을 파괴하는 것은 당연한 일이다.

유태인들은 항상 자기들을 선택된 민족으로 생각한다. 힌두교인들 또한 자기들을 가장 경건한 신의 선민(選民)으로 여긴다. 신은 항상 힌두교 가정에서 태어난다. 힌두교인들은 이 나라를 단 하나의 신성한 국가로 생각한다. 하지만 이런 어리석음은 힌두교에 국한되지 않는다. 모든 사람이 이런 식으로 생각한다.

그대 자신을 보라

모하메드교인들은 신이 코란에서 모하메드에게 마지막 계시를 주었다고 생각한다. 이젠 어떠한 스승도 필요없다. 코란으로 모든 것이 완결되었다. 진화의 과정은 코란에서 중단되었다. 그리고 모하메드교인들은 모든 인류를 모하메드교인으로 개종시킬 특권과 책임이 있다. 만일 저항하는 사람이 있다면 그는 자신의 구원을 위해 죽음을 맞아야 할 것이다.

기독교인들도 예외가 아니다. 그들의 예수는 유일한 외아들이다. 그러면 다른 사람들은 무엇인가? 사생아인가? 오직 예수만이 신의 아들이며 예수를 통해야만 천국에 이를 수 있다. 붓다, 크리슈나, 짜라투스트라를 통해서는 안 된다! 예수가 유일한 길이며 유일한 진리이다.

그렇게 우리는 동물과 나무뿐만 아니라 인간 세계에도 계급제도를 만들었다. 그러나 모든 인간은 평등하다. 물론 표면적인 차이는 있다. 그것은 좋은 일이다. 만일 표면적인 차이점이 사라진다면 매우 슬픈 일이 될 것이다. 그 차이점들은 삶을 풍성하고 다양하게 만든다. 그 차이점들은 삶을 형형색색의 꽃과 향기가 만발한 정원으로 만든다. 작은 차이점들은 매우 아름답다. 그들은 마땅히 소중하게 여겨져야 한다. 그 소중한 차이점들이 파괴되어서는 안 된다. 유태교인, 힌두교인, 모하메드교인, 기독교인이라는 이 차이점들은 아름답다. 중국인, 일본인, 독일인, 영국인, 프랑스인, 이탈리아인이라는 차이점은 아름답다. 그러나 이런 차이점은 표면적인 것에 불과하다.

심층부에서 모든 인간은 평등하고 동일하다. 인간뿐만 아니라 모든 존재가 똑같다. 나무는 존재를 갖는다. 다만 몸체가 그대와 다를 뿐이다. 호랑이도 존재를 갖는다. 다만 몸이 다를 뿐이다. 차이점은 오직 표면적인 것이다. 중심은 항상 똑같다. 왜냐하면 중심은 하나이기 때문이다. 그 중심의 이름은 신이다.

    모든 존재는 폭력 앞에 무서워 떤다.
    모든 존재는 죽음 앞에 두려워 벌벌 떤다.
    모든 존재는 삶을 사랑한다.

  이것은 증명할 필요도 없다. 모든 사람이 관찰한 결과이다. 그러나 이런 사실로부터 몇 가지 결론을 도출할 수 있다. 만일 모든 존재가 폭력을 두려워한다면, 그렇다면 폭력에는 기본적으로 잘못된 무엇인가 있음에 틀림없다. 폭력은 자연에 어긋난다.
  파괴성은 비자연적이다. 창조성이 자연적이다. 폭력이 아니라 자비와 사랑이 자연스럽다. 분노와 미움 등 폭력을 불러오는 모든 것은 비자연적이다. 그것들은 폭력의 씨앗이다. 사랑, 자비, 나눔 등이 자연스러운 것이다. 그리고 자연스러운 것은 곧 종교적인 것과 일맥상통한다.

    모든 존재는 죽음 앞에 두려워 벌벌 떤다.

  그러니 살생하지 말라. 사람들로 하여금 죽음을 알도록 도와라. 그들의 두려움은 무지 때문이다. 그들이 죽음을 두려워하는 이유는 죽음이 가장 큰 미지이기 때문이다. 직접 죽지 않는 한 죽음을 알 수 있는 길은 없다. 명상을 통해 죽음을 알도록 사람들을 도와라. 명상은 죽음과 동시에 여전히 살아 남을 수 있는 방법이다.

그대 자신을 보라

모든 존재는 삶을 사랑한다.

그러니 사랑하라. 더 많은 사랑이 성장할 수 있는 분위기를 조성하라. 그것이 지금 내가 여기에서 하고 있는 일이다. 그대 사랑의 에너지가 아무런 장애없이 흐르는 공간을 창조하는 것, 그것이 내가 하는 일이다.

세상의 모든 사회는 전쟁을 지향한다. 그래서 그들은 사랑을 허용하지 않는다. 사랑이 흐르도록 허용하면 전쟁이 사라질 것이기 때문이다. 사랑을 허용하고, 사랑하도록 돕고, 사랑이 성장할 수 있는 환경을 조성한다면, 사람들로 하여금 서로 싸우고 죽이도록 조종하기가 불가능해질 것이다.

그래서 우리는 초기부터 그들에게 군사훈련을 시킨다. 아이들은 아주 어린 시절부터 미워하도록 교육받는다. 힌두교인은 모하메드교인을 미워하도록 배우고, 모하메드교인은 힌두교인을, 기독교인은 유태교인을, 유태교인은 기독교인을 미워하도록 배운다. 그렇게 미움이 계속된다. 국가마다 다른 국가를 미워한다. 그리고 각 국가에는 서로 미워하는 작은 집단들이 있다. 마하라슈트라(Maharashtra) 주민은 구자라트(Gujarat) 주민을 미워하고 구자라트 주민은 마하라슈트라 주민을 미워한다.

인도는 하나의 나라이다. 그런데 북부인은 남부인을 미워하고, 남부인은 북부인을 미워한다. 힌두어를 사용하는 사람들과 힌두어를 사용하지 않는 사람들은 서로를 미워하고 항상 반대한다.

마치 우리는 미움을 습관화시키는 방식으로 양육되어 온 것 같다. 우리는 이미 미움이라는 습관이 몸에 배어 있다. 그래서 사랑은 거의 불가능해졌다. 증오와 적개심을 품고 그대는 거의 모든 사람을 미워한다. 그러니 어떻게 부인을 사랑할 수 있겠는가? 어떻게 자식을 사랑할 수 있겠는가? 어떻게 부모를 사랑할 수 있겠는가? 그대는 불가능한 요구를 받았다. 그대는 부인이나 남편을 사랑하라는 말을 들었으며 그와 동시에 세상의 모든 사람을 미워하라는 말을 들었다. 이것은 모순이다. 그대는 모두를 사랑하거나 모두를 미워하거나 둘 중의 하나이다. 사랑하는 사람과 미워하는 사람을 나누는 것은 불가능하다.

　모든 인간을 미워하는 사람은 부인을 사랑할 수 없다. 그것은 불가능하다. 그는 미움에 익숙해진다. 미움이 그의 피 속을 흐르며 순환하고 있다. 그대는 하루 중에 스물세 시간 동안 미워하고 싸우고 경쟁한다. 그렇다면 집에 돌아와 부인과 함께 지내는 한 시간 동안 사랑할 수 있으리라고 생각하는가? 스물세 시간 동안의 패턴이 계속 바탕에 흐르고 있을 것이다. 그래서 경찰관은 하루 24시간 내내 경찰관이 된다. 그는 집에서 부인과 함께 있을 때에도 경찰관처럼 행동한다. 행정관은 하루 24시간 내내 행정관이 된다. 그는 사무실에서 뿐만 아니라 집에 돌아와서도 머릿속에 서류철을 쌓아두고 있다.

　잠자리에서 부인과 사랑을 나눌 때 그대가 어디에 가 있는지 관찰해 보라. 그대는 그 자리에 있는가? 사실, 그대의 부인과 사랑을 나누는 사람은 누군가 다른 사람이다. 그대는 그 자리에 없다. 기계적인 행위가 이어질 뿐이다. 그대의 부인은 어떠리라고 생각하는가? 그녀 또한 그 자리에 없다. 그녀는 부엌에 가 있거나 새 냉장고를 사야겠다고 생각하고 있을지 모른다. 어쩌면 벌써 수퍼마켓에 가 있을지도 모른다.

이것이 그대의 사랑이 만족되지 않는 이유이다. 오히려 사랑은 커다란 절망감을 심어준다. 그대는 자식을 사랑할 수 있는가? 그것은 불가능하다! 어떻게 부모를 사랑할 수 있겠는가? 부모는 그대에게 온갖 미움을 가르친 장본인이다.

우리는 미움이 가르쳐지지 않는 전혀 다른 세계, 전혀 다른 양육 방식이 필요하다. 우리가 만든 이 세상은 아주 이상하다! 지금까지 우리가 인류에게 해온 짓을 보면 믿을 수 없을 정도이다. 우리는 한편으로 미움을 가르치며 다른 한편으론 평화를 이야기한다. 한편에서 우리는 인류를 독에 중독시키고 다른 한편에선 "우리는 모두 형제이다."라고 말한다.

우리는 형제애를 떠들면서 전쟁을 준비한다. 이것은 순전히 정신병이지 정상이 아니다. 인간은 아직까지 비정상 상태에 머물러 있다. 그 이유는 잘못된 양육 방식에 있다.

우리는 지금까지 붓다들의 말에 귀기울이지 않았다. 이제 때가 되었다! 이제 우리는 붓다들의 말에 귀기울여야 한다. 만일 귀기울이지 않으면 얼마 못가서 인류 전체가 파멸의 운명을 맞을 것이다. 우리는 더 이상 그들의 말을 무시하고 있을 여유가 없다.

모든 존재는 삶을 사랑한다.

사람들이 더 사랑할 수 있게 도와라. 그대 자신을 사랑하라. 사랑을 즐겨라.

다른 사람들 안에서 그대 자신을 보라.

그때엔 그대가 누구를 해칠 수 있겠는가?
무엇이 그대를 해칠 수 있겠는가?

핵심을 이해하라. 이것은 도덕적인 가르침이 아니다. 이것은 영적인 개혁이며 혁명이다.

다른 사람들 안에서 그대 자신을 보라.

철학적으로만 보지 말고 체험적으로 보라. 에고를 옆으로 밀어놓으라. 그러면 모든 이 안에서 그대를 볼 것이다. 생명체 모두가 하나라는 것을 알 것이다.

그때엔 그대가 누구를 해칠 수 있겠는가?
무엇이 그대를 해칠 수 있겠는가?

행복을 추구하는 다른 사람들을 해치면서까지
행복을 추구하는 자는
결코 행복을 찾지 못하리라.

그것은 불가능하다. 왜냐하면 그대는 삶에 대해 가장 기본적인 사실조차 이해하지 못했기 때문이다. 그런 무지 안에서 어떻게 행복해질 수 있겠는가?

주변을 둘러보라. 사랑의 눈으로 관찰해 보라. 에고 없는 마음으로 보라. 그러면 삶이 철저하게 파괴에 반대한다는 것을 알 수 있을 것이다. 삶은 창조적인 에너지이다. 설령 어떤 사람이 자살한다 해도 그는 죽음을 섬기는 것이 아니라 삶을 섬기고 있다.

자살하는 사람들은 삶을 지극하게 사랑했지만 좌절과 환멸을 느낀 사람들이다. 그 환멸의 순간에 그들은 미쳐간다. 자살하는 사람들은 삶에 반대하지 않는다는 것을 명심하라. 일반적으로 우리는 그들이 삶에 반대한다고 생각한다. 그러나 그렇지 않다. 그들이 너무나 삶에 연루된 나머지 삶은 그들의 요구를 만족시킬 수 없다. 그 처절한 좌절 속에서 그들은 자살을 범한다.

물라 나스루딘이 좌절한 나머지 자살을 하기로 결심했다. 어느 날 저녁 그는 빵 한 무더기를 겨드랑이에 끼고 교외로 나갔다. 조그만 간이역에 이르자 그는 주변의 철길 위에 누웠다. 어떤 농부가 지나가다가 이 이상한 광경을 보고 깜짝 놀랐다.
농부가 물었다.
"철길 위에 누워 무엇을 하는 거요?"
물라가 말했다.
"보면 모르오. 나는 자살하려는 것이오."
농부가 물었다.
"그렇다면 그렇게 많은 빵이 왜 필요하오?"
물라가 말했다.
"당신도 아시다시피 이 나라에서는 기차가 오기 전에 굶어 죽을 수도 있단 말이오!"

아무도 죽기를 원치 않는다. 그것은 삶이 영원히 지속되기를 원한다는 것을 의미한다. 삶은 영원과 사랑에 빠져 있다. 사실, 삶은 영원히 존재한다. 죽음은 다만 형태를 바꿀 뿐, 파괴하지 않는다. 그러나 죽음은 두려움을 낳는다. 죽음은 가장 알려지지 않은 현상이기 때문이다.

오직 깊은 명상 속에서 죽음과 친숙해져야만 두려움이 사라진다. 깊은 명상 속에서 그대는 '나는 육체도 마음도 아니다'라는 것을 알게 된다. 그렇다면 어떻게 죽음이 있을 수 있겠는가? 육체는 먼지가 되어 사라질 것이지만 그대의 의식은 영원히 남을 것이다.

두려움이 사라지면 다른 사람들 또한 두려움을 물리칠 수 있도록 도와주고 싶은 열망이 강하게 솟아난다. 두려움 속에 사는 사람들은 고통 속에 살아간다. 그들의 삶은 두려움으로 포위된 악몽이다.

삶은 두려움이 아니라 사랑에 의해 포위되어야 한다. 두려움은 분노를 낳는다. 그리고 궁극적으로 폭력을 낳는다. 두려움은 분노의 여성적인 양상이며, 분노는 두려움의 남성적인 양상이라는 것을 관찰해 본 적이 있는가? 두려움은 분노의 수동적인 양상이며, 분노는 두려움의 적극적인 양상이다. 그러므로 우리는 두려움을 매우 쉽게 분노로 바꿀 수 있다. 그리고 손쉽게 분노를 두려움으로 바꿀 수 있다.

가끔씩 사람들이 나를 찾아와 말한다.

"우리는 깊은 두려움을 느끼고 있습니다."

나는 그들에게 이렇게 말한다.

"가서 베개를 때려라. 베개에게 화를 내라."

그들이 말한다.

"그것이 두려움과 무슨 상관이 있습니까?"

나는 말한다.

"일단 내 말대로 해보라!"

이 방법은 그들에게 뜻밖의 새로운 사실을 드러내준다. 그들이 불길 같은 분노에 사로잡혀 베개를 때리면 즉시 두려움이 사라진다. 똑같은 에너지가 적극적인 형태로 변하기 때문이다. 에너지가 소극적일 때 그 에너지는 두려움이었다. 두려움은 미움, 분노, 폭력을 일으키는 근간이다.

사람들이 두려워하지 않도록 도와라. 그러나 그대가 먼저 두려움이 없는 상태를 알지 못한다면 어떻게 그들을 도울 수 있겠는가?

　행복을 추구하는 다른 사람들을 해치면서까지
　행복을 추구하는 자는
　결코 행복을 찾지 못하리라.

오직 다른 사람들 또한 행복을 향하도록 도움을 주어야만 그대가 행복을 발견할 수 있다. 그대 혼자서는 행복을 찾을 수 없다. 그런데 지금 그대는 그렇게 쓸모없는 노력을 하고 있다. 그대는 남이야 지옥에 가든 말든 그대 혼자 행복해지려고 한다. 그러나 그대는 혼자가 아니다. 우리 모두는 서로 연결되어 있다. 만일 다른 사람들 모두가 지옥에 간다면 그대 또한 천국에 갈 수 없다는 것을 명심하라.

고탐 붓다에 대한 아름다운 비유가 있다.

붓다가 천국의 문에 이르자, 문이 활짝 열리며 그를 환영하는 아름다운 음악이 울렸다. 천사들이 나와 꽃을 뿌리며 환영했다. 그러나 붓다는 천국에 들어가기를 거절했다.

붓다가 말했다.

"나는 여기에서 기다릴 것이다. 마지막 한 생명까지 천국에 들어가지 않는 한 나는 들어가지 않겠다."

천사들이 그를 설득했다.

"그렇게 되려면 영원한 시간이 걸릴 것입니다. 모든 사람들, 남자, 여자, 코끼리, 개미……. 먼저 모든 생명체가 천국에 들어가야 한다고 생각하신다면 아마 영원히 그 곳에서 기다려야 할 겁니다!"

붓다가 말했다.

"걱정하지 말라. 나는 기다리겠다. 나는 기다리는 법을 안다. 그리고 나는 이미 영원한 지복을 얻었다. 천국이 나에게 더 이상 무엇을 주겠는가? 더 이상은 없다. 그러니 나는 존재하는 생명체가 천국에 들어갈 때까지 기다리겠다."

이 이야기는 붓다가 아직도 기다리는 중이며, 천사들은 아직도 그를 설득하는 중이라고 말한다. 천사들은 계속해서 새로운 주장을 펼치며 설득하지만 아직 붓다를 안으로 데리고 들어가지 못했다.

이 이야기에 대해서는 수많은 해석이 있을 수 있다. 오늘 나는 그대에게 한 가지 사실을 상기시키고 싶다. 그것은 설령 붓다가 혼자 안으로 들어가기를 원한다 해도 들어갈 수가 없다는 사실이다. 붓다는 그것을 이해한다. 붓다가 "마지막 한 생명까지 들어가지 않는 한 나는 들어가지 않을 것이다."라고 말하는 이유가 그것이다. 그는 혼자 천국에 들어가는 것이 불가능하다는 것을 이해하기 때문이다.

우리는 모두 하나이다. 우리는 분리되어 있지 않다. 내 팔 한쪽만 천국에 들어가는 것은 불가능하다. 만일 팔 한쪽이 들어간다면 그것은 죽은 팔이 될 것이다. 내 눈 한쪽만 천국에 들어가고 나머지 부분은 모두 밖에 남는 것은 가능하지 않다. 나는 하나의 전체적인 존재로서 들어가거나 아니면 결코 들어가지 못하거나 둘 중의 하나이다. 그래서 붓다는 이렇게 말한다.

"나는 다만 한 부분일 뿐이다. 전체는 바깥에 있다. 나는 들어갈 수 없다. 나는 전체와 함께 들어갈 것이다."

이것을 이해한다면 그대의 삶에 대한 접근방식, 삶과의 관계가 완전히 달라질 것이다. 그대는 존재하는 모든 것이 친구라는 것을 알게 될 것이고 살아 있는 모든 것을 돕게 될 것이다. 그 도움을 통해 그대는 행복해지기 시작한다. 모두에 대한 그 사랑 안에서 커다란 지복이 그대 안에 솟아오를 것이다.

그대의 형제도
그대처럼 행복을 원한다.
그를 해치지 말아라.
그러면 이 삶을 떠날 때
그대 또한 행복을 얻을 것이다.

이 구절은 2천5백 년 동안 잘못 해석되어 왔다.

그러면 이 삶을 떠날 때
그대 또한 행복을 얻을 것이다.

이 구절은 마치 사후의 삶에 대해 말하고 있는 것처럼 해석되어 왔다.

"이 삶을 떠나면, 이 육체를 떠나면 그때에 행복을 발견할 것이다."

불교의 해석가들은 이 경문을 마치 행복이 이 삶에서는 불가능하고 죽음 후에나 가능한 것처럼 해석해 왔다.

나는 불교도가 아니다. 불교인들은 이 경문을 삶을 부정하는 방식으로 해석한다. 그러나 나의 해석은 전혀 다르다. 나는 나의 해석이 붓다가 말하고자 했던 의미와 정확하게 일치한다고 말한다. 왜냐하면 붓다의 말은 또한 나의 경험이기도 하기 때문이다. 나는 철학적인 방법으로 해석하지 않는다. 경험에 관한 한 붓다와 나는 다르지 않다.

이 삶을 떠날 때……

붓다는 죽음을 의미하지 않는다. 붓다는 지금 이런 방식의 삶 - 욕심, 야망, 분노, 소유욕, 질투로 점철된 삶의 방식, 이 어리석은 삶의 방식을 의미한다. 그런데 명상에 깊이 들어가지 않은 사람은 누구나 어리석은 방식으로 살아간다. 명상이 없으면 어리석어진다. 그때엔 무엇을 하든간에 잘못될 것이다. 명상이 없으면 올바르게 행동할 수 없다. 왜냐하면 명상의 토양 안에서만 올바름이 성장하기 때문이다. 야망에 찬 마음의 토양에서는 욕망이 솟는다. 그리고 야망이 있는 곳에는 경쟁이 있다. 경쟁이 있으면 다른 사람과 친구가 될 수 없다. 그대와 타인은 서로 적이다. 경쟁적인 마음은 반목과 미움, 질투 안에 산다. 그의 모든 기능이 질투에서 나온다. 이런 삶으로 인해 그는 고통받는다. 그는 불행하게 산다.

붓다는 말한다.

이 삶을 떠날 때
그대 또한 행복을 얻을 것이다.

야망, 질투, 미움, 경쟁심으로 들끓는 이 삶을 버린다면 에고로 가득 찬 이 삶을 버린다면 그대는 행복을 발견할 것이다. 즉시 지금 당장에 행복을 얻을 것이다. 그것은 사후의 문제가 아니다. 그대는 바로 지금 이 순간에 행복해질 수 있다. 다만 그대 삶의 패턴을 바꾸기만 하면 된다.

그런데 삶의 패턴을 바꾸는 방법에는 두 가지가 있다. 하나는 외부에서 바꾸는 것인데 그것은 인격과 도덕성을 말한다. 다른 하나는 내면에서 바꾸는 것인데 그것은 종교를 말한다.

도덕주의자가 되지 말라. 그것은 진정한 혁명의 길이 아니다. 그것은 눈속임이다. 도덕주의자는 새로운 방식의 에고이스트(egoist)이다. 그는 불행하게 산다. 오직 중심에서 사는 사람, 깊은 침묵 속에서 자신의 주체적인 세계로 들어가는 사람만이 행복을 얻을 것이다.

거친 말을 삼가라.
그 말들이 그대에게 돌아오리라.
성난 말로 상처를 주지 마라.
그 상처가 그대에게 돌아오리라.

그대의 행동은 무엇이든지 그대에게 되돌아온다. 이것이 삶의 기본적인 법칙이다. 험한 말을 내뱉으면 그 말들이 그대에게 돌아올 것이고 남에게 상처를 주면 그 상처가 그대에게 돌아올 것이다.

언젠가 나는 몇 명의 친구들과 함께 에코 포인트(Echo Point)라고 불리는 곳에 간 적이 있다. 우리 일행 중의 한 사람이 개 짖는 흉내를 내자 계곡과 산 전체가 개 짖는 소리로 가득 찼다. 마치 수천 마리의 개가 짖는 것 같았다.
　내가 말했다.
　"그대는 왜 노래를 부르지 않는가? 이 산은 오직 받은 것을 되돌려 줄 뿐이다. 개 짖는 소리를 내면 개 짖는 소리가 메아리칠 것이고, 노래를 부르면 노랫소리가 들릴 것이다. 그렇다면 노래를 부르는 것이 낫지 않겠는가?"
　그래서 그 사람은 노래를 부르기 시작했다……. 그러자 아름다운 노랫소리가 우리를 휘감았다. 온 산과 계곡이 노래를 부르기 시작했다.
　나는 그자리에 있던 사람들에게 삶 또한 에코 포인트와 같다고 말했다. 삶은 그대가 준 것을 되돌려 준다. 독초의 씨앗을 뿌리고 감로수를 기대하지 마라. 독초의 씨앗은 더 많은 독초를 돌려줄 것이다. 감로수의 씨앗을 심어라. 그러면 감로수를 수확하리라.

　　거친 말을 삼가라.
　　그 말들이 그대에게 돌아오리라.
　　성난 말로 상처를 주지 마라.
　　그 상처가 그대에게 돌아오리라.

　　깨져버린 징처럼 조용히 침묵하라.
　　더 이상 시비가 없는 곳에서
　　자유의 고요함을 알아라.

이 부분이 오늘의 경문 중에서 가장 의미심장한 부분이다. 여기에 명상의 비밀, 명상의 모든 것이 담겨 있다.

깨져버린 징처럼 조용히 침묵하라.
더 이상 시비가 없는 곳에서
자유의 고요함을 알아라.

자유의 고요함이란 무엇인가? 그것은 욕망으로부터의 자유이다. 욕망은 그대 안에 소음을 만들어 낸다. 그리고 그대 안에는 하나가 아니라 수많은 욕망이 아우성치고 있다. 그들은 서로 자기의 요구를 들어달라고 그대를 밀치고 잡아당기며 난리를 피운다. 그대는 여러 방향으로 끌려가고 떠밀리는 나머지 여러 조각으로 분열된다.

자유의 고요함을 알아라.

욕망으로부터 자유로울 때 고요함이 있다.

더 이상 시비가 없는 곳에서……

욕망이 없으면 더 이상 다툼이 없다. 야망이 없으면 다툼이 사라진다. 세속적이든 비세속적이든, 물질적이든 영적이든 아무것도 욕망하지 않으면 어떻게 소음이 있을 수 있겠는가? 모든 것이 침묵에 잠긴다. 이것이 진정한 침묵이다.
다른 종류의 침묵이 있을 수 있다. ―그대는 가부좌를 틀고 앉아

심호흡을 하며 만트라(mantra)를 외운다. 몇 년 몇 달이고 그렇게 자신의 마음을 강요한다. 몇 년 동안 그렇게 하면 그대는 어떤 고요함을 얻을 것이다. 그러나 그것은 인위적으로 강요된 침묵이다. 그대의 내면을 깊이 들여다보면 온갖 소음을 발견할 것이다. 그 소음들은 억눌려 있을 뿐, 여전히 깊은 곳에 잠복해 있다. 그 소음은 밑바닥에 가라앉아 더 이상 표면으로 떠오르지 않는다. 그러나 그것은 더 위험하다. 왜냐하면 의식 안에 있는 것은 쉽게 제거될 수 있지만 무의식에 가라앉은 것은 제거하기가 불가능해지기 때문이다.

그래서 정신분석학은 먼저 모든 것을 의식으로 끌어올린다. 정신분석학은 그대의 꿈과 무의식을 의식의 층으로 끌어올린다. 철저하게 의식하는 것만이 그것들을 제거할 수 있는 유일한 방법이기 때문이다. 그 다음에 그것들을 보존하느냐, 던져버리느냐는 그대에게 달렸다. 그러나 무의식 속에 남아 있으면 그대는 희생자가 된다. 그대는 인형극의 인형처럼 커튼 뒤의 보이지 않는 손에 의해 조종된다. 그대는 무의식적인 욕망을 따르고 있을 뿐이다.

정신분석학은 억눌린 욕망을 의식의 층으로 끌어올린다. 그러나 그 일은 완전할 수 없다. 정신분석가가 앞에 있다는 사실 자체가 그대를 억압된 상태로 묶어 두기에 충분한 이유가 된다. 오직 명상만이 그대를 완전하게 도울 수 있다. 왜냐하면 명상 안에서 그대는 다른 사람에게 무의식을 보여주는 것이 아니기 때문이다. 그대는 다른 사람의 눈치를 볼 필요가 없다. 그대는 그대 자신 앞에 무의식을 드러낸다. 그대는 철저하게 자유롭다. 다른 사람이 뭐라고 생각할지 두려워할 필요가 없다.

다른 사람의 현존은 항상 억압적인 요소로 작용한다. 비록 정신분석가가 "아무에게도 발설하지 않겠으니 염려하지 마십시오. 이것은 당신과 나만의 비밀입니다." 하고 말한다 해도 말이다. 그가 뭐라고 말하든간에 그의 현존 자체가 억압적인 요소로 작용한다. 그가 아무 판단도 하지 않는 것은 불가능하기 때문이다. 만일 그대가 그의 마음에 어긋나는 말을 한다면 그의 눈을 통해 그가 판단하고 있음을 보게 될 것이다.

이런 이유 때문에 지그문트 프로이트는 정신분석을 할 때 커튼 뒤에 앉아 있곤 했다. 그는 절대 환자와 얼굴을 마주 대하지 않았다. 그는 얼굴과 눈, 몸짓이 자신의 판단을 드러낼 것이라는 사실을 잘 알고 있었다. 정신분석가가 판단한다면 환자에게는 두려움과 억압이 일어난다. 비록 정신분석가가 커튼 뒤에 앉아 있다 해도 다른 사람이 거기에 앉아 있다는 사실만으로도 환자는 억압되기에 충분하다.

그러므로 정신분석학은 부분적인 도움을 줄 뿐이다. 그리고 그대는 정신분석가 또한 그대만큼이나 병들어 있다는 것을 잘 알고 있다. 어쩌면 그대보다 더 심할지도 모른다. 정신분석가들은 다른 정신분석가를 찾아간다. 그들은 그대와 똑같은 문제를 안고 있기 때문이다.

칼 구스타프 융(Carl Gustav Jung)과 프로이트가 같이 여행하고 있었다. 그때는 융이 아직 프로이트의 제자였을 당시로 스승을 배반하기 전이었다. 정신분석학에 대해 이야기하다가 융의 머리에 갑자기 어떤 생각이 떠올랐다.

융이 말했다.

"선생님은 우리 모두를 정신분석하셨습니다. 하지만 선생님 자신은 아직 분석되지 않았습니다. 우리들 중 누군가 선생님을 분석해 보면 어떨까요? 저는 이미 만반의 준비가 되었습니다! 허락하기만 하신다면 선생님처럼 잘할 수 있습니다."

프로이트는 몸을 떨기 시작했다. 추운 겨울 아침이었는데도 얼굴에서 식은땀이 흐르고 있었다.

프로이트가 말했다.

"안 돼, 절대 안 돼!"

융이 물었다.

"왜 안 됩니까?"

프로이트가 말했다.

"그렇게 되면 나의 위치가 무너질 거야."

융이 말했다.

"선생님의 위치는 이미 무너졌습니다. 선생님 자신이 두려워한다면 어떻게 다른 사람들에게 두려워하지 말라고 말할 수 있겠습니까? 우리들 앞에서 그렇게 말씀하실 수 있습니까?"

프로이트는 상당한 억압을 지니고 있었다. 몇몇 경우에 대해서는 그렇게 억압된 사람을 발견하기가 힘들만큼 정도가 심했다. 그는 섹스를 의식의 층으로 끌어올리는 데 크게 기여했다. 그는 섹스에 대한 금기를 깨는 데 가장 지대한 공헌을 세운 인물이다. 그러나 정작 그 자신은 섹스에 대해 고리타분하고 낡은 개념을 갖고 있었다. 또한 그는 죽음을 매우 두려워했다. 죽음에 대해 한두 마디만 언급해도 그는 안색이 파랗게 질렸다.

그런데 이런 사람이 정신분석학의 창시자이다. '죽음'이라는 단어를 언급하기만 해도 사색이 되고 섹스에 대해 어리석고 이상한 관념을 지니고 있었던 이 사람이 정신분석학의 기초를 이루었다. 그러니 다른 정신분석가들에 대해서는 말할 필요도 없다. 그들은 자신의 환자들과 똑같은 배를 타고 있다. 그리고 환자들도 그런 사실을 잘 알고 있다.

다른 사람 앞에 그대 자신을 완전히 노출하는 것은 불가능하다. 그래서 동양에서는 정신분석학 같은 분야를 전혀 발전시키지 않았다. 그 대신 우리는 명상을 개발했다. 명상은 그대를 자신 앞에 노출시킨다. 그것이 두려움없이 철저하게 진실할 수 있는 유일한 길이다.

욕망으로부터의 자유, 무의식으로부터의 자유, 온갖 야심으로부터의 자유는 전혀 다른 종류의 고요함을 가져온다. 그대 안에 자연스러운 고요함이 솟아올라 넘쳐흐르기 시작한다. 다른 사람들마저 그것을 느낄 수 있다. 그 고요함은 거의 손에 만져질 것처럼 분명해진다.

　　목동이 들판으로 소 떼를 몰고 가듯
　　늙음과 죽음이 그대를 몰고 가리라.

곧 죽음이 닥칠 것이다. 그 전에 명상 속에서 죽는 법을 배워라.

　　그러나 어리석은 자는
　　죄악 속에서 그것을 잊고
　　자기가 지른 불에
　　제 몸을 태운다.

어리석은 자는 계속해서 자신을 수렁에 빠뜨린다. 그대는 제 스스로 불행을 창조한다. 그대의 행동은 무의식과 소음, 먼지 쌓인 마음에서 나온 것이기 때문이다. 그대는 명확한 인식으로 행동하지 못한다. 그대의 행동은 명상의 침묵에서 나온 것이 아니다. 그것은 지옥과 같은 불을 만든다. 그대는 다른 사람을 위해 그 불을 만든다고 생각할지 모르지만 그대가 만든 모든 것은 그대에게 되돌아온다.

그대 스스로 창조하지 않는 한 지옥불은 어디에도 없다. 모든 사람은 자신 안에 천국과 지옥을 지닌다. 그것은 그대 자신의 창조물이다.

결백한 이를 해치거나
순진무구한 이를 다치면
열 배의 과보를 받으리라,

고통, 허약함, 부상, 질병,
미침, 박해, 무서운 형벌,
가족간의 이별, 재산을 잃음으로써.

하늘에서 내린 불이
그의 집을 덮칠 것이다.
그리고 육체가 쓰러지면
그는 지옥에 떨어지리라.

하늘에서 내린 불길이
그의 집을 덮칠 것이다……

누군가 하늘 위에 앉아서 그대를 처벌하는 게 아니다. 하늘에 뱉은 침은 그대의 얼굴에 떨어지기 마련이다. 하늘을 향해 불을 던지면 그

불은 그대의 얼굴에 떨어진다. 그대는 흐름을 거스른다. 그것이 모든 불행의 원인이다.

자연에 순응하라. 자연과 완전히 조화를 이루어라. 흐름을 따라가라. 강물을 떠밀지 말고 함께 흘러 가라. 그러면 삶이 지복과 은총으로 충만할 것이다. 그렇지 않으면 불길이 그대의 집을 덮칠 것이다.

그리고 육체가 쓰러지면
그는 지옥에 떨어지리라.

날마다 이런 일이 일어난다. 그대들 중에 많은 사람들이 잠잘 때마다 악몽에 시달린다. 내게는 "어떻게 하면 이 악몽을 없앨 수 있습니까?" 하고 묻는 편지가 많이 온다. 그대는 악몽에 대해 직접 손쓸 도리가 없다. 악몽을 없애려면 그대 삶의 패턴을 바꾸어야 할 것이다. 악몽은 낮 동안의 행동과 생각에 의해 생기는 부산물이다. 밤은 다만 낮을 비추는 것에 불과하다. 만일 그대의 낮이 아름답고 행복했다면 악몽은 있을 수 없다. 그리고 그대의 낮이 아무 사념없이 고요하고 순수하다면, 아무런 동요도 없이 평온하다면 그때엔 모든 꿈이 사라진다. 그대는 아무 꿈도 없이 잘 것이다.

죽음이 닥칠 때도 똑같은 일이 일어난다. 육체가 쓰러지면 그대는 즉시 천국이나 지옥을 경험한다. 천국과 지옥은 지리적으로 존재하는 어떤 곳이 아니다. 이들은 그대가 육체를 떠날 때 일어난다. 육체가 떠나면 마음은 혼자 남아 미쳐간다. 아무 곳에도 관심을 가질 곳이 없는 마음은 그대가 평생 동안 뿌린 씨앗들을 위해 무엇인가 창조한다.

한 인간이 죽으면 ─실제론 죽어가는 동안에─ 그는 즉시 악몽에 빠지거나 아주 아름다운 장소에 들어간다. 이젠 심리학자들도 점차 이런 사실에 동의하고 있다. 그 악몽이 지옥이고 아름다운 장소가 천국이다.

　세 번째로, 천국도 지옥도 아니며 불행도 행복도 아닌 순수한 각성이 있다. 그것이 니르바나(nirvana)이고 모크샤(moksha)이다. 이것을 번역할 마땅한 단어는 없다. 왜냐하면 인도의 종교가 아닌 기독교, 유태교, 이슬람교 등 모든 종교는 천국과 지옥 두 단어에 대해서만 말하기 때문이다. 가장 높은 경지가 빠져 있다. 그것이 내가 이 세 종교는 불교에 비교해서 더 원시적이라고 말하는 이유이다. 불교는 최고의 정점에 도달한다. 불교는 천국과 지옥을 초월한다.

　인간은 고통도 쾌락도 없이 절대적인 침묵 속에서 완전히 깨어 있는 상태로 죽는 것이 가능하다. 그때에 그는 다시 태어나지 않을 것이다. 그는 추악한 생사의 윤회에서 벗어날 것이다. 그는 우주와 하나가 된다. 그것이 바로 니르바나이다. 그는 하나의 개체로 존재하길 멈추고 우주 전체가 된다.

　고요해지라. 하지만 고요함을 강요하거나 훈련하지 말라. 자연스럽게 고요해지라. 욕망의 허황함을 이해함으로써, 야망의 어리석음을 깨달음으로써 그대는 고요해진다. 그것은 훈련이 아니라 이해를 통해 가능하다.

　　　깨져버린 징처럼 조용히 침묵하라.
　　　더 이상 시비가 없는 곳에서
　　　자유의 고요함을 알아라.

이것이 산야스(sannyas)와 모든 종교의 목적이다. 이것이 모든 영적인 가르침의 본질이며 핵심이다.

    과학은 오직 부분만을 안다. 예술은 과학보다 조금 낫다. 그리고 종교는 전체를 안다.

그대 자신의 주인이 되어라

헝클어진 머리에 진흙물을 뒤집어쓰고
벌거벗고 다니는 자.
단식하며 길바닥에 쓰러져 자는 자.
잿더미로 온몸에 분칠을 하고
명상하며 한없이 앉아 있는 자.
그러나 의심에서 벗어나지 못하면
자유를 얻지 못하리라.

그러나 순수하게 살고 자신을 믿는 이.
고요함과 덕을 지니고
아무도 해치거나 비난하지 않는 이.
설령 좋은 옷을 입었더라도
신앙이 있는 이.
그런 이가 진정한 구도자이다.

훌륭한 말은 채찍의
촉감을 느낄 일이 드물다.
이 세상에 그처럼 훌륭한 사람이 누구일까?

훌륭한 말이
채찍 아래 달리듯이
불사르라.
그리고 민첩하라.

믿고, 명상하고, 보아라.
순수하고 결백해져라.
법을 깨달아라.
그리고 모든 슬픔에서 벗어나라.

농부는 땅에 물을 대고
활 만드는 사람은 활을 깎고
목수는 나무를 다듬는다.
그리고 지혜로운 자는 자신을 다스린다.

고탐 붓다는 삶에 대한 철학이 없다. 그는 결코 철학자가 아니다. 그는 통찰력을 지닌 지혜로운 자이다. 그는 삶과 실체를 어떻게 보아야 하는지 안다. 그에게는 보는 방법이 있을 뿐, 철학이 없다. 그에게는 살아가는 방법이 있을 뿐, 삶에 대한 철학이 없다.

　삶에 대한 철학은 가짜 대체품이다. 철학은 그대 존재의 변형을 회피한다. 그대는 아름다운 말들과 사상, 이데올로기를 배운다. 그러나 그대는 그대 자신조차 모른다. 그대는 눈이 멀어서 어떻게 보아야 하는지 모른다. 그대는 가슴 안에 불꽃을 창조하지 못한다. 그대는 깜깜한 어둠 속에 살아간다. 그대의 삶은 매우 세련되고 교양이 넘칠지도 모르지만 그것은 진실한 삶이 아니다. 그런데 그대는 아름다운 이론과 사상을 배우는 데 정신이 팔려 이런 자신의 모습을 깨닫지 못한다.

　그대는 표면 위에 살아간다. 그대는 삶의 깊이와 높이를 모른다. 삶에는 깊은 계곡과 높은 봉우리가 있다. 그러나 거기에 도달하려면 연금술적인 과정을 거쳐야 한다.

　붓다는 연금술사이다. 붓다는 그대의 에너지를 가장 낮은 센터에서 가장 높은 센터로 변형시키는 법을 보여준다. 그는 그대의 에너지를 진흙에서 연꽃으로, 쇠에서 황금으로, 돌에서 다이아몬드로 변형시키는 법을 보여준다. 붓다는 내면의 과학자이다. 그의 접근 방식은 철저하게 과학적이다. 전혀 철학적이지 않다.

　이것이 붓다가 인도인의 마음에 어울릴 수 없었던 이유이다. 인도인의 마음은 매우 철학적이다. 인도인의 마음은 현학적이고 궤변적인 이론을 너무 많이 배웠다. 그것은 머리카락을 쪼갤 만큼 정교한 이론으로 발전했다. 그러나 붓다는 그런 넌센스에 관심이 없다. 그는 곧장 문제의 핵심으로 들어간다.

　우리는 어둠으로 가득 찬 가슴을 갖고 살아간다. 어떻게 하면 이 어둠을 휘황찬란한 빛으로 바꿀 수 있을까? 이것이 문제이다. 우리는 충분한 잠재성을 갖고 있다. 그런데 이 잠재성을 어떻게 실현시키는지 모른다. 붓다는 매우 실용적이고 현실적이다. 내면의 세계에 대해 그토록 실용적인 입장을 취한 사람은 그가 처음이다.

　사람들은 여러 가지 철학에 대해 매우 관심이 많다. 만일 한 가지 철학이라도 모르면 뭔가 빠져 있는 것 같은 느낌을 받는다. 사람들은 허구적인 말에 관심을 갖는다. 아무 대가를 치루지 않아도 되기 때문이다.

　그대는 힌두교인이 될 수 있다. 베다와 기타, 우파니샤드를 읽고 유식해질 수도 있다. 그대는 훌륭한 학자나 신학자가 되어 거창한 주제에 대해 몇 시간 동안 앵무새처럼 떠들 수 있다. 그러나 그대의 삶은 일상적인 한계 안에 남을 것이다. 초월의 세계와 접촉하지 못할 것이다.

　세상에는 수많은 이데올로기가 있다. 그러므로 그대는 기독교인, 모하메드교인, 가톨릭교인, 공산주의자 등 무엇이나 될 수 있다. 그러나 그대가 무엇을 믿느냐는 중요하지 않다. 진짜 중요한 문제는 그대에게 볼 능력이 있느냐 하는 것이다. 그대는 존재계의 신비를 볼 눈이 있는가? 존재계의 마술을 느낄 가슴이 있는가? 그대는 미지의 세계를 향해 열려 있는가? 미지의 세계가 손짓해 부르면 다음 순간에 무슨 일이 일어날지도 모르면서 용기를 내어 뛰어들 수 있는가? 그대는 그럴 배짱이 있는가?

골드버그가 인생에 뭔가 빠진 것 같은 허무감을 느끼고 있었다. 어느 날 밤 그는 유별나게 마음이 울적했다. 그래서 그는 부인에게 무엇인가에 대한 열망을 이야기했다.

부인이 말했다.

"하지만 당신은 부족한 게 없잖아요?"

"알아, 그건 나도 안단 말이야! 하지만 내 인생에는 뭔가 뚜렷한 철학이 없어. 나는 그런 철학을 원해."

부인이 이해할 수 없다는 듯이 남편을 쳐다보며 말했다.

"왜 그런 걸 원해요? 이웃 사람들 중에 아무도 그런 걸 가진 사람이 없잖아요."

이웃 사람이 가졌다는 것, 그것이 문제이다. 그렇지 않다면 아무 문제도 없다. 어떤 사람은 힌두교인이고, 어떤 사람은 기독교인이며, 어떤 사람은 모하메드교인이며, 어떤 사람은 공산주의자이다. 어떤 사람은 '자본론'에 대해 말하고, 어떤 사람은 성경에 대해 말하고, 어떤 사람은 코란에 대해 말한다. 그러면 그대는 마치 무엇인가 놓치고 있는 것 같은 생각이 든다. 그대는 그렇게 거창한 주제에 대해 말할 수 없기 때문이다. 그대는 이 사람들이 자신이 말하고 있는 것에 대해 알고 있다고 생각한다. 그러나 그들은 아무것도 모른다. 그들은 그대와 마찬가지로 눈이 멀었다. 어쩌면 그대보다 더 심할지도 모른다. 그대는 최소한 철학으로부터 자유롭다. 철학은 '봄(seeing)'을 가로막는 가장 큰 장애물이다.

붓다와 그의 접근 방식에 대해 가장 먼저 이해해야 할 것은 그가 가르침을 주기를 원하지 않는다는 사실이다. 그가 분명하게 원하는 것은 그대에게 과학을 주는 것이다. 그는 그대의 마음을 더 정교하게 만드는 데 관심이 없다. 그는 그대가 마음을 버리기를 원한다. 정교하고 세련되었든 아니든간에 마음은 장애물이다. 마음은 믿을 능력은 있지만 볼 능력이 없다. 보는 능력은 무심(無心)에 있다.

따라서 붓다는 명상에 대해 전혀 새로운 의미를 부여한다. 붓다 이전에 명상은 처음에는 집중이고 나중에는 깊은 사색이었다. 그러나 집중과 사색은 둘 다 마음의 부분이다. 마음은 이런 게임을 완벽하게 수행할 수 있다. 마음은 집중에 깊은 관심을 갖는다. 왜냐하면 마음은 집중을 통해 더 강해지기 때문이다. 집중이 마음의 영양분이다. 마음은 사색에 지대한 관심을 갖는다. 마음은 또한 사색을 통해서 더 좋은 음식, 더 훌륭한 영양분을 얻기 때문이다.

집중을 통해 그대는 객관 세계를 연구하는 과학자가 될 수 있다. 그리고 깊은 사색을 통해서는 훌륭한 철학자가 될 수 있다. 그러나 명상이 무엇인지 알지 못하는 한 그대는 신비주의자가 될 수 없을 것이다. 그리고 신비주의자가 되지 못한다면 그대는 모든 것을 놓칠 것이다. 그대의 삶 전체가 완전히 낭비될 것이다.

이 경전은 말할 수 없이 중요하다. 몇 군데 번역이 정확하지 않은 부분이 있기는 하지만 전체적으로 보면 핵심을 잘 전달한다. 번역이 정확하지 않은 부분을 볼 때마다 나는 그것을 지적할 것이다. 번역이 부정확한 부분이 있는 것은 당연한 일이다. 서양에는 아무도 붓다처럼 말한 사람이 없기 때문이다. 그러므로 서양의 언어는 붓다를 정확하게 번역할 능력이 없다.

예수는 붓다이다. 그러나 그는 고탐 붓다와 같은 방식으로 말하지 않았다. 예수는 마치 국민학교 학생에게 말하듯이 말한다. 실제로 상황이 그랬다. 예수의 말을 듣고 있었던 사람들은 풋내기 초보자들이었다. 그래서 예수는 우화와 비유를 사용해야 했다. 그는 '신의 왕국'이라는 인간 중심적인 말을 사용해야 했다. 사실, 신도 없으며 왕국도 없다. 예수는 그것을 안다! 그러나 그는 사람들이 이해할 수 있는 언어로 말해야 했다.

사람들은 '왕'이라는 말을 이해할 수 있다. 그런데 신은 가장 위대한 왕이다. 양적인 차이가 있을 뿐, 질적인 차이는 없다. 왕에게는 왕국이 있다. 따라서 가장 위대한 왕인 신은 가장 큰 왕국을 갖는다. 차이는 양적인 것이지 질적인 것이 아니다. 그리고 질적인 차이가 없기 때문에 모든 핵심이 빠져 있다. 표적이 빗나간다.

신은 하나의 인격체가 아니라 현존(presence)이다. 신에게는 왕국이 없다. 왜냐하면 신은 아름다움, 음악, 시 등에 두루 현존하기 때문이다. 그는 우주 공간 전체에 퍼져 있다. 그는 우주와 분리된 별개의 존재가 아니다. 그는 창조자가 아니다. 그는 창조라는 현상 자체이다. 그러나 예수는 그런 식으로 말할 수 없었다.

붓다는 그런 식으로 말했다. 붓다는 아주 고대의 사람들에게 말하고 있었다. 그들은 더 높은 경지에 익숙한 사람들이었다. 그런데 그들조차 붓다의 말을 이해하지 못했다! 예수는 이해될 수 있는 언어로 말해야 했다. 그리고 예수는 목수의 아들이다. 그 자신이 평범한 사람들의 언어를 안다. 그에 비해 붓다는 왕족 출신이다. 그는 왕자였다. 그는 철학에 대해 잘 알고 있었으며 그런 분위기에서 성장했다. 그는 아름다운 우화와 전설, 신화에 대해 잘 알고 있었다. 그리고 그 모든 것과 결별했다. 그는 그런 것들이 사람들의 마음을 현혹할 뿐, 사람들을 변형시키지 못한다는 것을 알고 있었다. 그래서 그는 비본질적인 모든 것을 포기했다. 그는 오직 본질적인 것에 대해서만 말한다. 그는 전보처럼 간결하게 말한다. 필요없는 단어는 단 하나도 사용하지 않는다. 오직 절대적으로 필요한 단어만 사용한다.

물론 그는 단어의 의미를 변화시킨다. 깨달은 자가 단어를 사용할 때면 항상 그런 일이 일어난다. 그는 고대의 단어에 새로운 뉘앙스와 의미를 부여했다. 그는 '명상'이라는 말을 변형시켰다. 명상은 항상 마음에 관계된 어떤 것이었다. 그런데 붓다는 전혀 새로운 특성을 부여했다. 그것은 기존의 의미와 정반대되는 것이었다. 그는 명상이 무심의 상태를 의미한다고 말한다. 명상은 집중과 사색이 아니다. 명상은 신에 대한 생각이 아니다. 명상은 기도도 아니다! 머리에 속하는 생각이 지적이라면 기도는 감정적이다. 기도는 머리의 다른 측면일 뿐 머리와 멀리 떨어진 것이 아니다. 다만 머리의 다른 부분이 다른 언어를 사용할 뿐이다.

이제 과학자들은 머리가 두 개의 뇌로 구성되어 있다는 사실에 동의한다. 좌측 뇌는 지성, 논리, 산술의 언어로 말한다. 우측 뇌는 감정, 느낌, 감상의 언어로 말한다. 그러나 두 부분 모두 똑같은 머리의 다른 측면이다.

집중과 사색은 좌측 뇌에 속하고, 기도와 헌신은 우측 뇌에 속한다. 어쨌든 둘 다 머리에 속한다. 그런데 진정한 탐구자는 머리를 초월한다. 그에게는 머리의 이중성, 머리의 구분이 없다. 그 구분을 넘어서야만 하나가 될 수 있다.

붓다는 이런 사실을 지적한 최초의 인물이다. 그래서 그는 명상, 즉 '드야나(dhyana)'라는 말에 전혀 새로운 의미를 부여했다. 그는 명상을 무심의 상태를 의미하는 말로 만들었다. 그대는 이것을 끊임없이 명심해야 할 것이다. 명상이라는 말이 사용될 때마다 붓다는 무심을 의미한다는 것을 명심하라.

두번째로 명심해야 할 사실이 있다. '믿음(belief)'라는 말과 마주칠 때마다 조심하라. 붓다는 그대가 말하는 '믿음'을 의미하지 않는다. 붓다가 사용한 단어는 '쉬라드하(shraddha)'이다. 쉬라드하는 믿음을 의미하지 않는다. 그것은 '신앙(faith)'조차 아니다. 그것은 '신뢰(trust)'를 의미한다. 그가 말하는 신뢰는 전혀 다른 현상이다.

쉬라드하는 전적인 신뢰를 의미한다. 믿음은 전적인 신뢰가 아니다. 믿음에는 의심이 남아 있다. 억눌린 의심을 믿음이 덮고 있는 것이다. 그대는 의심을 두려워한다. 그래서 믿음에 집착한다. 그러나 믿음은 그대를 의심 너머로 데려갈 수 없다.

믿음은 물구나무서 있는 의심이다. 그것이 전부이다. 의심하는 자와 믿는 자는 둘 다 소경이다. 그들은 똑같은 배를 타고 있다. 아마 서로 등을 대고 앉아 있겠지만 타고 있는 배는 똑같다. 그래서 믿는 자는 의심을 불러일으키는 자를 두려워하고, 의심하는 자는 믿음을 설득하는 자를 경계한다. 그들은 서로 뒤엉켜 있다.

'신뢰(trust)'란 무엇인가? 신뢰는 의심과 믿음 둘 다를 넘어선다. 믿음은 항상 특정한 관념을 갖는다. 그러나 신뢰는 아무 관념없이 있는 그대로 본다. 신뢰는 존재계 자체를 믿는다. 믿음과 신뢰의 사이에 '신앙(faith)'이라는 또 하나의 단어가 있다. 이 단어 또한 경계하라. 쉬라드하(shraddha)를 말할 때 붓다는 신앙을 의미하지 않는다. 믿음은 관념을 믿고, 신앙은 어떤 인격체를 믿고, 신뢰는 존재계 자체를 믿는다. 붓다는 그대가 신앙심 깊은 사람이 되기를 원하지 않는다. 신앙은 광신을 낳고 광신은 신경증을 낳는다.

며칠 전에 어떤 젊은 여성이 산야스를 받으러 왔다. 그녀가 내게 다가오는 태도를 보고 나는 그녀가 신경증에 걸렸다는 것을 알았다. 그러나 나는 어느 누구도 거절하지 않는다. 신경증이 나을 가능성은 얼마든지 있다. 적어도 산야스 받을 의지가 있다는 그녀는 아직 어느 정도 정상적인 지각이 남아 있는 것이다. 어쩌면 그녀는 도움을 받을 수 있을지도 모른다.

나는 그녀가 걸어오는 태도, 앉는 태도를 보고 도움을 주기가 어렵겠다는 것을 알 수 있었다. 결국, 내가 가까이 다가오라고 부르자 그녀는 거절하고 벌떡 일어서더니 두 팔을 들고 외쳤다.

"나는 예수 그리스도이다!"

나는 그녀에게 아무 말도 하지 않았다. 내심 이렇게 말하고 싶었지만.

"오, 그래? 늙은이! 당신이 돌아왔군! 당신은 지난번에 무슨 일이 있었는지 잊었는가? 그래서 이번에는 여자의 몸으로 돌아온 것인가?"

그녀는 자신을 예수 그리스도로 선언하고 사라졌다.

신앙은 이런 종류의 신경을 낳는다. 기독교인들 중에는 신경증 환자가 많다. 그들의 모든 관념이 신앙에 의존하기 때문이다.

"예수 그리스도를 믿어라. 신앙을 가져라. 그가 당신을 구할 것이다!"

그들은 마치 그대의 속박이 그의 책임인 것처럼 말한다. 그가 그대를 구출할 수 있는 것은 그가 그대를 감옥에 집어넣은 장본인일 경우에 국한된다. 그렇지 않다면 어떻게 그가 그대를 석방시킬 수 있겠는가? 그는 구조자이고 그대는 구조받는 자이다. 그는 목동이고 그대는 양이다. 그대는 이런 이야기 안에 그대에 대한 모욕이 담겨 있음을 보지 못하는가? 그대는 양으로 전락한다. 다소 차이는 있겠지만 모든 종교가 이같은 일을 하고 있다. 만일 어떤 특정한 사람을 신봉하면 그대는 양으로 전락할 것이다. 그대는 인간이 될 수 없을 것이다. 그대는 아주 미묘하고 눈에 보이지 않는 감옥에 갇힌다. 그대는 그 감옥을 보지 못한다.

붓다는 "스스로를 비추는 빛이 되라."고 말한다. 특정한 개인과 이데올로기를 신봉하지 말라. 그런 신봉을 버릴 때 거대한 신뢰가 폭발하듯 일어난다. 존재계 자체에 대한 신뢰, 나무, 바위, 사람들, 별, 강, 산……. 존재하는 모든 것에 대한 신뢰.

물론 붓다들 역시 그중의 한 부분이다. 그러나 붓다를 특별히 믿지는 말라. 다만 존재계 자체를 믿어라. 장미의 향기를 믿듯이 예수의 향기를 믿어라. 이런 믿음은 관념에 뿌리박고 있지 않다. 사실, 이 믿음은 주관적인 것이지 객관적인 대상과는 아무 상관도 없다.

만일 예수를 믿는다면 그대는 크리슈나를 믿을 수 없다. 크리슈나를 믿는다면 마하비라를 믿을 수 없다. 한 가지를 믿는다면 당연히 다른 것 모두를 불신해야 한다. 그것이 믿음이 사람들을 분열시키는 방식이다. 인류의 역사는 잔인한 학살극과 종교 전쟁으로 가득 찼다. 종교라는 이름 아래 폭력이 난무하고 선혈이 낭자하다. 그 이유는 다른 모든 것에 반대해서 하나만을 믿으라는 말을 들어왔기 때문이다.

신뢰는 전혀 다르다. 만일 존재계를 신뢰한다면……존재계는 예수, 크리슈나, 붓다, 짜라투스트라를 모두 포함한다. 그들은 모두 존재계의 한 부분이다. 그때, 그대는 붓다들만을 믿는 게 아니라 그대 주변의 평범한 사람들까지 믿는다. 사람뿐만 아니라 동물, 나무, 바위까지 믿는다. 무엇을 믿느냐의 문제가 아니다. 대상은 관계없다. 우리는 모두 이 존재계에 속해 있다. 우리는 이 기적적인 존재계의 일부분이다. 이 존재계는 우리에게 몰인정할 수 없다. 존재계는 우리를 탄생시켰다. 어떻게 어머니가 박정할 수 있겠는가?

이것이 신뢰의 전혀 다른 의미이다. 신뢰는 믿음도 신앙도 아니다. 믿음과 신앙이라는 두 단어를 기억하라. 잘못 번역된 이 두 단어가 계속 등장하기 때문이다.

자, 이제 경전을 보자.

> 헝클어진 머리에 진흙물을 뒤집어쓰고
> 벌거벗고 다니는 자,
> 단식하며 길바닥에 쓰러져 자는 자,
> 잿더미로 온몸에 분칠을 하고
> 명상하며 한없이 앉아 있는 자,
> 아무리 그래도 의심에서 벗어나지 못하면
> 자유를 얻지 못하리라.

헝클어진 머리에 진흙을 뒤집어쓰고 벌거벗은 채 다니는 사람들, 오랜 기간 동안 단식하는 사람들, 가시 침대에 누워서 자는 사람들, 온몸에 재로 분칠을 하고 다니는 사람들, ─지금까지 이런 사람들이 성자로 여겨졌다. 그러나 그들은 매저키스트(masochist)에 불과하다. 그들은 자신에 대한 고문을 즐긴다. 그들은 매우 폭력적인 사람들이다.

그들과 히틀러 사이에는 단 하나의 차이점이 있는 데, 히틀러가 다른 사람에 대한 고문을 즐긴다면 이 소위 성자라고 불리는 사람들은 자신에 대한 고문을 즐긴다는 것이다. 그러나 고문을 즐긴다는 점에는 차이가 없다.

만일 그대가 다른 사람을 고문한다면 그것은 분명히 비난받는 행위이다. 왜냐하면 때에 따라서 그 '다른 사람들' 안에는 그대 자신이 포함되며, 그대는 고문당하는 것을 두려워하기 때문이다. 그러나 어떤 사람이 자기 자신을 고문한다면 그는 찬양받는다. 그의 고문은 그대와 상관없는 일이다. 그는 자신을 고문하고 있으니 말이다.

사실, 이 매저키스트들을 숭배하는 사람들은 사디스트(sadist)이다. 그대는 그들을 고문하고 싶었을 것이다. 그런데 그들은 그대의 일을 대신 해줄 만큼 훌륭한 사람들이다. 그대는 얼른 가서 그들을 찬양한다.

매저키즘은 자신을 고문하는 질병이다. 그리고 사디즘은 타인을 고문하는 질병이다.

히틀러는 결국 자살하고 말았다. 그리고 나디르샤(Nadirshah)는 평생 동안 공포에 떨었다. 그는 수많은 사람을 죽이고, 수많은 적을 만들었으므로 한시도 마음 편할 날이 없었다. 그는 아무도 믿을 수 없었으며 편안하게 잠잘 수도 없었다. 조금만 이상한 소리가 나도 그는 벌떡 일어났다. 그는 죽을 때도 그렇게 죽었다.

어느 날 밤, 길 잃은 낙타가 나디르샤의 군대가 야영하고 있는 야영지에 찾아왔다. 그 낙타가 나디르샤의 군막에 접근했다. 나디르샤는 이상한 소리를 들었다. 그는 적군이 기습했다고 생각하고는 벌떡 일어나 밖으로 달려 나갔다. 그러다가 천막 밧줄에 걸려 심장마비로 죽었다!

타인을 고문하는 사람들은 평화롭게 살 수 없다. 그것은 불가능하다. 수많은 적을 만들었기 때문이다.

그러나 그들은 어떻게 해서든지 고문을 즐긴다. 그리고 고문을 즐기는 가장 좋은 방법은 자기 자신을 고문하는 것이다. 그때엔 아무 두려움도 없다. 아무도 그대를 반대하지 않는다. 오히려 사람들은 그대를 성스러운 사람으로 찬양한다. 이 어리석음을 보라! 어떤 사람이 벌거벗고 걷는다면 거기에 무슨 신성함이 있는가? 인도의 종교 축제에 가보면 벌거벗은 사두(sadhu)들을 볼 수 있다. 그대는 깜짝 놀랄 것이다. 그대가 보기엔 아무 신성함도 보이지 않는다. 오히려 그들의 눈에서 가장 흉악한 범죄자의 눈빛을 볼 것이다. 감옥에 가서 살인자들의 눈을 보면 오히려 그들의 눈이 사두보다 더 순수해 보일 정도이다. 길가에 벌거벗고 서서 자신을 내보이는 이 사람들은 정신적으로 병든 사람들이다. 심리학 용어로 말한다면 그들은 노출증 환자(exhibitionist)이다.

그런데 힌두교인들이 수천 년 동안 이 노출증 환자들을 숭배하고 있는 것은 이해할 수 없는 일이다. 힌두교인들은 나의 산야신들이 힌두교 문화에 위배되는 행동을 한다고 비난한다. 그 이유는 나의 산야신들이 옷을 단정하게 입지 않는다는 것이다. 그런데 그들은 벌거벗은 사람들을 숭배한다. 옷 따위는 결코 문제가 되지 않는다. 그런데 그들은 나의 산야신들이 옷을 단정하게 입지 않는다는 이유로 힌두교 문화에 어긋난다고 비난한다. 여기에 모인 그대들 모두가 힌두교 전통에 어긋난다! 그들의 문화는 항상 노출증 환자를 찬양한다. 그들은 변태적인 사람들을 숭배한다.

어떤 사람들은 잠자리에 들기 전에 가시와 돌을 깐다. 이것이 잠을 자기 위한 준비 과정이다. 그대는 이런 사람을 성자로 숭배하며 꽃을 바치는가? 그에게 필요한 것은 꽃이 아니라 전기충격 치료이다. 그에게는 심리치료가 필요하다. 그는 변태이다. 그의 행동은 정상이 아니다! 어떤 동물도 그렇게 하지 않는다. 차라리 동물들이 더 정상이다. 동물들은 자기 전에 가시와 돌을 치우고 편안한 잠자리를 마련할 것이다. 소위 성자라고 불리는 사람들보다 차라리 동물들이 더 지성적이고 자연스러운 것 같다.

온몸에 재를 뒤집어쓰고 있는 사람은 어리석은 자이거나 지독한 에고이스트(egoist)이다. 그가 그렇게 행동하는 것은 그런 행위가 이 나라에서 숭배되기 때문이다. 바로 이런 사람들이 나에게 이의를 제기한다. 그들은 나에게 왜 성자들을 반대하느냐고 묻는다. 그러나 나는 붓다에 반대하지 않는다. 나는 까비르와 나나크에 반대하지 않는다. 하지만 나는 이 병든 사람들, 노출증 환자, 매저키스트, 정신병 환자들을 분명히 반대한다. 나는 그들을 성자로 부르지 않는다. 그들은 결코 성자가 아니다! 그러나 소위 성자라고 불리는 사람들의 99퍼센트가 이런 범주에 속한다.

그대가 수천 년 동안 이런 사람들을 숭배해 온 이유는 그대 자신이 무엇을 하고 있는지 스스로 의문을 제기한 적이 없기 때문이다. 그리고 그대가 나에게 화를 내는 이유는 내가 처음으로 의문을 제기했기 때문이다. 그 의문이 그대를 동요시키기 때문에 화를 내는 것이다.

붓다 역시 나와 똑같이 행동하고 있었다. 그리고 사람들은 그에 대해 분노했다.

붓다는 말한다.

헝클어진 머리에 진흙물을 뒤집어쓰고
벌거벗고 다니는 자,
단식하며 길바닥에 쓰러져 자는 자,
잿더미로 온몸에 분칠을 하고
명상하며 한없이 앉아 있는 자,
아무리 그래도 의심에서 벗어나지 못하면
자유를 얻지 못하리라.

그대는 평생 동안 이런 짓을 계속할 수도 있다. 하지만 아무것도 얻지 못할 것이다. 이런 짓들은 공허한 형식에 불과하다. 그대가 이런 형식을 따르는 이유는 이런 행위가 신성하다는 말을 들어왔기 때문이다. 그대는 어찌나 비지성적인지 "무슨 신성함이 이 따위인가? 어떻게 이런 행위가 신성할 수 있단 말인가?" 하고 의문을 떠올리지도 않는다.

온몸에 재를 뒤집어쓰고 있는 사람이 왜 신성하단 말인가? 그것은 고문에 지나지 않는다. 육체는 호흡을 필요로 한다. 그대는 코로만 숨쉬는 게 아니라는 것을 아는가? 인간의 몸에는 작은 숨구멍이 수없이 많다. 코만 남겨두고 온몸에 페인트 칠을 해서 모든 숨구멍을 완전히 막아버리면 세 시간을 넘길 수 없을 것이다. 물론 그는 코로 숨쉰다. 그러나 그는 세 시간 이상 살 수 없다.

온몸에 재를 뒤집어쓰면 숨구멍이 막힌다. 이것은 육체에 산소의 공급을 차단하는 것이다. 흡입하는 산소의 양이 적어질수록 그대는 더 어리석어진다. 산소는 진성을 위한 가장 중요한 요소 중의 하나이다.

산소가 없으면 마음은 무디어지기 시작한다. 그것이 낮보다 밤에 더 쉽게 잠을 잘 수 있는 이유이다. 낮에는 공기 중에 산소가 더 많기 때문에 더 많은 산소를 흡입한다. 그 산소는 그대를 깨어 있게 만든다. 그런데 밤이 되면 공기 중에 있는 산소의 양이 떨어지고 이산화탄소가 늘어난다. 그것이 그대를 졸리게 만든다.

온몸에 재를 뒤집어씀에 의해 그대는 뇌세포에 도달하는 산소의 양을 감소시킨다. 그대는 뇌를 굶긴다. 따라서 그대는 무디어지고 어리석어질 것이다. 그것이 소위 성직자라고 불리는 사람들 중에서 지성적인 사람을 찾아보기 힘든 이유이다. 그대는 성자들에게서 지성적인 날카로움이나 예민함을 찾아보기 힘들 것이다. 그들은 로보트와 같다.

그들은 경전에 쓰여진 특정한 법칙을 따른다. 그러나 그 법칙은 똑같이 어리석은 사람들에 의해 쓰여진 것이다. 그들은 왜 그것을 해야 하는지에 대해 아무런 이해도 없이 무작정 법칙을 따른다. 나는 몸에 재를 뒤집어쓰고 있는 많은 사람들에게 "그렇게 하는 이유가 무엇인가?" 하고 물은 적이 있다. 그러면 그들은 "옛날부터 그래왔으니까요. 성자들은 항상 이렇게 했습니다." 하고 말한다.

내가 그들에게 물었다.

"그렇다면 거기에 무슨 과학적인 근거라도 있는가?"

그들은 당황해서 말했다.

"과학이라고요? 그게 무슨······."

그들은 자신이 무엇을 하고 있는지도 모른다! 그들은 자신의 뇌세포에 산소를 공급하지 않고 굶기고 있다는 사실을 알지 못한다.

그들에게는 그와 같은 방법이 많다. 예를 들어, 그들은 몇 시간 동안 물구나무를 서 있다. 그러면 너무 많은 피가 뇌로 흘러 들어 미세한 신경망을 파괴한다. 그런데 그대의 모든 지성은 그 신경망에 의존한다.

또는 육체를 굶기면 — 그것을 '금식'이라고 부르면 종교적인 행위가 된다 — 그대의 뇌 또한 굶는다. 뇌는 육체의 가장 미세한 부분이기 때문이다.

이제, 육체에 몇 가지의 비타민이 없으면 그대의 지성이 사라지리라는 것은 과학적으로 잘 알려진 사실이다. 멀지 않은 장래에 모든 어린이들에게 특정한 비타민과 화학 성분을 공급해야 한다. 그러면 아이들의 지성이 매우 높아질 수 있다. 러시아에서는 이미 실행단계에 있다.

육체를 굶기면 당연히 뇌도 굶는다. 단식을 함으로써 그대는 뇌에 적당한 영양분과 적당량의 피, 적당량의 산소가 공급되는 것을 막는다. 그러면서 그대는 위대한 명상가나 붓다가 될 수 있다고 생각하는가? 그대는 누구를 기만하고 있는가?

그대는 아무런 이해도 없이 무작정 특정한 형식을 따른다.

어떤 영국인이 호주를 여행하다가 타조를 괴롭힌 죄로 법정에 섰다. 판사가 말했다.

"선고를 하기 전에 마지막으로 할 말이 있습니까?"

영국인이 말했다.

"제기랄, 이런 소동이 일어날 줄 알았으면 그 재수없는 새와 결혼하는 것인데!"

이것이 법률적인 마음이다! 법에 관계하는 마음은 이런 식으로 작용한다.

"차라리 그 재수없는 새와 결혼하는 것인데!"

이것은 하나의 어리석음에서 다른 어리석음으로 옮겨가는 것이다.

육체에 적당한 음식과 산소를 공급하지 않으면 문제가 생길 것이다. 그리고 그대는 그대로 하여금 그런 문제에 빠지게 만든 사람들을 찾아가야 할 것이다. 그들은 이미 처방전을 갖고 있다.

어떤 청년이 나를 찾아왔다. 그는 리쉬케쉬(Rishikesh)의 스와미 시바난다(Swami Sivananda)에 홀려 있었다. 시바난다는 그에게 이렇게 말했다.

"우유만 먹고 살아라. 우유는 가장 순수한 음식이다."

그런데 시바난다의 사진을 보면 그가 우유만 먹고 살지 않았다는 것을 알 수 있다. 시바난다는 매우 뚱뚱했다. 자신의 팔을 들어올리기도 힘들 정도였다. 그래서 그는 양 옆에 두 사람을 세우고 그들의 어깨 위에 팔을 걸치고 다녀야 했다. 이 사람은 음식에 집착하여 너무 많이 먹었음에 틀림없다. 그는 인도에서 가장 뚱뚱한 사람 중의 하나였다. 그런데 그는 이 청년에게 "우유만 먹고 살아라."하고 제안했다.

그런데 무엇이 문제였을까? 이 청년은 왜 시바난다를 찾아갔을까? 청년은 브라흐마차리야(brahmacharya)[1]의 경지를 얻고 싶었다. 그는 경전에서 절대적으로 금욕하지 않는 한 신에 도달할 수 없다는 말을 읽었다. 그래서 그는 시바난다에게 어떻게 하면 금욕을 지킬 수

---

1) 브라흐마차리야 : 성을 초월하여 더 이상 욕정에 흔들리지 않는 상태.

있을까 하고 물었다. 그랬더니 시바난다는 "우유만 먹고 살아라." 하고 제안했다.

이것은 완전히 난센스이다! 우유만 먹고 산다면 그대는 전보다 더 성적으로 될 것이다. 우유는 소에게서 나온다. 소는 소를 위해 우유를 만든다. 그런데 황소는 세상에서 가장 성적인 동물이다. 우유에는 그대를 성적으로 만드는 화학 성분이 다른 어느 것보다도 더 많이 들어 있다. 우유는 가장 신성하지 못한 음식이다. 그런데 사람들은 그런 점에 대해 생각이나 하는가? 그저 경전에 쓰여진 대로 따를 뿐이다.

어린 시절이 지난 후에도 우유를 먹는 동물은 인간뿐이다. 다른 동물은 유년기가 지나면 젖을 먹지 않는다. 거기엔 뭔가 이유가 있음에 틀림없다. 다른 동물들은 몇 달 동안만 젖을 먹고 고체 음식을 소화할 수 있는 시기가 되면 더 이상 젖를 먹지 않는다. 젖은 어린아이를 위한 음식이다.

어린아이 안에서 성장하는 가장 중요한 요소 중의 하나는 성욕이다. 그는 점점 더 성적이 된다. 왜냐하면 모든 생물학적인 조건이 섹스에 의존하기 때문이다. 그후 삼사 년이 지나면 아이는 고체 음식으로 옮겨가야 한다. 성인이 되어서도 계속 우유를 마시는 동물은 인간뿐이다. 커피나 홍차는 괜찮다. 하지만 우유를 먹고 사는 것은 위험한 일이다.

그 청년은 점점 더 성적으로 되었다. 몸이 점점 더 허약해졌으며 마음은 더욱더 섹스에 사로잡혔다. 그는 다시 시바난다를 찾아갔다.

시바난다가 말했다.

"네가 고통받는 것은 타마스(tamas)[2] 때문이다. 너는 타마스라고 불리는 가장 낮은 에너지, 아래로 끌어내리는 에너지에 의해 고통받고 있는 것이다."

청년이 물었다.

"그러면 어떻게 해야 합니까?"

시바난다라는 성자, 소위 성자라고 불리는 자가 말했다.

"너는 지금처럼 잠을 많이 잘 필요가 없다. 잠은 타마스를 창조한다. 그러니 하루에 다섯 시간만 자도록 해라."

처음엔 음식이 금지되었다. 청년은 굶주림에 허덕이고 있었다. 그는 성인이었으므로 우유만으론 충분치 않았다. 그에겐 고체 음식이 필요했다. 그는 어린아이가 아니다. 게다가 우유는 인간이 아니라 소가 먹도록 만들어진 것이다. 그래서 그는 점점 더 성적으로 되어갔다. 그런데 이번엔 잠이 줄었다. 젊은 사람에게 다섯 시간의 잠은 충분하지 않다. 물론 노인이라면 아무 문제도 없다. 나이를 먹을수록 잠이 덜 필요해진다. 왜냐하면 육체가 죽어가고 있기 때문에 더 이상의 회복이 필요없기 때문이다. 그러나 젊은 사람의 육체는 날마다 재생이 필요하다.

잃어버린 힘을 다시 회복하기 위해, 어제 죽은 세포를 다시 만들어내기 위해서는 일곱여덟 시간의 긴 잠이 필요하다. 다섯 시간으로 충분치 않다. 이제 그는 모자란 잠 때문에 시달려야 했다. 그는 하루 종일 하품을 하며 졸음을 참느라 애썼다.

그의 아버지가 그를 내게 데려왔다. 그의 아버지가 내게 말했다.

---

2) 타마스 : 물질계, 또는 마음을 이루는 세 가지 구나(guna) 중 하나이다. 사트바(sattva)는 순수한 광휘, 라자스(rajas)는 활동성, 그리고 타마스(tamas)는 정지와 어둠을 의미한다.

"도대체 어찌 된 일인지 모르겠습니다. 이제 그는 다시 리쉬케쉬로 가려고 합니다. 그리고 갈 때마다 한 가지 문제를 갖고 옵니다. 예전에 그는 아무 문제도 없었습니다. 그런데 그 엉텅리 같은 책을 읽고 브라흐마차리아에 관심을 가지면서부터 문제가 발생하기 시작했습니다. 이제 그는 책을 읽을 수도 없으며 모든 것에 흥미를 잃었습니다. 오직 섹스와 음식과 잠에 집착할 뿐입니다. 그는 자신을 미치광이 상태로 몰아가고 있습니다. 그리고 가족들까지도!"

그 청년을 관찰해 보니 그는 큰 혼란에 빠져 있었다.

그가 말했다.

"나는 위대한 성자의 말씀을 따르고 있습니다."

내가 말했다.

"그가 위대한 성자인지 어떻게 아는가? 그대의 기준은 무엇인가? 그가 경전대로 말하기 때문에? 그렇다면 그대는 그 경전이 진리를 아는 사람들에 의해 쓰여졌다는 것을 어떻게 아는가?"

그가 말했다.

"제발 나를 혼란시키지 마십시오. 나는 성실한 신자로 남고 싶습니다. 신앙이 없으면 구원도 없습니다."

내가 말했다.

"그대는 구원이 필요없다. 그대는 이미 구원받았다! 그대는 이미 신 안에 있다! 신을 찾아 헤맬 필요가 없다. 그대는 진리의 한 부분이다. 다만 자연스럽게 정상적으로 살면 된다. 그러면 저절로 삶의 신비를 이해하게 될 것이다. 이런 방법들은 그대를 미치광이 상태로 몰아갈 뿐이다."

자연적인 욕구를 억누르면 그대는 그 욕구를 만족시킬 다른 방법을 찾기 시작한다. 그래서 그대는 위선자가 된다. 모든 종교적 훈련은 그대를 위선자로 만든다. 그것은 그대를 신성하게 만들지 못한다. 다만 그대를 사이비 가짜 인간으로 만들뿐이다.

그대가 어떤 것을 억압하면 그것은 엉뚱한 쪽에서 튀어나온다.

포가티가 바니의 선술집에 정기적으로 들리기 시작했다. 그는 항상 마티니 두 잔을 주문했다. 몇 주일 후 바니가 물었다.

"손님, 왜 날마다 마티니 두 잔을 시킵니까? 더블로 한잔 시키면 될 텐데요."

포가티가 말했다.

"몇 주일 전에 나와 가장 친한 친구가 죽었소. 그 친구는 죽기 전에 내게 부탁했소. 술을 마실 때마다 자기 대신 한잔 마셔 달라고."

그로부터 일주일 후, 포가티가 바니의 술집에 와서 마티니 한잔을 주문했다.

바니가 물었다.

"당신의 죽은 친구는요? 오늘은 왜 한잔입니까?"

포가티가 말했다.

"이 술은 내 친구가 마시는 것이오. 오늘은 차를 몰고 왔기 때문에 음주 운전을 하면 안 되거든!"

그대는 항상 방법을 찾을 수 있다. 마음은 매우 교활하다. 소위 성자라고 불리는 사람들처럼 어리석은 짓을 되풀이하는 것으로는 마음의 교활함을 제거할 수 없다. 그때엔 오랜 시간 앉아 명상해도 아무 일도 일어나지 않을 것이다. 명상을 위해서는 제일 먼저 지성이 필요하기 때문이다. 맹목적으로 경전과 성자들을 추종하는 것이 아니라 지금 자신이 무엇을 하고 있는지, 왜 하고 있는지 아는 것이 필요하다.

    의심에서 벗어나지 못하면
    자유를 얻지 못하리라.

붓다가 의미하는 바는 무엇인가?

    의심에서 벗어나지 못하면……

  어떻게 의심에서 벗어나는가? 그 방법을 안다면 그대는 놀랄 것이다. 믿음에서 벗어나지 못하는 한 그대는 의심을 버릴 수 없다. 믿음이 의심을 낳는다. 예를 들어, 만일 신을 믿으면 그때엔 신이 존재하는지 안하는지 의심이 떠오른다. 의심이 먼저 오지 않는다. 항상 믿음이 먼저 온다.
  그대는 부모와 사회로부터 신이 존재한다는 말을 들었다. 그래서 어느 날엔가 그대의 지성이 묻기 시작한다.
  "신이 존재한다는 증거가 무엇인가? 어떻게 확신할 수 있지?"
  이제 의심이 떠오른다…….
  러시아에서는 아이들에게 신이 존재한다고 가르치지 않는다. 그래서 아무도 신의 존재에 대해 의심을 품지 않는다. 무엇보다도 그들은 신을 믿지 않는다. 그러니 그들이 왜 의심한단 말인가? 만일 그대가 인도의 자이나교 가정에 태어난다면 결코 신의 존재에 대해 의심을 품지 않을 것이다. 왜? 자이나교의 전통에는 신이 없기 때문이다. 그러나 자이나교인은 영혼의 존재에 대해 의심한다. 그는 눈에 보이지 않는 영혼이 존재하며 육체가 죽어도 영혼은 계속 살아 남을 것이라는 말을 들었다.

이제 의심이 떠오른다.

"그 영혼이 어디에 있는가? 도대체 영혼이란 게 무엇인가? 누가 그것을 본 적이 있는가? 누군가 죽은 후에 다시 돌아와서 '너는 나를 볼 수 없지만 나는 여전히 살아 있다'고 말하기라도 했단 말인가?"

자이나교인은 신이 아니라 영혼에 대해 의심한다.

힌두교인, 모하메드교인, 기독교인, 유태교인은 모두 신에 대해 의심한다. 신이 그들의 신앙이기 때문이다. 그러나 자이나교인과 불교인은 결코 신에 대해 의심하지 않는다. 신은 그들의 신앙이 아니기 때문이다. 불교인은 영혼에 대해서도 의심하지 않는다. 영혼은 불교인의 신앙이 아니다.

붓다는 모든 믿음을 제거했다. 그것은 그대에게 아무 의심도 필요 없게 만들려는 것이었다. 신, 영혼, 천국, 지옥, 모크샤(moksha)……. 붓다는 모든 믿음을 제거했다! 의심을 파괴하는 그의 방법이 얼마나 과학적인지 보라! 그의 방법은 매우 역설적이다.

다른 사람들에 의해서는 정반대의 일이 행해졌다. 다른 사람들 또한 그대의 의심을 없애려 했다. 그러나 그들의 방법은 믿음을 강요하는 것이었다. 그래서 그대의 의심은 억눌린 채 무의식 속에 깊이 숨어 버렸다. 그것은 더 이상 보이지 않는다. 믿음이 의심을 덮어버렸다. 그러나 의심은 결코 죽지 않는다. 오히려 그대 안에 더 깊이 파고들어가 더 많은 부분을 차지하게 된다. 모든 신봉자들은 그들의 가슴에 의심이 숨어 있다는 것을 잘 안다. 믿음은 표면에 있을 뿐이다. 그 중심에는 의심이 있다.

붓다는 진정으로 의심을 파괴하기 위해 노력한 최초의 인물이다. 그런데 그의 방법은 매우 이상하다. 모든 믿음을 제거하는 것이 그의 방법이다. 그것은 의심이 싹틀 기반 자체를 제거하는 것이다. 믿음을 버려라, 그러면 의심도 없을 것이다! 믿음도 없고 의심도 없으면 마음이 어디에 남을 수 있겠는가? 마음이 존재하기 위해서는 의심과 믿음이라는 두 기둥이 필요하다. 의심과 믿음이 마음의 두 날개이다. 이것이 마음을 먹여 살리는 이중성(duality)이다. 일단 믿음과 의심이 둘 다 사라지면 그대는 마음의 기반 자체를 파괴한 것이다.

무심의 상태로 존재하는 것이 명상이다. 가시 침대 위에서 잠자고, 벌거벗은 채 다니고, 단식하고, 자기 자신을 고문함에 의해서가 아니라 명확한 이해에 의해…….

의심은 어디에서 오는가? 깊이 들어가 살펴보라. 그러면 의심이 항상 어떤 믿음으로부터 나오는 것을 발견할 것이다.

이제 현대인의 마음은 단 하나의 이유로 인해 예전보다 더 쉽게 명상에 들 수 있다. 현대인의 마음은 이제 믿음이라는 무거운 짐을 지고 있지 않다는 것이 그 이유이다. 믿음이 없으므로 의심 또한 없다. 현대에는 회의적이고 의심 많으며 무신론자임을 주장하는 사람을 보기 드물다. 그 이유는 간단하다. 이젠 아무도 믿지 않기 때문이다! 만일 어떤 사람이 "나는 신을 믿지 않는다."고 말하면 그대는 이렇게 말할 것이다.

"그래서 그게 어떻다는 거야? 누구는 믿나? 아무것도 아닌 일로 떠들지 말고 조용히 하라구!"

이젠 아무도 신에 반대하는 주장을 펼치지 않는다. 신에 대해 찬성하는 주장을 펼치는 사람이 없기 때문이다.

이것은 매우 새로운 상황이다. 그런데 낡은 전통은 이 새로운 상황의 도전을 받아들이지 못한다. 만일 그대가 "나는 무신론자이다!" 하고 선언한다면 사람들은 이렇게 말할 것이다.

"그래서? 그게 무슨 자랑이야? 왜 아무것도 아닌 일로 소란을 피우지?"

누가 교회와 사원에 대해 신경 쓰는가? 교회에 나가는 사람들조차 사회적인 교제의 형식으로 나간다. 그들조차 믿지 않는다!

이것은 진리를 탐구할 수 있는 드문 기회이다. 현대만큼 소중한 시기는 없었다. 물론 전통적인 사람들은 매우 염려하고 있다. 그들은 이 시대의 상황이 최악이라고 생각한다. 그러나 이 시대는 최악이 아니다. 이 시대는 가장 무르익은 최고의 시기이다! 믿음이라는 장애물이 없으므로 우리는 가슴을 활짝 열고 진리를 탐구할 수 있다. 그리고 믿음이 없는 곳에는 의심도 없다.

이것이 자유이다. 붓다는 이것을 자유라고 부른다.

　　의심에서 벗어나지 못하면
　　자유를 얻지 못하리라.

붓다가 말하는 '자유'는 마음으로부터의 자유를 의미한다. 그때, 그대는 깊은 침묵에 잠긴다. 그 침묵 속에서 그대는 우주 전체와 만나 용해된다. 그것이 신성해지는 길이다. 인간은 단식과 고행에 의해서

가 아니라 우주 전체와 하나가 됨에 의해 신성해진다.

> 그러나 순수하게 살고 자신을 믿는 이.
> 고요함과 덕을 지니고
> 아무도 해치거나 비난하지 않는 이.
> 설령 좋은 옷을 입었더라도
> 신앙이 있는 이.
> 그런 이가 진정한 구도자이다.

> 그러나 순수하게 살고……

 붓다가 말하는 '순수하게 살고……'는 무슨 뜻인가? 그것은 믿음도 의심도 없이 순진무구하게 사는 삶, 마음이 아니라 명상을 통해 사는 삶을 의미한다. 붓다는 '순수'라는 말에 독창적인 의미를 부여한다. 그가 말하는 '순수한 삶'은 낡은 개념을 지니지 않는다. 붓다가 말하는 '순수한 삶'은 오직 사제들에 의해 준비된 음식만 먹고, 태양이 있을 때에만 음식을 먹어야 하며, 이런 옷은 입고 저런 옷은 입지 말아야 한다는 의미가 아니다.
 순수한 삶은 무심으로 사는 것을 의미한다. 어린아이처럼 즉흥적으로 순간 순간을 사는 것, 아무것도 모르는 상태에서 천진난만하게 사는 것, 이것이 순수한 삶이다.
 소크라테스는 이렇게 말했다.
 "내가 단 하나 아는 것은, 내가 아무것도 모른다는 것이다."
 이것이 순수함이다. 붓다는 제자들에게 이렇게 말하곤 했다.
 "형이상학적인 질문을 하지 마라. 신, 영혼, 천국, 지옥 등에 대해 묻지 마라. 나는 그런 것에 대해 아무것도 모른다."

그는 묻지 말아야 할 열한 개의 질문을 목록으로 작성했다. 그 열한 개의 질문은 모두 난센스이다. ㅡ그런데 철학은 그런 질문으로 가득 찼다.

붓다가 새로운 마을에 들어갈 때마다 제자들은 마을을 돌아다니며 사람들에게 이렇게 말했다.

"제발 이 열한 개의 질문에 대해서는 묻지 마십시오. 스승님은 이 질문들에 대해 대답하지 않을 것입니다. 스승님은 오직 실제적인 문제에 관심이 있습니다. 탐욕과 분노, 소유욕에 대해 물으십시오. 그것을 극복하는 법에 대해 물으십시오. 어떻게 하면 마음을 버리고 상을 얻을 수 있는지 질문하십시오. 하지만 형이상적인 질문은 하지 마십시오. 그런 질문은 결코 도움이 되지 않을 것입니다. 그런 질문은 믿음을 낳고 믿음은 의심을 낳습니다."

믿음과 의심으로 나누어질 때 그대는 정신분열증 상태에 빠진다. 그대는 전체적인 통합성을 잃고 둘로 나누어진다.

그러나 순수하게 살고 자신을 믿는(self-assured) 이,

이 'self-assured'라는 말 또한 옳은 번역이 아니다. 붓다가 자신의 존재를 신뢰하는 자를 의미한다. 그것은 'self-assured'가 아니다. 'self-assured'라는 말은 에고를 연상케 한다. 그러나 붓다는 에고없는 신뢰를 의미한다. 존재계를 신뢰하는 사람은 자기 자신 또한 신뢰한다. 그는 존재계의 일부이기 때문이다. 그는 자신의 가슴에서 울려 나오는 목소리를 듣고 그 소리를 따른다. 그는 가슴을 열고

두려움없이 길을 간다. 그는 자신의 직관을 믿는다. 직관의 소리를 듣는 법을 알게 되면 그대는 깜짝 놀랄 것이다. 직관은 결코 실수를 모른다. 직관은 항상 그대를 옳은 길로 인도한다.

고요함과 덕을 지니고……

'고요함(Quietness)'은 명상을 의미한다. 무념무상, 잔물결 하나 일지 않는 의식의 호수가 '고요함'의 의미이다. 그런 침묵의 결과로 나오는 것이 덕이다. 덕은 훈련에 의해 얻어지는 것이 아니다. 훈련을 통해 덕을 연마하는 것은 불가능하다. 만일 덕을 연마한다면 그대는 가면을 쓰게 될 것이다. 그 가면의 밑에는 기존의 악이 계속 살아 있을 것이다. 물론 그대는 타인을 속일 수 있다. 하지만 어떻게 그대 자신을 피해 숨을 수 있겠는가?

그것이 세상의 성직자들, 소위 성자라고 불리는 자들에게 일어난 일이다. 그들의 삶은 매우 교활하다. 그들은 입으로 말하는 것과 전혀 다른 삶을 산다. 그것은 당연한 일이다. 그들의 덕은 훈련에 의해 연마된 것이기 때문이다.

어떤 사회학자가 여러 국가의 성적인 기질을 조사하고 있었다. 그는 아래위로 까만 옷을 쫙 빼입은 이태리 신사에게 접근하여 몇 가지 예비적인 질문을 던진 후에 섹스 회수가 어떻게 되느냐고 넌지시 물었다.

이태리 신사가 대답했다.

"글쎄요……아마 일 년에 열 번에서 열두 번쯤 될거요."

"하지만 이태리인들은 매우 성적이라고 하던데……."
"여보시오. 자가용(?)도 없는 늙은 신부가 그 정도면 괜찮은 성적 아니오?"

성직자, 성자, 소위 덕망 높다고 알려진 사람들, 존경받는 사람들, 그들은 이중적인 삶을 산다. 그들은 겉모습과 속 내용이 전혀 다르다.

세몰리나 수녀가 선교활동을 위해 수도원에 막 도착했다. 오후 늦게 원장 수녀가 세몰리나를 불러 말했다.
"나는 본부에 가서 밤을 지내고 올 거예요. 떠나기 전에 자매님에게 한 가지 충고를 하고 싶군요. 만일 오늘 밤 도미니크 신부가 자매님 방을 찾아온다면 그가 뭐라고 말하든지 그를 들여보내지 마세요."
다음날, 원장 수녀가 돌아와보니 세몰리나 수녀가 사무실에서 기다리고 있었다.
세몰리나 수녀가 말했다.
"제가 여기에 온 것은 고백하기 위해서입니다. 저는 원장 수녀님의 명령을 어겼어요. 어젯밤, 도미니크 신부님이 저를 찾아와서 이렇게 말했어요.
'하늘 나라에서 당신은 천국의 대문이었고 나는 그 문을 열 수 있는 열쇠를 갖고 있었소. 그러니 당신이 나의 열쇠를 당신의 자물쇠 구멍에 꽂도록 허락한다면 우리는 함께 천국으로 돌아갈 수 있을 것이오.'
그래서 저는 도미니크 신부님의 말을 거절할 수 없었어요."
이 말을 듣고 원장 수녀가 소리 질렀다.

"나쁜 놈! 그는 내게 그 물건이 가브리엘의 피리였다고 말했어요. 그래서 나는 15년 동안 열심히 그 피리를 불어왔는데!"

이런 일이 일어나는 것은 당연한 일이다. 이 이야기는 단순한 농담이 아니라 진실이 담겨 있다. 그대의 모든 도덕 개념은 수천 년 동안 강요되어온 것이다. 그러나 무엇인가 그대 자신에게 강요한다면 그대의 본성은 어찌할 것인가? 그대는 두 사람으로 나뉠 것이다. 그리고 그대의 본성은 억지로 강요된 것보다 훨씬 더 강하다.

본성이 변형되어야 한다. 인격이 연마되지 않는다. 그것은 의식의 부산물로 따라오는 것이다. 이것이 붓다의 위대한 공헌이다.

고요함과 덕을 지니고……

덕은 이차적으로 온다. 고요함, 명상, 순수, 신뢰가 먼저 온다.

아무도 해치거나 비난하지 않는 이,
설령 좋은 옷을 입었더라도
신앙이 있는 이,
그런 이가 진정한 구도자이다.

'신앙(faith)'이라는 말을 '신뢰(trust)'로 고쳐 읽어라. 신뢰를 가진 자, 그가 진정한 구도자이다. 신봉자(believer)는 진정한 구도자가 아니다. 그는 이미 믿고 있다! 그는 출발부터 결론을 갖고 있다. 이미 신을 믿고 있다면 어떻게 탐구할 수 있겠는가? 그대는 출발부터 질문을 죽여버렸다.

　아무런 믿음이나 의심도 없어야만 탐구할 수 있다. 진리와 만나려면 편견과 선입관이 없어야 한다. 이미 다른 사람에 의해 주어진 대답이나 결론이 없어야 한다. 거울처럼 깨끗한 상태로 모든 가능성에 대해 활짝 열려 있어야 한다. 그래야 진리와 만날 수 있다.

　거울처럼 맑은 마음만이 진리를 안다. 거울 같은 마음은 곧 무심이다. 그러나 그대가 이미 신봉자라면 결코 진리를 알지 못할 것이다. 기독교인, 모하메드교인, 힌두교인, 불교인은 진리를 알 수 없다. 이런 관념들을 떨쳐버리지 않는 한, 마음속 어딘가에 조그만 편견도 감춰두지 않고 철저하게 열려 있지 않는 한······.

　한 번은 아주 유명한 교수인 배너지(Bannerji) 박사가 나를 찾아왔다. 그는 윤회와 환생의 이론을 과학적으로 증명하고 싶다고 말했다. 그는 기독교, 모하메드교, 유태교가 틀렸다는 것을 증명하기 원했다. 그래서 그는 나의 지지를 구하러 온 것이다.

　내가 말했다.

　"당신의 말로 보건대, 당신의 연구는 출발부터 비과학적이다!"

　그가 말했다.

　"무슨 근거로 그렇게 말씀하시오?"

　내가 말했다.

　"당신은 이미 기독교, 유태교, 모하메드교가 틀렸다고 결론지었다. 당신은 아직 연구에 착수하지도 않았다. 그런데 힌두교, 자이나교, 불교가 옳다는 결론을 내렸다. 그런데 과학적으로 증명하고 싶다고? 어떻게 그것이 과학적일 수 있겠는가? 과학적인 마음에 제일 먼저 필요한 것은 결론을 갖고 시작하는 것이 아니다. 당신의 결론을 버려라.

당신은 먼저 자신이 아무것도 모른다는 사실을 완벽하게 인식해야 할 것이다. 그 다음에 연구를 시작하라. 그 연구가 당신의 이론에 어긋나는 방향으로 진행된다 해도 그대로 밀고 나가라. 참된 연구의 목적은 진리를 밝히는 것이지 힌두교를 증명하려는 것이 아니다. 당신은 지나치게 힌두교도의 입장에 서 있다. 당신은 과학자가 될 수 없다!"

 원래 그는 두 시간 동안 나와 이야기할 예정이었다. 그런데 그는 이십 분도 못 되어 자리에서 일어났다.

 그가 말했다.

 "바쁜 일이 있어서 이만 가야겠소. 다른 곳에 들려야 하오."

 내가 말했다.

 "당신은 바쁘지도 않고 다른 데 들를 곳도 없다. 당신은 내게 두 시간을 할애해 달라고 부탁했고 나는 그 요구를 들어주었다. 그러니 두 시간이 지나기 전에는 이곳을 떠날 수 없다! 먼저 내 질문에 대답하라. 무슨 과학적인 접근 방식이 이런가?"

 물론 그는 대답할 수 없었다……. 과학에 있어서 결론을 갖고 출발하지 않는다는 것은 너무나 분명한 사실이다. 다만 가설을 갖고 시작할 수 있을 뿐이다. 그대는 가정(假定)을 갖고 시작한다. 그 가정이 그대를 모든 가능성에 대해 열려 있게 한다.

 붓다가 의미하는 것은 신앙과 믿음이 아니다. 그는 신뢰를 의미한다. 아무 결론없이 계속 나아가면 진리를 발견할 것이라는 신뢰, 이것이 붓다가 의미하는 바이다. 그대는 틀림없이 진리를 발견할 것이다. 진리가 거기에 있기 때문이다! 진리는 창조되어야 하는 것이 아니다. 진리는 이미 존재한다! 진리는 천국에 있는 어떤 것이 아니다. 진리는 지금 여기에 있는 실체를 의미한다. 그 궁극적 진리가 무엇이든간에 '가정(假定)'으로 출발하라. 탐구자가 되라.

설령 좋은 옷을 입었더라도……

벌거벗고 다닐 필요가 없다. 세상을 포기할 필요도 단식할 필요도 없다. 진짜로 포기해야 할 것은 그대의 결론, 그대의 믿음, 그대의 편견이다.

훌륭한 말은 채찍의
촉감을 느낄 일이 드물다.
이 세상에 그처럼 훌륭한 사람이 누구일까?

깨달음을 얻기 전 붓다는 왕자였다. 왕자였을 당시 그는 말을 매우 사랑했다. 그 당시 말은 전쟁에서 꼭 필요한 동물이었다. 그리고 말을 사랑하는 사람들이 있었다. 영어로 '필립(Philip)'이라는 이름은 말을 사랑하는 사람을 의미한다. 붓다는 필립이었다.

그는 깨달음을 얻은 후에도 여러 가지 방식으로 말에 대해 말했다. 그는 네 종류의 말이 있다고 말한다. 첫 번째 말은 가장 나쁜 말이다. 그 말은 때리면 때릴수록 더 고집을 피운다. 그는 우아함도 품위도 없다. 아무리 모욕을 주고 채찍질해도 그는 꿈쩍도 않는다. 그는 아주 두꺼운 가죽을 지녔다. 가고 싶지 않으면 절대로 가지 않는다.

두 번째 말은 좀 낫다. 그는 채찍을 맞으면 움직일 것이다. 그는 약간의 품위가 있다. 그 다음에 세 번째 종류의 말은 좀더 낫다. 그는 채찍으로 때릴 필요도 없다. 채찍 소리를 들려주는 것으로도 충분하다. 그 다음에는 가장 우수한 네 번째 말이 있다. 그에게는 채찍 소리조차 필요없다. 채찍의 그림자만으로 충분하다.

붓다는 사람들 또한 네 종류가 있다고 말한다. 가장 훌륭하고 지성적인 구도자는 채찍의 그림자가 필요할 뿐이다. 스승이 주는 약간의 암시만으로도 충분하다. 그는 맞을 필요도 강요받을 필요도 없다.

훌륭한 말은 채찍의
촉감을 느낄 일이 드물다.

훌륭한 말은 채찍의 촉감을 느낄 필요가 없다. 다만 채찍의 그림자만 있으면 된다. 제자들 또한 그렇게 네 종류가 있다. 가장 훌륭한 제자는 스승에게서 힌트를 얻는 것으로 충분하다. 때로는 말 한 마디 오고 가지 않는다. 다만 스승이 그대의 눈을 들여다보면……그것으로 충분하다. 며칠 전, 그런 일이 일어났다.

나오미(Naomi)라는 나이 많은 여성이 산야스를 받았다. 그녀는 미국에 잘 알려진 테라피스트(therapist)이다. 나는 그녀가 네 번째 범주에 속한다고 말한다. 단지 채찍 그림자, 내가 그녀의 눈을 들여다보는 것으로 충분했다. 그녀는 나의 소유가 되었으며 나는 그녀의 소유가 되었다. 즉각적으로 교류가 일어났다. 이제 그 교류는 깨어질 수 없다.

어제 그녀는 내게 편지를 보냈다. 그녀는 오늘 이곳을 떠나기 때문이다. 여기에 있는 며칠 동안 그녀는 존재의 새로운 깊이를 알았다. 그녀는 이곳에 오래 있지도 않았다. 단 며칠 있었을 뿐이다. 그리고 그녀는 나를 단 한 번 만났다. 그것도 2분이라는 짧은 시간이었다.

그런데 그녀는 깊고 미묘한 경험이 일어났다고 말한다. 그리고 그녀는 다소 두려워한다. 그녀는 내게 물었다.

"이렇게 빨리 서양의 거친 세상으로 돌아가서도 제가 계속 성장할 수 있겠습니까? 그 곳에 가서도 여기에 있는 것처럼 당신과 가까이 있을 수 있을까요? 비록 수만 리 먼 곳에 떨어져 있어도 당신의 공동체에 속할 수 있겠습니까?"

들어라, 나오미. 사랑은 거리를 모른다. 수만 리 이역에 떨어져 있어도 그대의 가슴이 사랑으로 가득 차 있다면, 그대의 가슴이 나를 기억한다면 그대는 나와 가까이 있다.

나의 공동체는 전세계로 확산될 것이다. 그대가 산야신을 볼 때마다 그 곳에는 나의 공동체가 있다. 나는 그 곳에 산야신과 함께 있다. 산야신이 나를 기억할 때마다 나는 그와 함께 현존한다. 물질적으로 존재할 수 있는 것보다 훨씬 더 깊이 현존한다. 나는 더 이상 육체 안에 있지 않다. 이제 나는 육체가 아니다. 만일 그대가 나를 사랑한다면 그대는 내가 육체와 전혀 다른 그 무엇이라는 것을 알게 될 것이다. 그것은 비물질적인 현상이다.

나오미, 그대는 어디에 있든 나와 교류할 수 있다. 눈을 감는 순간 그대는 자신 안에서 나를 발견할 것이다. 스승은 제자의 일부분이 된다. 서서히 스승은 더 이상 외부에 존재하지 않게 된다. 그는 점점 더 제자의 내면에 존재하게 된다. 이미 그런 일이 일어나기 시작했다. 일련의 과정이 촉발되었다. 그것은 멈춰질 수 없는 과정이다. 서양의 거친 물질 문명도 그것을 중단시킬 수 없다. 그리고 그대는 서양에 오래 있지 않을 것이다. 곧 그대는 보이지 않는 힘에 의해 이곳으로 끌려올 것이다. 이젠 이곳이 그대의 집이다. 이곳이 아닌 어디를 가도 그대는 자신을 아웃사이더(outsider)로 느낄 것이다.

    훌륭한 말은 채찍의
    촉감을 느낄 일이 드물다.
    이 세상에 그처럼 훌륭한 사람이 누구일까?

    붓다는 묻는다. ―이 세상에 그처럼 훌륭한 자 누구인가? 붓다가 될 수 있는 자, 먼저 제자가 되고 그 다음에 스승이 될 수 있는 자…….

    불사르라.
    그리고 민첩하라.

    그대가 깨어 있다면 그 각성은 곧 불이다. 그 불은 그대 안의 그릇된 모든 것을 태운다. 그 불길은 그대의 에고, 탐욕, 소유욕, 질투를 태운다. 그 불길은 그릇되고 부정적인 모든 것을 불사른다. 그리고 아름답고 우아하고 신성한 모든 것을 고양시킨다.
    거칠고 추악한 것이 불탈 때 그대의 존재가 예민해진다. 그대의 삶에 민첩하고 강렬한 열정, 전체적인 열정이 다가온다.

    믿고, 명상하고, 보아라.

    다시 한 번 상기시켜야겠다. ―'믿고'로 읽지 말고 '신뢰하고'로 읽어라.

신뢰하고, 명상하고, 보아라.

이것이 세 단계이다. 매우 분명한 단계이다. 첫 번째는 신뢰이다. 존재하는 모든 것을 사랑으로 신뢰하라. 그러면 명상이 수월해진다. 신뢰하는 사람은 존재계 안에서 느긋하게 휴식할 수 있기 때문이다. 신뢰하지 않는 사람은 긴장을 풀지 못한다. 그는 불안과 두려움을 떨쳐버리지 못한다. 신뢰하는 사람은 우주와 용해되어 증발된다.

"나는 하나의 이슬 방울이다. 바다에 떨어지면 이슬 방울은 사라지겠지만 나는 바다로 존재할 것이다. 나는 아무것도 잃지 않을 것이다. 오히려 모든 것을 얻을 것이다."

명상은 바다로 사라지는 이슬 방울이다. 신뢰하는 자는 이것을 안다.

그 다음에는 '봄(seeing)'이 있다. 그것이 내가 붓다에게는 'philosophy(철학)'가 아니라 'philosia'가 있다고 말하는 이유이다. 그에게는 사상 체계가 없다. 그러나 그에게는 보는 길, 보는 방법이 있다.

순수하고 결백해져라.
법을 깨달아라.

존재계의 법칙과 조화를 이루어라. 강물과 함께 흘러라. 흐름을 거스르지 마라. 그러면 순수하고 결백해지리라.

법을 깨달아라.

아이스 담모 사난따노……영원한 진리를 깨달아라.

그리고 모든 슬픔에서 벗어나라.

존재계의 법을 거스를 때 슬픔이 생긴다. 그리고 존재계와 조화를 이룰 때, 손을 맞잡고 춤출 때 지복이 솟는다.

농부는 땅에 물을 대고
활 만드는 사람은 활을 깎고
목수는 나무를 다듬는다.
그리고 지혜로운 자는 자신을 다스린다.

이것이 지혜로워지는 길이며 자신의 주인이 되는 길이다. 자신의 주인이 되지 못하면 그대의 삶은 공허하고 무의미하다. 그때 그대의 삶은 시와 즐거움, 환희를 가질 수 없다. 즐거움과 환희는 그대의 타고난 권리이다. 그러나 자신의 주인이 되어야만 그 권리를 행사할 수 있다.

깨어 있으라. 존재계를 신뢰하라. 그리고 보기 시작하라. 모든 믿음과 의심을 버려라. 그러면 목적지가 멀지 않다. 어디로도 갈 필요가 없다. 신뢰하고 명상하고 볼 수 있다면, 존재계의 법을 깨달을 수 있다면 그대는 주인이다. 다른 사람의 주인이 아니라 그대 자신의 주인이다. 이것이 진정한 주인의 신분이다. 예수는 이것을 신의 왕국이라고 부른다.

그러나 그대는 다시 태어나야 한다. 삶의 새로운 길을 배워야 한다. 다시 한 번 말하노니, 새로운 철학이 아니라 새로운 길을 배워야 한다. 그리고 붓다는 힌트를 준다. 그대는 이 실마리를 이용할 수 있다.

　주의 깊게, 지성적으로, 명상적으로 듣는다면…….

오쇼에 대하여

오쇼의 가르침은 어떠한 틀로도 규정하기 힘들 만큼 다양한 주제를 다루고 있다. 그의 강의는 삶의 의미를 묻는 개인적인 문제에서부터 현대사회가 안고 있는 시급한 정치·사회적인 문제에 이르기까지 거의 모든 주제를 망라한다. 오쇼의 책은 그가 직접 저술한 것이 아니라, 다양한 국적의 청중들에게 들려준 즉흥적인 강의들을 오디오와 비디오로 기록하여 책으로 펴낸 것이다. 그는 자신의 강의에 대해 이렇게 말했다. "내가 무슨 말을 하건 그 말은 지금 이 시대의 당신들을 위한 것일 뿐만 아니라 다가오는 미래 세대를 위한 말이기도 하다."

런던의 선데이 타임스(Sunday Times)는 20세기를 빛낸 천 명의 위인들 중 한 사람으로 오쇼를 선정했으며, 미국의 작가 탐 로빈스(Tom Robbins)는 오쇼를 '예수 이후로 가장 위험한 인물'로 평하기도 했다. 인도의 선데이 미드데이(Sunday Mid-Day)는 인도의 운명을 바꾼 열 명의 인물을 선정했는데, 그 중에는 간디, 네루, 붓다 등의 인물과 더불어 오쇼가 포함되어 있었다.

오쇼는 자신의 일에 대해 새로운 인간이 탄생하도록 기반을 닦는 것이라고 했으며, 이 새로운 인간을 '조르바 붓다(Zorba the Buddha)'로 부르곤 했다. 조르바 붓다란 니코스 카잔차키스의 소설 속 주인공인 그리스인 조르바처럼 세속의 즐거움을 누리는 동시에, 붓다와 같은 내면의 평화를 겸비한 존재를 일컫는다. 오쇼의 가르침에 일관되게 흐르는 정신은, 과거로부터 계승되어온 시대를 초월한 지혜와 오늘날의 과학문명이 지닌 궁극적인 가능성을 한데 아울러 통합하는 것이다.

또한 오쇼는 점점 가속화되는 현대인들의 생활환경에 맞는 명상법을 도입하여 인간의 내면을 변화시키는 데 혁명적인 공헌을 하였다. 그의 독창적인 '역동 명상법'들은 심신에 쌓인 스트레스를 풀어줌으로써 일상생활 속에서 더 수월하게 평화와 고요함을 경험할 수 있게 해준다.

아래의 두 책을 참고하여 오쇼의 생애에 대해 더 자세하게 알아볼 수 있다.
- 「Autobiography of a Spiritually Incorrect Mystic」
- 「Glimpses of a Golden Childhood」

오쇼 국제 명상 리조트
Osho International Meditation Resort | www.osho.com/meditationresort

위치
인도 뭄바이(Mumbai)에서 남동쪽으로 160킬로 떨어진 뿌네(Pune)에 위치하고 있는 오쇼 국제 명상 리조트는 휴가를 즐기기에 매우 적합한 곳으로, 우람한 나무들이 주거지역을 둘러싸며 40에이커에 달하는 아름다운 정원을 형성하고 있습니다.

특징
매년 100개국이 넘는 나라로부터 수많은 방문객들이 오쇼 국제 명상 리조트를 찾아오고 있습니다. 이 독창적인 명상 리조트는 축제를 즐기듯 즐거운 분위기 속에서 더 평온하며 더 깨어있는 창조적인 방식으로, 새로운 삶의 길을 경험할 수 있는 기회를 제공합니다. 몇 시간의 단기 프로그램에서부터 해를 넘기는 장기 프로그램에 이르기까지, 선택의 폭이 매우 다양합니다. 아무것도 하지 않고 그저 휴식을 취하는 것도 오쇼 국제 명상 리조트에서 제공하는 프로그램 중의 하나입니다.

모든 프로그램은 '조르바 붓다(Zorba the Buddha)' 라는 오쇼의 비전에 바탕을 두고 있습니다. 조르바 붓다는 날마다의 일상생활에 창조적으로 임하며 침묵과 명상 속에서 고요하게 휴식하는 새로운 유형의 인간을 뜻합니다.

명상 프로그램
활동적인 명상, 정적인 명상, 전통적인 명상법, 혁신적인 방편들, 오쇼의 역동 명상법에 이르기까지 각 개인에 맞는 명상 프로그램이 하루 종일 진행됩니다. 이 명상 프로그램들은 세계에서 가장 큰 규모의 명상홀인 '오쇼 오디토리엄(Osho Auditorium)' 에서 진행됩니다.

멀티버시티 Multiversity
오쇼 멀티버시티가 제공하는 다양한 종류의 개인 세션, 수련 코스와 그룹 워크숍은 창조적인 예술, 건강 요법, 인간관계 개선, 개인의 변형, 작업 명상, 비의적인 학문과 선(禪)적인 접근방식이 도입되었고, 프로그램의 범위 또한 스포츠와 레크리에이션 등을 망라하고 있습니다. 이처럼 다양한 프로그램들은 명상과 결합되어 성공적인 효과를 내고 있는데, 이것은 오쇼 멀티버시티가 인간을 여러 부분들의 조합으로 보는 것에서 그치지 않고, 그를 훨씬 뛰어넘는 존재로 인식하는 명상적 이해에 기반하기 때문입니다.

바쇼 스파 Basho Spa
고품격의 바쇼 스파에는 울창한 나무와 열대식물에 둘러싸인 야외 수영장, 독창적 스타일의 넉넉한 자꾸지(Jacuzzi), 사우나, 테니스장을 비롯한 여러 체육 시설 등이 아름답게 배치되어 있습니다.

먹거리
리조트 내의 여러 식당에서는 서양식, 아시아식, 인도식 채식 요리가 제공되며, 대부분의 식재료는 명상 리조트의 방문객을 위해 유기농법으로 생산된 것들입니다. 빵과 케이크 역시 리조트 내에서 자체적으로 만들고 있습니다.

야간 행사
야간에도 다양한 종류의 행사가 벌어집니다. 그중 최고로 꼽히는 댄스파티를 비롯해 별빛 아래서 행해지는 보름날 명상 프로그램, 각양각색의 쇼와 음악 공연, 그리고 여러 가지 명상법들이 진행됩니다. 이 밖에도 플라자 카페(Plaza Cafe)에서 친구들을 만나 즐기거나, 정적에 잠긴 아름다운 정원을 산책하는 것도 좋습니다.

편의 시설
리조트 내에는 은행, 여행사, 피시방이 준비되어 있습니다. 기본적인 생필품은 갤러리아(Galleria)에서 구입이 가능하며, 멀티미디어 갤러리(Multimedia Gallery)에서는 오쇼의 미디어 저작물을 구입할 수 있습니다. 그 밖에 더욱 다양한 쇼핑을 즐기고 싶은 분들은 뿌네 시내에서 인도의 전통 상품을 비롯한 다국적 브랜드의 여러 가지 물건들을 구입할 수 있습니다.

숙박 시설
리조트 내에서는 오쇼 게스트하우스(Osho Guesthouse)의 품격 있는 객실을 이용할 수 있습니다. 더 오랜 기간의 체류를 원하는 방문객은 '리빙 인(Living In)' 이라는 패키지 프로그램을 이용하거나, 리조트 밖에 있는 다양한 종류의 호텔과 아파트를 이용할 수도 있습니다.

더 많은 정보를 보시려면 아래의 웹사이트를 참고하시기 바랍니다.

www.OSHO.com

오쇼 닷컴에서 제공하는 내용

인터넷 매거진, 오쇼 서적, 오디오와 비디오, 영어와 힌디어로 된 오쇼 저작물들, 오쇼 명상법에 대한 정보, 오쇼 멀티버시티의 프로그램 스케줄, 오쇼 국제 명상 리조트에 관한 정보

관련 웹사이트

http://OSHO.com/resort
http://OSHO.com/magazine
http://OSHO.com/shop
http://www.youtube.com/OSHO
http://www.oshobytes.blogspot.com
http://www.Twitter.com/OSHOtimes
http://www.facebook.com/pages/OSHO.International
http://www.flickr.com/photos/oshointernational

아래의 주소를 통해 오쇼 국제 재단에 접촉할 수 있습니다.
www.osho.com/oshointernational
oshointernational@oshointernational.com